टेलीविजन : चुनौतियाँ और सम्भावनाएँ

टेलीविजन : चुनौतियाँ और सम्भावनाएँ

गौरीशंकर रैणा

वाणी प्रकाशन

वाणी प्रकाशन

4695, 21-ए, दरियागंज, नयी दिल्ली 110 002

शाखा

अशोक राजपथ, पटना 800 004

फ़ोन: +91 11 23273167 फ़ैक्स: +91 11 23275710

www.vaniprakashan.in
vaniprakashan@gmail.com

TELEVISION : CHUNOUTIYAN AUR SAMBHAVNAYEN
by Gaurishankar Raina

ISBN : 978-93-5000-915-4
Media

प्रथम संस्करण

मूल्य : ₹ 350

ओम ऑफसेट प्लेटमेकिंग, दिल्ली-110093 में मुद्रित

वाणी प्रकाशन का लोगो मक़बूल फ़िदा हुसैन की कूची से

भूमिका

नयी टेक्नोलॉजी ने विश्व में नयी संचार व्यवस्था को जन्म दिया है। संचार माध्यमों की प्रगति ने पुरानी टेक्नोलॉजी को बेअसर बना दिया है। नयी सम्प्रेषण पद्धति द्वारा व्यक्तिगत विचारों पर आधारित सांस्कृतिक-सोच व वास्तविक सांस्कृतिक मान्यतायें लोक-रुचि में परिवर्तित होने लगी हैं। यह लोक-रुचि, सन्देश में विश्वास पैदा कराने लगती है जो समाज में नये ज्ञान और भाषा को जानने-समझने की इच्छा पैदा करती है। एक नयी अवस्था तैयार होती है। इस प्रकार टेलीविजन अपने तर्क और व्यवस्था के बजाय समाज के तर्क के अनुसार सन्देशों को प्रस्तुत करने लगता है और नये सांस्कृतिक वातावरण का निर्माण होता है।

सन् 1920 में जब रेडियो आया तो यह बात होने लगी थी कि यह माध्यम लोकतन्त्र और समाज को बलशाली कैसे बनायेगा, लोगों को सूचनायें प्रदान करता हुआ राष्ट्रों का निर्माण कैसे करेगा। फिर जब टेलीविजन आया तो यही बात दोहराई गयी कि यह नया अजूबा कैसे सामाजिक मूल्य और आदर्श स्थापित करने में सहायक होगा। किन्तु सैटलाइट, कम्प्यूटर व डिजिटल तकनीक ने विश्व संचार की सम्भावनाओं को अत्यधिक बढ़ाया है।

गुटनिबर्ग के प्रिंटिंग-प्रेस के आविष्कार से पहले हस्त-लिखित पुस्तकें अभिजात वर्ग की धरोहर होती थीं, मगर गुटिनबर्ग के प्रेस ने पुस्तकों को जनसाधारण के लिए उपलब्ध कराया। अब प्रामाणिक, उत्कृष्ट पुस्तकों का ख़ज़ाना तैयार होने लगा था। जब इलेक्ट्रॉनिक क्रान्ति आयी तो एक नये युग का प्रारम्भ हुआ। इसने औद्योगिक क्रान्ति की तरह लोगों को अपनी ज़मीन से उखाड़ा नहीं बल्कि उन्हें अपने घरों व अपनी संस्कृति से जोड़ दिया। वाल्टर बेंजामिन ने नयी टेक्नोलॉजी को लोकतान्त्रिक माना, क्योंकि यह पुनरुत्पादन द्वारा अभिजात कलाओं की चमक छीन कर उन्हें जन-साधारण तक ले जाती है।

प्रसारण का माध्यम समांगी है और सम्पूर्ण विश्व को प्रभावित किए हुए है। यह सामान्य एवं प्रचलित विचारधारा की प्रकृति निर्धारित करता है। इसके द्वारा

तैयार होता सांस्कृतिक वातावरण न केवल हमारा जीवन बल्कि हमारी सामाजिक सत्ता को प्रभावित किए हुए है। रोलां बार्थ ने सामाजिक रीतियों को 'कम्युनिकेटिव' कहा है। वे ऐसे सांस्कृतिक वातावरण में व्यवहार को संचार मानते हैं। यह संचार एक 'सिस्टम' की भाँति होता है और समाज की उप-संस्कृतियों का प्रतिनिधित्व करता है। ऐसे समाज में नयी सैद्धान्तिक अवस्था की दिशा निर्धारित करते हुए थियोडॉर एडोर्नो ने मास मीडिया को एक सांस्कृतिक उद्योग बताया। ऐसी 'कल्चरल इंडस्ट्री' में अनुकरण ही असल हो जाता है तथा तकनीकी तर्कसंगता में संस्थाओं का अपना तर्क महत्त्वपूर्ण हो जाता है। सांस्कृतिक-उपभोक्ता चालाकी से मेनिप्युलेट होता है और सांस्कृतिक अस्तित्व वाली वस्तुएँ व्यापार की वस्तुएँ बन जाती हैं।

भारत, बहुभाषीय और बहुजातीय है। इसकी संस्कृति में अनेक उप-संस्कृतियों के तत्त्व शामिल हैं। प्रत्येक उप-संस्कृति का अपना अस्तित्व है। प्रत्येक अपने में अनुपम है। यह विविधता इन्हें सामान्यता प्रदान करती है तथा पारस्परिक अस्तित्व के गुण ने विभिन्न लोक कलाओं को पनपने का अवसर दिया। साथ ही कई भाषाओं में आख्यान और महाकाव्य रचे गये। प्रदर्शन कलाओं में भी विविधता आयी। किन्तु जब नयी प्रकार की 'इलेक्ट्रॉनिक-कला' का इलेक्ट्रॉनिक माध्यमों से प्रदर्शन होने लगा तो पारम्परिक कलायें खतरे में पड़ने लगीं। एक नया 'सिन्थेटिक-कल्चर' जन्म लेने लगा। रेमंड विलियम्स ऐसे सिन्थेटिक-कल्चर को 'एन्टि-कल्चर' कहते हैं।

दरअसल, एक अच्छा समाज, संचार प्रक्रिया में आसानी से उपलब्ध तथ्यों और विचारों पर भरोसा करना चाहता है। वह जानकारियों पर निर्भर रहता है। किसी भी प्रकार का प्रतिबन्ध वास्तव में समाज के संसाधन सीमित करता है, संचार की ऐसी अवस्था में सृजनात्मक कलाकार, प्रदर्शक, संवाददाता, विश्लेषक तथा आलोचक संचार को सफल बनाते हैं। इन संचारकर्ताओं को समाज कभी-कभी अस्वीकार करता है परन्तु समाज और संचार-व्यवस्था का एक अन्तःसम्बन्ध है। इस सम्बन्ध में समय के साथ-साथ बदलाव आता है। ऐसी चुनौतीपूर्ण अवस्था को इस शोध-प्रबन्ध में रेखांकित किया गया है।

आज देश की आधी आबादी टेलीविजन देखती है। तीन चौथाई लोगों को टेलीविजन की प्रामाणिकता पर पूरा भरोसा है किन्तु भारत की निरक्षर आबादी टेलीविजन पर दी जा रही खबरों को सच नहीं मानती। सूचना-तन्त्र के माध्यम से निरक्षर आबादी तक जानकारी पहुँचाना आज एक बड़ी चुनौती है। टेलीविजन, प्रभावी रूप से ऐसे कार्यक्रम प्रस्तुत कर सकता है जिनसे ग्रामीण क्षेत्रों को लाभ होगा। इस प्रकार के कार्यक्रम SITE के दौरान चलाये गये थे। ये कार्यक्रम नासा के सैटलाइट द्वारा, दूरदर्शन के माध्यम से, 2400 गाँवों में दिखाये गये थे। बदलते

परिदृश्य में डी.टी.एच., केबल टीवी को चुनौती देने लगा है, परन्तु 'मल्टीसिस्टम' भविष्य में अधिक लोकप्रिय हो सकता है जो एक साथ टेलीविजन, टेलीफोन और इंटरनेट सेवायें उपलब्ध करायेगा। बदलते परिदृश्य में टेलीविजन मात्र पैसा बनाने वाला उद्योग नहीं हो सकता। जिस प्रकार इसने एक कारगर मार्किटिंग तन्त्र स्थापित करने में सफलता पाई है उसी प्रकार दर्शकों में सांस्कृतिक, राजनीतिक और आर्थिक दृष्टि से एक निश्चित सोच पैदा करने में यह अग्रिम हो सकता है। वाणिज्य और सैटलाइट चैनलों की नयी अर्थ-व्यवस्था से पैदा हुई चुनौतियों के बीच सामाजिक का दायित्व निभाया जा सकता है।

मीडिया के विस्तार के साथ ही कई विचारधाराओं ने जन्म लिया। मेक्लूहान के अनुसार नयी रफ्तार और तात्कालिकता के कारण विषय-वस्तु प्रभावित होने लगा है। एनज़न्सबर्गर मानते हैं कि मेक्लूहान ऐसे पहले व्यक्ति थे जिन्होंने मीडिया के रहस्य खोले परन्तु उनके अनुसार 'माध्यम ही सन्देश है' एक और सन्देश प्रेषित करता है कि पूँजीवादियों के पास ऐसे सभी साधन मौजूद हैं जिनके द्वारा वे विचारों का आदान-पदान कर सकते हैं, परन्तु उनके पास कहने को कुछ भी नहीं है। एनज़न्सबर्गर, इलेक्ट्रॉनिक मास मीडिया का सबसे महत्त्वपूर्ण गुण इसकी समतावादी प्रकृति को मानते हैं। इस प्रकार की अवधारणायें यह स्पष्ट करती हैं कि संचार प्रक्रिया को सामाजिक सन्दर्भ के बाहर न तो देखा जा सकता है और न समझा जा सकता है।

आज का समाज मास मीडिया में शामिल हो गया है, यानी एक नयी वास्तविकता पैदा हो गयी है जो मीडिया के प्रतिमान से परे है। ऐसे में वास्तविक और काल्पनिक के बीच नयी कलाओं का समावेश हुआ है और नये आरूप उभर कर सामने आये हैं। नये डिजिटल दृश्य निर्मित हो रहे हैं। कला और मशीन के समन्वय से नये टेलीविजन बिम्ब रचे जा रहे हैं। नयी 'डिजिटेक्सचुऐलटी' द्वारा न केवल कार्यक्रमों को पहले से बेहतर बनाया गया है, बल्कि विश्व विख्यात सोप ऑपराओं में तकनीकी गुणवत्ता नजर आने लगी है। नये मीडिया ने पुराने को नयी डिजिटल सम्पादन की सुविधा उपलब्ध कराई है और साथ ही कलाकारों के नये समुदायों व टेक्नो-संस्कृति को जन्म दिया है। टेलीविजन कार्यक्रमों के साथ ही संगीत-वीडियो में परम्परा और लोकप्रिय संस्कृति का संयोजन नजर आने लगा है। इन वीडियोज में सामाजिक व्यवहार के अभीष्ट प्रतिमानों का विरोध भी है और नये प्रतिमानों को स्थापित करने का प्रयास भी। दरअसल, टेलीविजन पुरानी सांस्कृतिक रीतियों का इस्तेमाल करते हुए नये आरूपों का अन्वेषक बन रहा है। रियलिटी कार्यक्रमों ने ऐसा सिद्ध किया है। ऐसे आरूप न रंगमंच पर और न ही सिनेमा में

स्थापित हो सके हैं। टेलीविजन के नये आरूपों द्वारा प्रबल सांस्कृतिक परम्पराओं के लिए कोई खतरा पैदा किये बगैर हलके-फुलके मनोरंजक कार्यक्रम निर्मित हो रहे हैं। इनमें क्लैसिक शैलियों की चिरप्रतिष्ठा और गुणों के बजाय समकालीन युग की तस्वीरें प्रस्तुत होती हैं तथा इन निरन्तर व पुनरुत्पादित चित्रों द्वारा वास्तविक को जानने की इच्छा प्रबल होती है।

'नये मीडिया' की सम्भावनाएँ न केवल व्यक्तिगत विचारों को व्यक्त करने की प्रक्रिया बल्कि 'स्पेस' और 'समय' की सीमाओं को चुनौती देते हुए संचार तथा सूचना के आदान-प्रदान के पुराने नियमों को तोड़ रही है। अब जबकि छोटे दर्शक समूहों को भी प्राथमिकता मिली है, बड़े टेलीविजन नेटवर्क अपने देश से बाहर, विश्व के दूसरे देशों में, अपने दर्शक तलाशने लगे हैं। साथ ही टेलीविजन के 'ट्रांसमीडिया' प्रयोग नये समाचार वेब बनाने लगे हैं। ऐसी 'कनवर्जन्स' में चलती तस्वीरें, ध्वनि तथा लिखित टेक्स्ट डिजिटल कोड में, परिवर्तित होकर वितरित होते हैं। इस प्रकार 'डाटा कास्टिंग', 'वीडियो टेक्स्ट' तथा 'आडियो टेक्स्ट' नये प्रसारण तन्त्र का रूप निर्धारित कर नयी वेब-भाषा की सम्भावनाएँ बढ़ा रहे हैं। संचार की नयी संरचना पुराने के साथ एकीकृत होकर नये आकार में सामने आने लगी है।

दरअसल, नयी तकनीक ने प्रसारणकर्ता, विज्ञापनदाता तथा दर्शक के बीच एक ऐसी स्थिति पैदा की है कि कार्यक्रमों के ढाँचे में बदलाव जरूरी हो गया है। दर्शक जिन प्रारूपों को पहले देखते थे वे अब बेमतलब हो गये हैं। यही कारण है कि नयी तकनीक और नयी व्यवस्था में नयी सम्भावनाओं के मद्देनज़र नये प्रारूप रचे जाने लगे हैं। भविष्य में टेक्नोलॉजी, दर्शकों की पसन्द तथा वितरण प्रणाली ही कार्यक्रमों का 'फार्मेट' तय करेंगे। नयी सम्भावनाएँ सदा बनी रहेंगी किन्तु यह निश्चित है कि आने वाले वर्षों में संचार व्यवस्था का आधार डिजिटल, वायरलेस तथा इंटरनेट होगा। ऐसे में विचारों के आदान-प्रदान की सम्भावनाएँ भी बढ़ेंगी। इस समय खेल चैनल, हिस्ट्री, डिस्कवरी, मनोरंजन तथा अन्य क्षेत्रीय भाषा नेटवर्क विभिन्न विधाओं में कार्यक्रम प्रस्तुत कर रहे हैं। ये कार्यक्रम, प्रसारण प्रक्रिया की सूक्ष्म नीति, टेलीविजन उद्योग, उसके साथ जुड़े सृजनात्मक कार्यकर्ताओं तथा नेटवर्क प्रबन्धकों की सोची-समझी योजनाओं के तहत, निर्धारित दर्शक-समूहों के लिए बनते हैं। इस उद्योग ने जहाँ लोकप्रिय संस्कृति के प्रसार की सम्भावनाएँ बढ़ाई हैं वहीं बहुत बड़े व्यवसाय के लिए अवसर पैदा किये हैं। हॉरेस निवकॉम्ब की 'विवंग स्ट्रिप' के साथ ही निक ब्राऊनी की 'सुपरटेक्स्ट' तथा 'नेरोकास्टिंग' पर काम होने लगा है।

'कल्चरल इंडस्ट्री' द्वारा निर्मित कृतियों ने यह सिद्ध कर दिया है कि भविष्य में गेम शो, क्विज़, सिटकॉम, सोप ऑपेरा, टेलीफिल्में, बच्चों के कार्यक्रम, समाचार-शो,

नये प्रारूपों में प्रस्तुत होते रहेंगे। अतः टेलीविजन, लोकप्रिय संस्कृति के रूप में दर्शकों के विश्वास, व्यवहार और मनोभावों को प्रभावित करता रहेगा तथा नयी टेक्नोलॉजी के साथ-साथ दर्शकों की पसन्द-नापसन्द इसके भविष्य का रूप-आकार निर्धारित करेगा।

इस शोध-प्रबन्ध के निर्देशक प्रोफेसर मैनेजर पाण्डेय जी के प्रति आदर व्यक्त करता हूँ कि वे जवाहरलाल नेहरू विश्वविद्यालय के भाषा, साहित्य एवं संस्कृति अध्ययन केन्द्र से सेवानिवृत्त होने पर भी मेरा मार्गदर्शन करते रहे। उनके रिटायर होते ही विश्वविद्यालय ने डॉ. रमण प्रसाद सिन्हा को मेरा शोध-निर्देशक नियुक्त किया जिन्होंने अपने चिन्तन द्वारा मेरा मार्ग सुगम बनाया, उनके प्रति आभार व्यक्त करता हूँ।

अन्त में, वाणी प्रकाशन का आभार कि इस पुस्तक को पाठकों तक पहुँचाने का काम अंजाम दिया।

—गौरीशंकर रैणा

अनुक्रम

समकालीन परिदृश्य व चुनौतियाँ

(1) बदलता परिदृश्य

बीसवीं सदी का उत्तरार्द्ध सांस्कृतिक अध्ययन और मीडिया के प्रभाव के विवेचनात्मक विश्लेषण के रूप में महत्त्वपूर्ण रहा है। यूरोप, अमरीका तथा एशिया के कई देशों में गम्भीर बौद्धिक उपस्थिति के कारण शोध हुए। सांस्कृतिक भौतिकवाद, साहित्य और समाज जैसे विषयों तथा विचारधारा के मुद्‌दों पर बहसें हुईं। सांस्कृतिक-उद्योग की चुनौतियाँ सामने थीं और उप-संस्कृतियाँ 'राष्ट्रीय-संस्कृति' को प्रभावित कर रही थीं। विकसित देशों में न केवल 'कल्चरल-वार' प्रारम्भ हुए बल्कि नई सामाजिक गतिविधियों और 'विरोधी-संस्कृतियों' के नयी प्रश्न खड़े हुए।

सांस्कृतिक-आधुनिकता तथा पूँजीवादी अर्थव्यवस्था ने, जिसमें वस्तुएँ और सेवायें प्रतिस्पर्धी बाज़ार में बेचने के लिए पैदा की जाती हैं, एक और समस्या खड़ी कर दी। इससे संस्कृति के प्रस्तुतकर्ताओं जैसे लेखकों, नाटककारों, कलाकारों, चित्रकारों और बुद्धिजीवियों की सामाजिक स्थिति में बदलाव आया। उन्हें जो संरक्षण तथा सुरक्षा प्रारम्भिक बुर्जुआ-युग में मिली हुई थी वह अब समाप्त हो चुकी थी। ऐसी अवस्था में संस्कृति के प्रस्तुतकर्त्ताओं को एक प्रकार की स्वायत्तता तो मिली किन्तु रेमण्ट विलियम्स (Raymond Williams : 1921-88) के अनुसार पूँजीवादी 'यान्त्रिक पुनरुत्पादन' तथा संचार की प्रक्रिया और पारम्परिक संगठनों में एक नये प्रकार का सांस्कृतिक संघर्ष उभरने लगा।*

इस प्रकार की सामाजिक समस्या के सन्दर्भ में जार्ज लूकाच (George Lukacs): 1885-1917) ने ज़ोरदार ढंग से घोषित किया था कि पूँजीवादी व्यवस्था जब संस्कृति की विचारधारा के रूप में औचित्यपूर्ण बताई जाने लगती है तो कामगारों का विरोध बढ़ जाता है। लूकाच का मानना था कि मशीनी उद्योग में

---

* "There has been a great expansion in the scale of ordinary society, both through the new communications system and through the growth of many kinds of large-scale organisations. Acting together, these developments have created social problems which seem to be of a quite a new kind".[1]

उत्पाद और उसके बनाने वाले के बीच का सम्बन्ध समाप्त हो जाता है। मनुष्य मशीन की सेवा करता है। वह इस नये तरीके को सीखता है। परन्तु मशीनी-उत्पादन मनुष्य के अस्तित्व और विकास के गुणों तथा कामगार की योग्यता से असम्बद्ध रहता है। ऐसी व्यवस्था, संस्कृति के लिए विनाशकारी बनने लगती है।* इस प्रकार बाजार के लिए तैयार पूँजीवादी-उत्पादन, संस्कृति को प्रभावित करता है और एक टकराव की स्थिति उत्पन्न हो जाती है।

आमतौर से एक क्षेत्र की समस्या दूसरे क्षेत्र से भिन्न होती है तथा कई समूहों की उप-संस्कृतियाँ प्रचलित संस्कृति से अलग होती हैं। यहाँ भी टकराव की स्थिति उत्पन्न होती है। उप-संस्कृतियाँ विविध समूहों का प्रतिनिधित्व करती हैं। वे सीमित, दूसरों से अप्रभावित अपने अलग ढंग के समुदाय होते हैं। उनके अपने नियम, प्रथा, संकेत तथा अपनी परम्परा के अनुरूप कपड़े होते हैं। इनकी अपनी एक खास बोली होती है जो प्रचलित भाषा से भिन्न होती है।

फ्रांसीसी आलोचक रोलां बार्थ (Roland Barthes : 1915-1980) ने अपनी संरचनात्मक अवधारणा द्वारा प्रतिपादित किया कि ऐसे समुदायों की सामाजिक रीतियों में कपड़े और खान-पान सांकेतिक भाषा का रूप ले लेते हैं तथा 'फ़ैशन सिस्टम' (Fashion System) भाषा की ही तरह 'कम्युनिकेटिव' हो जाता है। ऐसे सांस्कृतिक वातावरण में, व्यवहार, संचार बन जाता है। अपने 'एस/जेड' तथा 'लेखक की मृत्यु' (The death of the author) जैसे लेखन (जहाँ रचना और पाठ की बात होती है) के पश्चात् वे उत्तर-संरचनावाद से प्रभावित रहे मगर वे मानते रहे कि इस प्रकार के संचार के तरीके एक 'सिस्टम' की भाँति होते हैं और समाज की उप-संस्कृतियों का प्रतिनिधित्व करते हैं।

ऐसे 'सिस्टम' के बीच राष्ट्रीय-संस्कृति को एक आन्तरिक संकट से जूझना पड़ता है। फ्रैंकफर्ट स्कूल ने मार्क्स की विचारधारा (पूँजीवाद एक शोषण और अत्याचारी व्यवस्था) पर नयी सैद्धान्तिक अवस्था की दिशा निर्धारित की। थियोडॉर एडोर्नो (Theodor Adorno : 1903-1969) तथा मेक्स हॉर्खीमर (Max Horkheimer: 1985-1973) ने अमरीका निर्वासन के दौरान जताया कि पूँजीवाद एक तर्कसंगत प्रभुत्वपूर्ण व्यवस्था है और मास मीडिया एक 'सांस्कृतिक उद्योग' है। ऐसी 'कल्चरल इण्डस्ट्री' में अनुकरण ही असल हो जाता है। असंदिग्ध हो जाता है। लाभ कमाना अहम हो जाता है। तकनीकी तर्कसंगता में संस्थाओं का अपना तर्क महत्त्वपूर्ण हो

---

* "There is no more question of the organic unity of the products of culture, its harmonious, joy giving being."[2]

जाता है और सांस्कृतिक-उपभोक्ता चालाकी से मेनिप्युलेट होता रहता है। उसे निष्क्रिय बनाया जाता है। ऐसे में तकनीक का उच्चतम गुण वैचारिक भ्रान्ति पैदा करता है और इसका प्रभाव प्रबोधन—विरोधी हो जाता है।**

एडोर्नो और हॉर्खीमर ने अपनी रचना (Dialectic of Enlightnment) में विश्लेषण करते हुए लिखा है कि बुर्जुआ संस्कृति में कम से कम एक प्रकार की श्रेष्ठता थी जो 'कल्चरल इण्डस्ट्री' में समाप्त हुई। मध्यकालीन तथा पुनर्जागरण काल के महान कलाकार ऐसे जगत के प्रभाव से स्वतन्त्र थे जहाँ व्यावसायिक स्वार्थ सर्वोपरि होता है। उन कलाकारों की कलाकृतियाँ, शैली और कला द्वारा, व्यक्तिगत अनुभवों का प्रतिनिधित्व इस प्रकार करती थी कि सभी अर्थ स्पष्ट हो जाते थे। 'स्वतन्त्र कला', जैसा कि एडोर्नो ने माना है, सौन्दर्य के साथ अभिप्रेरक बिम्ब प्रस्तुत करती है—एक सौन्दर्यपरक अवस्था। इस प्रकार 'फ्रैंकफर्ट स्कूल' के सैद्धान्तिकों ने माना कि उनके युग (बीसवीं सदी) तक आते-आते सांस्कृतिक अस्तित्व वाली वस्तुएँ व्यापार की वस्तुएँ बन गयी थीं और संस्कृति एक इण्डस्ट्री में परिवर्तित हुई थी।* पुस्तकों का पुनरुत्पादन सम्भव हो गया था और अनुभव 'माध्यम' द्वारा सन्देश में परिवर्तित होने लगा था।

वाचिक परम्परा द्वारा अनुभव, पीढ़ियों से, प्राप्त होते रहे हैं किन्तु मीडिया—सन्देश घटनाओं को स्पष्ट रूप में प्रस्तुत करते हैं। घटनाओं को इस रूप में प्रस्तुत करने में मुद्रण-कला ने महत्त्वपूर्ण भूमिका निभाई। गुटिनबर्ग (Johannes Gutenberg : 1400-68) के प्रिंटिंग-प्रेस के आविष्कार ने मौखिक-संस्कृति को साक्षर-संस्कृति में बदल दिया। मार्शल मेक्लूहान (Marshall McLuhan : 1911-80) ने इसको 'Key to consciousness' कहा। पुस्तक के आगमन ने पूरे विश्व में बदलाव लाया। रेमण्ड विलियम्स ने इस बदलाव को 'Technology and culture form' कहा। मुद्रण टेक्नोलॉजी ने जहाँ विचारों को पुस्तक आकार में प्रस्तुत किया वहीं संस्कृति ने इसे विविधता प्रदान की। मार्शल मेक्लूहान 'द गुटिनबर्ग गैलेक्सी' (The

---

* "In so far as the culture industry arouses a feeling of well-being that the world is precisely in that order suggested by the culture industry, the substitute gratification which it prepares for human beings cheats them out of the same happiness which it deceitfully projects. The total effect of the culture industry is one of anti-enlightenment, in which, as Horkheimer and I have noted, enlightenment, that is the progressive technical domination of nature, becomes mass deception and is turned into a means for fettering consciousness."[3]

** "The term 'industry' here refers to the 'standardization' and the 'pseudo-individualization' or marginal differentiation, of culture artefacts (for example television westerns or film music) and to the rationalization of promotion and distribution techniques"[4]

Gutenberg Galaxy) में कहते हैं कि पुस्तक ऐसी मूल्यवान उपयोगी वस्तु के रूप में सामने आयी जिसका बड़ी मात्रा में उत्पादन सम्भव हो सका।

गुटिनबर्ग के आविष्कार से पहले कुछ हस्तलिखित पुस्तकें अभिजात वर्ग की धरोहर होती थीं। मगर प्रिंटिंग-प्रेस ने पुस्तकों को जनसाधारण के लिए उपलब्ध कराया। अब प्रामाणिक, उत्कृष्ट पुस्तकों का खज़ाना तैयार होने लगा था। पुस्तकों ने विचारों को क्रमबद्धता प्रदान की। अब समाज (पाठक) ने संरचक अवयवों द्वारा पूर्ण (कृति) को वर्गीकृत करना प्रारम्भ किया। अतः पुस्तकों से विश्व की सोच में परिवर्तन आया। इन पुस्तकों को कहीं भी ले जाया जा सकता था और इनका पुनरुत्पादन सम्भव हो जाता था। इनकी विषय वस्तु नयी थी। इस प्रकार यह नया माध्यम सन्देश का मध्यस्थ बना।

भारत, बहुभाषीय और बहुजातीय है। इसकी संस्कृति में अनेक उप-संस्कृतियों के तत्त्व शामिल हैं। प्रत्येक उप-संस्कृति का अपना अस्तित्व है। प्रत्येक अपने में अनुपम है। यह विविधता इन्हें असामान्यता प्रदान करती है। विविधता के इस स्वरूप में जब भी एक ने दूसरे पर अपना प्रभुत्व जमाने का प्रयास किया है तो प्रतिरोध हुआ है। परन्तु पारस्परिक अस्तित्व के गुण ने विभिन्न लोक कलाओं को पनपने का अवसर दिया। साथ ही कई भाषाओं में आख्यान और महाकाव्य रचे गये। प्रर्दशन कलाओं में भी विविधता नजर आती है। किन्तु जब नये प्रकार की 'इलेक्ट्रॉनिक-कला' का इलेक्ट्रॉनिक माध्यमों से प्रदर्शन होने लगा तो पारम्परिक कलायें खतरे में पड़ने लगीं। एक नया 'सिन्थेटिक-कल्चर' जन्म लेने लगा। कला का जो रूप दर्शाया जाने लगा वह वास्तव में वास्तविक नहीं था। न ही वास्तविक समुदायों के जीवन से विकसित हुआ। रेमण्ड विलियम्स ऐसे सिन्थेटिक-कल्चर को 'एन्टि-कल्चर' (Anti-culture) कहते हैं।*

इस प्रकार के मीडिया (जिसकी लोकप्रियता कृत्रिम होती है और जो लगातार प्रदर्शन करता है) तथा सांस्कृतिक अवांगार्द (Avant-garde) के बीच वाल्टर बेंजामिन ने सम्बन्ध ढूँढने का प्रयास किया था। बेंजामिन ने माना कि पारम्परिक कलाओं की सौन्दर्य-शक्ति उनकी अनुपमता में होती है। इनके लिए उन्होंने एक

---

* "In the worst cultural products of our time, we find little that is genuinely popular, dveloped from the life of actual communities. We find instead a synthetic culture, or anti-culture, which is alien to almost everybody, persistantly hostile to art and intellectual activity, which it spends much of time in misrepresenting, and given over to exploiting indifference, lack of feeling, frustration and hatred. It finds such common interests as sex and turns them into crude caricatures or glossy facsimiles. It plays repeatedly around hatred and aggression, which it never discharges but continually feeds."[5]

नये शब्द 'प्रभा' (Aura) का प्रयोग किया। यानी इन कलाओं का अपना एक विशिष्ट सांस्कृतिक वातावरण होता है। जिसमें प्रामाणिकता होती है। ऐसी सांस्कृतिक परम्परा का ऐतिहासिक उद्‌गम उसकी अपनी पद्धति में होता है। वे अपनी पावनता, अपने अनुष्ठानों से प्राप्त करते हैं। यह 'प्रभा' अथवा विशिष्टता यान्त्रिक पुनरुत्पादन (Mechanical Reproduction) में लुप्त हो जाती है। परन्तु एक कलाकृति पुनरुत्थान में अनुष्ठान की प्रक्रिया के सामाजिक बन्धनों से मुक्त होती है और पुनरुत्पादित-कृति, पुनरुत्पादकता के लिए नियोजित कृति बन जाती है।* इस प्रकार किसी पेंटिंग का पुनरुत्पादित रूप किसी दीर्घा में न रहकर सबके पास पहुँच जाता है।

हेबरमास (Habermas) जो 1996 तक फ्रैंकफर्ट में मैक्स प्लेंक इंस्टिट्यूट में पढ़ाते रहे, रेमण्ड विलियम्स की तरह ही, सामाजिक आधार को महत्त्व देते हैं। 'लेजटिमाइज़िंग क्राइसिस' में वे सामाजिक व्यवस्था और जीव-जगत में अन्तर ढूँढते हैं। वे मानते हैं कि जीव-जगत सामान्य संचार का क्षेत्र है। जहाँ स्वतन्त्र और एक जैसे लोगों के बीच व्यवस्था के प्रबल मूल्यों की स्थापना सम्भव हो जाती है।

दरअसल, एक अच्छा समाज, संचार प्रक्रिया में आसानी से उपलब्ध तथ्यों और विचारों पर भरोसा करना चाहता है। वह जानकारियों पर निर्भर रहता है। किसी भी प्रकार का प्रतिबन्ध वास्तव में समाज के संसाधन सीमित करता है। संचार की ऐसी व्यवस्था में सृजनात्मक कलाकार, प्रदर्शक/अभिनेता, संवाददाता, विश्लेषक तथा आलोचक संचार को सफल बनाते हैं। इन संचारकर्ताओं को समाज कभी-कभी अस्वीकार करता है या अलग-थलग करता है परन्तु समाज और संचार-व्यवस्था का एक अन्तःसम्बन्ध है। इस सम्बन्ध में समय के साथ-साथ बदलाव आता है। अवस्था चुनौतीपूर्ण हो जाती है। जो बात कल महत्त्वपूर्ण थी आज उसका महत्त्व कम हो जाता है। समय के साथ मीडिया का व्यवहार बदल जाता है। आज एक ओर जहाँ ब्रॉडकास्टिंग, आमतौर पर, मीडिया उद्योग के वर्चस्व में है वहीं गैरकानूनी वितरण और उत्पादन के नेटवर्कों के चलते संगीत और वी. सी.डी. का बाजार आम जनता के लिए भी खुल गया है।...स्ट्रीट मीडिया की

---

* "The uniqueness of a work of art is inseparable from its being inbedded in the fabric of tradition. This tradition itself is thoroughly aline and extremely changeable...It is significant that the existance of the work of art with reference to its aura is never entirely separated from its ritual function...Mechanical reproduction emancipates the work of art from its parasitical dependence on ritual. To an ever greater degree the work of art reproduced becomes the work of art designed for reproduciblity."[6]

संस्कृति ने शहर के नये रूपों का निर्माण किया है। नयी-नयी चीजों, नेटवर्क के भीतर काम करने वाले नेटवर्कों और बौद्धिक सम्पदा से जुड़े विवादों ने...परम्परागत दुनिया को बदल कर रख दिया है।'[7]

विश्व, औद्योगिक युग से सूचना युग में प्रवेश कर चुका है और बदलते भारत में आर्थिक तरक्की के रहते मध्यवर्ग का उदय हुआ है। भूमण्डलीकरण का असर देखा जाने लगा है। सूचना प्रौद्योगिकी के साथ ही अन्य उद्योगों ने तरक्की की। मीडिया का व्यवसाय जो 20 वर्ष पहले एक लघु-उद्योग जैसा था उसके रूप में, उसकी विषयवस्तु और उसके पूरे स्वरूप में बदलाव आया है। आज प्रसारण कम्पनियाँ व टेलीविजन सॉफ्टवेयर कम्पनियाँ बाजार में उतर आयी हैं; क्योंकि वे आर्थिक रूप से मज़बूत रहना चाहते हैं। आर्थिक स्थिति को मज़बूत करने के लिए न केवल विज्ञापनों की आवश्यकता महसूस होने लगी है बल्कि तेज़-तर्रार धमाकेदार रिपोर्टिंग भी होने लगी है। स्टिंग शो, रियल्टी शो, नये गेम शो प्रारम्भ हो गये हैं। फ़िल्मी सितारे छोटे पर्दे पर आने के लिए विवश होने लगे हैं। उन्हें टेलीविजन कम्पनियाँ इतनी अच्छी रकम अदा करती हैं कि वे चैनल की आर्थिक स्थिति मजबूत करने के साथ ही अपनी आर्थिक स्थिति अच्छी बनाने के लिए अपनी प्रतिष्ठा घटाने में हिचकिचाते नहीं। चैनलों की टी.आर.पी (टेलीविजन रेटिंग) बढ़ाने के साथ ही वे नये-नये कार्यक्रमों में नज़र आने लगे हैं। 'के.बी.सी-2, इण्डियन ऑयडल', 'द ग्रेट लाफ्टर चैलेंज' कितने ही नये शो चले हैं। भारतीय मीडिया उद्योग का आकार अगले पाँच वर्षों में 19 प्रतिशत वार्षिक वृद्धि के दर से मौजूदा 35 हजार 300 करोड़ रुपये से बढ़कर 83 हजार 740 करोड़ रुपये पर पहुँच जाने की सम्भावना है।[8] भारतीय वाणिज्य एवं उद्योग महासंघ (फिक्की) तथा प्राइसवाटर हाउस कपूर्स रिपोर्ट 2005 के अनुसार इस क्षेत्र की वृद्धि दर कुल आर्थिक विकास दर से अधिक रहने की उम्मीद है। 2010 तक इस क्षेत्र में टेलीविजन और रेडियो के अतिरिक्त संगीत, प्रिंट मीडिया और विज्ञापनों का कारोबार बढ़ेगा।

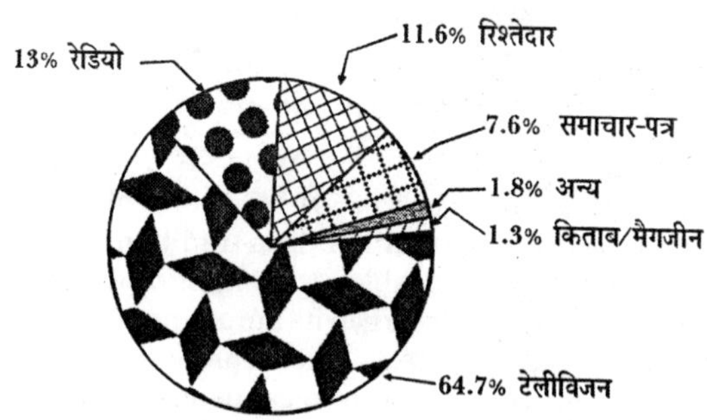

सूचना और जानकारी के स्रोत

अभी टेलीविजन चैनलों का कारोबार 14 हजार 800 करोड़ रुपये का है जो अगले पाँच वर्षों में बढ़ कर 42 हजार 700 करोड़ रुपये का हो सकता है।[9] चैनलों की संख्या में लगातार वृद्धि हो रही है। टेलीविजन के साथ ही रेडियो के 338 नये एफ.एम. स्टेशनों के लिए बोली लग चुकी है। परन्तु इस के बावजूद भी समाज के आर्थिक रूप से पिछड़े समुदायों के बीच मीडिया की पहुँच न के बराबर है।

आज, देश की आधी आबादी टेलीविजन देखती है। तीन-चौथाई लोगों को टेलीविजन की प्रामाणिकता पर पूरा भरोसा है किन्तु भारत की निरक्षर आबादी टेलीविजन पर दी जा रही खबरों को सच नहीं मानती। इंडिया साइंस रिपोर्ट (आइ. एस.आर.)-2005 के सर्वेक्षण[10] में यह बात सामने आई है कि भारतीय मानस पर टी.वी. के प्रबल प्रभाव के बावजूद केवल दो-तिहाई पढ़े-लिखे लोग टेलीविजन को सूचना और जानकारियों का प्रमुख स्रोत मानते हैं। खबरों के लिए टी.वी. पर निर्भर लोगों की संख्या 64.7 प्रतिशत है, जबकि 13 प्रतिशत जनता इसके लिए रेडियो सुनती है। 11.6 प्रतिशत लोग अपने मित्रों और रिश्तेदारों से जानकारियाँ लेते हैं। जबकि केवल 7.6 प्रतिशत लोग समाचार-पत्र को सूचना का प्रमुख माध्यम मानते हैं। देश में अखबार पढ़ने वालों की संख्या 32 प्रतिशत है। 18 प्रतिशत लोग माँग कर समाचार-पत्र पढ़ते हैं। केरल पहला ऐसा राज्य है जहाँ सूचनाओं के लिए अन्य माध्यमों के अतिरिक्त इंटरनेट का भी सहारा लिया जाता है। देश की 32 प्रतिशत आबादी ऐसी है जिसने सिनेमा हॉल नहीं देखा है।

सूचना-तन्त्र के माध्यम से निरक्षर आबादी तक जानकारियाँ पहुँचाना आज एक बड़ी चुनौती है। ऐसे लोगों तक सूचनायें और जानकारी इलेक्ट्रॉनिक माध्यम ही पहुँचा सकते हैं। टेलीविजन, प्रभावी रूप से ऐसे कार्यक्रम प्रस्तुत कर सकता है जिन से ग्रामीण क्षेत्रों को लाभ होगा। इस प्रकार के कार्यक्रम SITE (Satellite Instructional Television Programme) के दौरान चलाये गये थे। 1975-76 में प्रसारित ये कार्यक्रम नासा के सैटलाइट द्वारा, दूरदर्शन के माध्यम से 2400 गाँवों में दिखाये गये थे। एक वर्ष के पश्चात् जब उन ग्रामीण क्षेत्रों का सर्वेक्षण हुआ, तो पाया गया कि स्वास्थ्य, जन-कल्याण, कृषि, ग्रामीण विकास आदि के मामले में वहाँ के लोगों में जागरूकता आयी थी। आज देश में करीब 300 चैनल हैं किन्तु दूरदर्शन और एक या दो निजी प्रसारण संस्थाओं को छोड़ लोक सेवा प्रसारण को बाकी चैनल अधिक महत्त्व नहीं देते। व्यावसायिक चैनलों की प्राथमिकतायें दूसरी हैं। वे विज्ञापनों द्वारा अपना कारोबार बढ़ाने की ओर ज्यादा ध्यान देते हैं।

बदलते परिदृश्य में डी.टी.एच. (डायरेक्ट टु होम), केबल टी.वी. को चुनौती देने लगा है। भारतीय दूरसंचार नियामक प्राधिकरण (ट्राई) के अनुसार इस नयी

प्रसारण प्रणाली से केबल ऑपरेटरों की मनमानी पर अंकुश लगेगा। इस प्रणाली में छोटी-सी छतरी और एक 'सेट-टॉप बॉक्स' के द्वारा डिजिटल प्रसारण उपलब्ध होता है। दूरदर्शन ने मुफ्त डी.टी.एच. सेवा, 'डी.टी. डायरेक्ट प्लस' का प्रारम्भ 2004-05 में किया। इस सेवा का मुख्य रूप से वहाँ चलाया जा रहा है जहाँ किसी भी चैनल की पहुँच नहीं। यह आम-आदमी की सेवा मानी गयी है और इस समय डी.टी.एच. देश के 50 लाख घरों में उपलब्ध है। यह सेवा 33 टेलीविजन चैनल उपलब्ध करा रही है और इसमें अब 49 निजी प्रसारण संस्थायें भी जुड़ रही हैं।[11] इन में से 13 विदेशी हैं जो अमरीका, जर्मनी, ब्रिटेन, फ्रांस आदि देशों से भी हैं। दूरदर्शन की इन 'फ्री टू एयर' चैनलों के साथ ही टाटा स्काई डी.टी.एच. (टाटा समूह तथा रूपर्ट मर्डोक की कम्पनी) की सेवा भी शुरू हो गयी है। एस्सेल समूह के जी नेटवर्क का कार्य भी प्रारम्भ हुआ है। रिलायंस तथा सन समूह भी 'ब्लू मैजिक' नाम की डी.टी.एच. सेवा प्रारम्भ करने जा रहे हैं। परन्तु इन सब के साथ ही 'मल्टीसिस्टम' भविष्य में अधिक लोकप्रिय हो सकता है जो एक साथ टेलीविजन, टेलीफोन और इंटरनेट सेवायें उपलब्ध करायेगा। यह 'न्यू जनरेशन नेटवर्क' होंगे।

आज देश में, केबल टेलीविजन की पहुँच टेलीफोन से अधिक है। केबल के 6 करोड़ दस लाख कनेक्शन हैं जबकि लैंडलाइन के 4 करोड़ 50 लाख।[12] यदि इंटरनेट प्रोटोकॉल चलेगा तो प्रसारण सरल होगा। 'न्यू जनरेशन नेटवर्क' द्वारा टेलीविजन और टेलीफोन एक साथ चल सकेंगे। यह सेवायें सस्ती होंगी। देश में, इस समय विभिन्न दूरसंचार सेवायें उपलब्ध हैं। इनके संचार का माध्यम भी अलग है और टेक्नोलॉजी भी अलग है। कुछ नेटवर्क फाइबर आप्टिक्स* का प्रयोग कर रहे हैं, कुछ ताँबे की तार का तो कुछ स्टील की तारों का। इस सन्दर्भ में 'टेलीकॉम रेगूलेटरी अथारिटी ऑफ इंडिया, (ट्राई) ने जब जनवरी 2006 में विमर्श-पत्र जारी किया तो उस पर बहस हुई। उसका एक निश्चित गुण सामने आया कि इस सेवा का प्रसार भारत के देहातों में आसानी से बढ़ाया जा सकता है।

टेलीविजन प्रसारण का स्वरूप बदल रहा है और नयी टेक्नोलॉजी नये प्लेटफॉर्म उपलब्ध करने लगी है–

- इंटरनेट प्रोटोकॉल टेलीविजन (आइ.पी.टी.वी.) की एक योजना हेतु माइक्रोसॉफ्ट भारतीय प्रसारणकर्त्ताओं से एक करार पर हस्ताक्षर करेगा।[13]
- टेलीविजन के साथ-साथ वीडियो ऑन डिमांड, ब्रॉडबैंड तथा इंटरनेट सेवायें एक साथ उपलब्ध हो जायेंगी।

---

* फाइबर आप्टिक्स का प्रयोग दूरदर्शन अपने लाइव-प्रसारणों में करता है। जैसे गणतन्त्र दिवस समारोह का सीधा प्रसारण आदि।

- डी.टी.एच. टेलीविजन द्वारा एफ.एम. रेडियो का भी प्रसारण हो रहा है।
- टेलीविजन कम्पनियों ने फिल्म निर्माण प्रारम्भ किया है। (यू.टी.वी. और बालाजी टेलीफिल्म्स के साथ ही दूसरी कम्पनियों ने भी फ़िल्म प्रोडक्शन शुरू कर दी है)
- मीडिया की आउटसोर्सिंग होने लगी है। (रॉयटर्स ने अपना कार्यालय बंगलौर में स्थापित किया है)
- डिजिटल मल्टीमीडिया के साथ ही मल्टीप्लैक्स क्रेडिट कार्ड शुरू हो गया है। (एडलैब्स लिमिटेड देश की पहली मल्टीप्लैक्स कम्पनी है जिसने एबीएन एम्रो बैंक के सहयोग से अपना क्रेडिट कार्ड तैयार किया है)

पिछले 15 वर्षों में जिस रफ्तार से मीडिया में बदलाव आया, उसने राष्ट्रीय प्रसारण संस्थाओं के सामने एक नयी चुनौती खड़ी कर दी। जब सैटलाइट चैनलों में बढ़ोतरी होने लगी तो दूरदर्शन अपनी तकनीकी शक्ति को अपना आधार बनाकर उस दर्शक वर्ग तक पहुँचने का प्रयास करने लगा जो सैटलाइट प्रसारण के कारण उभर रहा था। 1992-93 के बीच सैटलाइट टेलीविजन के 9 करोड़ दर्शक हो गये थे और तब दूरदर्शन को 16 करोड़ लोग देखते थे। इस नये दर्शक वर्ग की माँग को पूरा करने के लिए दूरदर्शन ने 1993 में अपना एक नया चैनल प्रारम्भ किया (डीडी-2)। यह मनोरंजन का चैनल था। डीडी-1 जहाँ सूचना, समाचार, मानव अधिकार व मनोरंजन के कार्यक्रम दिखा रहा था वहीं डीडी-2 शहरी मध्य वर्ग के लिए खालिस मनोरंजन प्रदान करने लगा। यह वह नया दर्शक वर्ग था जो अंग्रेजी समझता था और जो वाशिंग मशीन, फ्रिज तथा अन्य उत्पाद खरीदने की ताकत रखता था। डीडी-2 पर, इसी दर्शक वर्ग के लिए विज्ञापन आते रहते थे और लगभग सभी मनोरंजक कार्यक्रम प्रायोजित होते थे। इन दोनों चैनलों की यदि कार्यक्रम सारणी देखें तो यह बदलाव स्पष्ट रूप से प्रकट होता है।

1998 तक आते-आते डीडी-2 (मेट्रो) की दर्शक सँख्या 12 करोड़ 50 लाख हो गई थी किन्तु दूरदर्शन की पहुँच 86 प्रतिशत ही रह गयी थी। इस कारण प्रतिस्पर्धा के दौर में अपने लोकसेवा प्रसारण के दायित्व को निभने के बावजूद वह नये-नये विज्ञापनदाताओं से करार कर रहा था और अपने कार्यक्रमों का स्वरूप बदल रहा था।*

---

* "National broadcasting authorities, faced with the superior entertainment on offer on channels like Zee or Sony, have presided over a massive commercialisation of their own output as a means of retaining audiances, neglecting other kinds of programmes in the process."[14]

समय	डीडी-1 (राष्ट्रीय चैनल) 7-11-1996 कार्यक्रम	डीडी-2 (मेट्रो चैनल) 16-11-1996 कार्यक्रम
सायं 7.30	भारत के समुद्री तट (Beaches of India)	अल्का यागनिक के गीत
8.00	हमारा टेलीविजन	नाटक (चेख़व की दुनिया)
8.30	समाचार	वंश (प्रायोजित धारावाहिक)
9.00	द न्यूज	साँच को आँच (प्रायोजित धारावाहिक)
9.20	क्या मानव अधिकार केवल आतंकवादियों के लिए है? (चर्चा)	9.30 इंडिया दिस वीक INDIA THIS WEEK (प्रायोजित)
10.00	धारावाहिक करामाती (8वीं किस्त)	10.10 न्यूज ट्रैक (NEWS TRACK) SPONSORED
10.30	मुख्य समाचार	10.35 ओल्ड फॉक्स (OLD FOX) (अंग्रेजी धारावाहिक, प्रायोजित)
10.32	जुनून (धारावाहिक-359वीं किस्त)	11.30 WESTERN MUSIC
11.05	CENTRE OF EXITEMENT CONTEST	

1997-98 में दिल्ली दूरदर्शन से प्रसारित क्षेत्रीय कार्यक्रमों की तालिका को देखें तो यह बात स्पष्ट होती है कि मनोरंजन के कार्यक्रमों की अवधि बढ़ने लगी थी और संगीत, नाटक, फिल्मी संगीत आदि को प्राथमिकता दी जाने लगी थी।

तालिका[15]

कार्यक्रम	**प्रसारण-घंटा**	**अवधि मिनट**	
संगीत के कार्यक्रम	101	50	मनोरंजक कार्यक्रमों की अवधि बढ़कर 72.5 प्रतिशत हो गयी थी।
मनोरंजन के कार्यक्रम	442		
पंजाबी भाषा का कार्यक्रम	26		
बच्चों का कार्यक्रम	52		
स्वास्थ्य का कार्यक्रम	22	45	
उद्योगों से सम्बन्धि कार्यक्रम	13		
प्रौढ़ शिक्षा कार्यक्रम	22	45	
कृषि दर्शन	143		
विकास कार्यक्रम/जन कल्याण	87	40	
लाइव शो	33		
अन्य कार्यक्रम	377	45	
कुल	1320		

सैटलाइट की चुनौती का सामना करने के लिए दूरदर्शन ने भी क्षेत्रीय सैटलाइट प्रसारण प्रारम्भ किया तथा स्थलचर ट्रांसमीटर्स के साथ-साथ सभी कार्यक्रम सैटलाइट से भी प्रसारित होने लगे। इस प्रकार दूरदर्शन की त्रिसेवा देश भर में चलने लगी। राष्ट्रीय, क्षेत्रीय एवं स्थानीय। इस समय दूरदर्शन के 19 सैटलाइट चैनल हैं[16] तथा मनोरंजक कार्यक्रमों और विज्ञापनों के प्रसारण से इसकी आय में निरन्तर वृद्धि हो रही है।

2005-06 के वित्तीय वर्ष के लिए प्रसार भारती ने 1000 करोड़ रुपये का लक्ष्य रखा था परन्तु इसने 1230 करोड़[17] रुपये कमाये। दूरदर्शन को 960 करोड़ तथा आकाशवाणी को 270 करोड़ रुपये का लाभ हुआ। इसका एक कारण यह भी है कि दोनों संस्थायें अब अपने कार्यक्रमों को स्वयं ही मार्किट करते हैं। बदलते परिदृश्य में दूरदर्शन मात्र पैसा बनाने वाली संस्था नहीं हो सकता। जिस प्रकार इसने एक कारगर मार्किटिंग तन्त्र स्थापित करने में सफलता पायी है उसी प्रकार दर्शकों में सांस्कृतिक, राजनीतिक और आर्थिक दृष्टि से एक निश्चित सोच पैदा करने में यह अग्रिम हो सकता है; क्योंकि यह सक्षम है। वाणिज्य और सैटलाइट चैनलों की नयी अर्थ व्यवस्था से पैदा हुई चुनौतियों के बीच सामाजिकता का दायित्व निभाया जा सकता है।

(2) मीडिया अवधारणाएँ

मीडिया के विस्तार के साथ ही नयी विचारधाराओं ने जन्म लिया। एक सिद्धान्त के प्रतिवादी ने 'उत्पादन और सन्देशों के अर्थ' के प्रसार को संचार माना तो दूसरे इस प्रक्रिया को विचारों का प्रेषण मानने लगे। किन्तु मार्शल मेक्लूहान की अवधारणा अन्य विद्वानों की धारणा से भिन्न रही। उन्होंने माना कि 'माध्यम ही सन्देश है' (The medium is the message)। अपनी पुस्तक 'अंडरस्टैण्डिंग मीडिया' में वे लिखते हैं कि किसी भी माध्यम की विषय वस्तु सदा कोई अन्य माध्यम होता है। कोई पुस्तक मुद्रण-कला के माध्यम से सामने आती है किन्तु पाठक, मुद्रण से अनभिज्ञ, केवल पाठ पर अपना ध्यान केन्द्रित करता है।*[18]

मेक्लूहान के अनुसार नयी रफ़्तार और तात्कालिकता ने प्रागैतिहासिक संस्कृतियों को औद्योगिक बाजारों के बाजारू लोगों से मिलाया और सूचना व निरन्तर सूचनाओं के परिणामस्वरूप विषय वस्तु प्रभावित होने लगा।

'माध्यम ही सन्देश है' की इस अवधारणा में प्रतिवेदित है कि मीडिया, जागरूकता और अनुभव के विन्यास से उत्पन्न एक नयी संरचना है। संचार की इस प्रक्रिया में पुस्तक, समाचार-पत्र, सिनेमा, रेडियो तथा टेलीविजन (माध्यम) जब अलग-अलग रूपों में सन्देश प्रेषित करते हैं तो ये सन्देश की प्रासंगिकता और महत्त्व का बोध कराते हैं। इस प्रकार, मेक्लूहान के अनुसार 'माध्यम' सन्देश की व्याख्या के साथ ही पुनर्व्याख्या भी करता है।

जर्मन मीडिया विशेषज्ञ, आलोचक एवं कवि, एनज़न्सबर्गर (Hans Magnus Enzensberger), मेक्लूहान की इस अवधारणा का खण्डन करते हैं कि वे अपनी बात किसी धारणा के बजाय साधारण तौर पर प्रस्तुत करते हैं। एनज़न्सबर्गर मानते हैं कि मेक्लूहान ऐसे पहले व्यक्ति थे जिन्होंने मीडिया के रहस्य खोले, परन्तु उनका प्रतिपादन समस्याओं को धुएँ में उडाता है और टेलीविजन-तकनीक द्वारा मनुष्य की रक्षा का झूठा वादा करता है। जो, दरअसल, नये-आदिम-मानव का

* "The content of any medium is always another medium...Indeed, it is only too typical that the 'content' of any medium blinds us to the character of the medium...To a highly literate and machanized culture the movie appeared as a world of triumphant illusions and dreams that money could buy. It was at this moment of the movie that cubism occured...Cubism, by seizing of instant total awareness, suddenly announced that medium is the message...The effect of the medium is made strong and intense just because it is given another medium as 'content'. The content of a movie is a novel or a play or an opera. The effect of the movie form is not related to its program content. The 'content' of writing of print is speech, but the reader is almost entirely unaware either of print or speech."[18]

उपदेश जैसा है और जिसे 'ग्लोबल विलेज' में प्रागैतिहासिक जनजातीय अस्तित्व में लौटने जैसा कहा जा सकता है।[19] इसी प्रकार 'माध्यम ही सन्देश है', एनज़न्सबर्गर के अनुसार, एक और सन्देश प्रेषित करता है कि पूँजीवादियों के पास ऐसे सभी साधन मौजूद हैं जिनके द्वारा वे विचारों का आदान-प्रदान कर सकें, परन्तु उनके पास कहने को कुछ भी नहीं है। वे वैचारिक स्तर पर अक्षम हैं। उन का उद्देश्य उत्पादन के साधनों को, किसी भी कीमत पर, नियन्त्रित करना होता है। जबकि वे समाज के हित में उन साधनों का इस्तेमाल करने में असमर्थ होते हैं। वे मीडिया की ऐसी स्थिति बरकरार रखते हैं।[20]

एनज़न्सबर्गर इलेक्ट्रॉनिक मास मीडिया की सबसे महत्त्वपूर्ण गुण इसकी समतावादी प्रकृति को मानते हैं। वे इसको पुस्तकों और कलाकृतियों के पुनरुत्पादन की प्रक्रिया के विपरीत मानते हैं; क्योंकि इसमें कोई भी भाग ले सकता है। 'चेतनता उद्योग' की अवधारणा में वे उत्पाद और उपभोक्ता को महत्त्व देते हैं। जिसमें उत्पादक और उपभोक्ता के बीच शासक और शासित जैसी स्थिति उभरती है। ऐसे में यह आवश्यक नहीं कि यह उद्योग कैसे चलाये जाते हैं बल्कि उन्हें चलाता कौन है और उन्हें कौन 'मेनिप्युलेट' करता है।* ऐसी 'मेनिप्युलेशन' द्वारा वस्तुओं के उत्पादन और वितरण का एकाधिकार भ्रामक ज़रूरतों पर आधारित होने के बजाय औचित्यपूर्ण ज़रूरतों का मिथ्याकरण करता है। यही कारण है कि मीडिया उद्योग हर जगह अपनी उपस्थिति 'बी एव्रिवेअर' (Be everywhere) वाली नीति को अपनी सफलता का आधार मानता है। मगर इसके बावजूद 'चेतनता उद्योग' की मीडिया इकाइयाँ अटकलबाजी के बजाय सक्रिय हो कर एक साथ चलती हैं ताकि ये नये संचार माध्यम, भूत से नहीं, वर्तमान से जुड़े रहते हैं।

रेमण्ड विलियम्स की संरचनात्मक अवधारणा इस बात की पुष्टि करती है कि मीडिया की मिथ्या, मोहकता, तथा अश्लीलता के बावजूद यह एक निर्धारित स्वरूप के अन्तर्गत नये तथ्य, नयी राय और दुनिया को नये नज़रिये से देखने की दृष्टि उत्पन्न करता है।**

---

* "All technical manipulations are potentially dangerous; the manipulation of the media cannot be countered, however by old or new forms of censorship, but only by direct social control, that is to say, by the mass of the people..."[21]

** "It is perhaps the only easy way of getting through quickly to a very large number of people, and the system seems to depend on this. Certainly we can only understand large-scale communications if we acknowledge the importance of formulas which can be fairly quickly and widely learned and used. Yet, in fact, formulas are necessary for all communications."[22]

मास-मीडिया और साहित्यिक परम्परा का विश्लेषण करते हुए रेमण्ड विलियम्स इस बात की ओर ध्यान आकर्षित कराते हैं कि संस्कृति तर्क के बजाय जीवन की रीति और ढंग से सम्बन्धित है। वे सभी प्रजातन्त्रीय संस्थाओं को इसके अन्तर्गत पाते हैं और रेखांकित करते हैं कि समाज की पारम्परिक संस्कृति सदा समकालीन मूल्यों और व्यवस्था के साथ सादृश्यता रखेगी; क्योंकि अपने-अपने समय की कलाओं का अपना महत्त्व होता है और समकालीन समुदाय संचार को सम्भव बनाता है। 'सांस्कृतिक भौतिकवाद' के सन्दर्भ में वे वाम सांस्कृतिकता एवं पश्चिमी मार्क्सवाद (Western Marxism) के बीच एक सैद्धान्तिक संयोजन मानते हैं। फिर भी संरचनात्मकता विभिन्न वर्गों के लिए समान होने के बावजूद विशेष वर्गों के हितों का प्रतिनिधित्व करती है।

हेबरमास समाज में एक ऐसी 'स्पेस' की बात करते हैं जो सामान्य नागरिक और व्यवस्था के बीच सार्वजनिकता (पब्लिक स्फिअर) द्वारा मध्यस्थता करता है। यह 'केन्द्र', बुर्जुआ समाज में विशिष्ट कारणों से प्रकट हुआ। इसलिए समाज का साधारण वर्ग अपने आप को संगठित करता है और एक आम-धारणा निर्धारित होती है। यह अवधारणा आदर्श की अवस्था पर बल देती है। जिसमें विरोधी धारणायें तर्कसंगत बहस को अपना आधार मानें। यानी उस 'स्पेस' में आम धारणाओं, सांस्कृतिक प्रथाओं वे सामाजिक अवस्थाओं का प्रतिनिधित्व हो। मीडिया से जुड़े विशेषज्ञों (पश्चिम के**) का मत है कि ऐसी अवस्था में टेलीविजन भी एक मध्यस्थ जैसा दायित्व निभा सकता है और एक नया 'स्पेस' पैदा करके एकात्मकता को बढ़ावा दे सकता है। विविध विचारों की प्रस्तुति कर सकता है; क्योंकि मीडिया द्वारा सार्वजनिकता का विस्तार हुआ है। परिचर्चाओं का प्रसार बढ़ा है। दृश्य-श्रव्य ने प्रमुखता पायी है। सार्वजनिक न केवल घर-परिवार में (टेलीविजन द्वारा) प्रवेश कर गया है बल्कि सार्वजनिक और व्यक्तिगत की सीमायें धुँधली पड़ गयी हैं।

अल्थुसे (Louis Althusser) ने एक ऐसा सिद्धान्त प्रतिपादित किया जिसने समाज और समाज की अर्थव्यवस्था को पुनर्व्याख्यायित किया। संचरण की यह अवधारणा भिन्न होते हुए भी व्यक्ति के अधिकार को अहम मानती है। अल्थुसे मानते हैं कि किसी न किसी का किसी न किसी से सदा ही सम्बोधन होता है। यही संचरणशीलता है। यह सिद्धान्त मार्क्स की 'मिथ्या चेतनता' के सिद्धान्त (कि कामगार बुर्जुआ को हटाकर एक ऐसा समाज निर्मित करेगा जहाँ एक वर्ग दूसरे वर्ग को शोषित नहीं करेगा और उनहें 'मिथ्या चेतनता' की अवस्था में नहीं रखेगा) से प्रेरित है किन्तु इस बात पर बल देता है कि नयी अवस्था में छोटे वर्ग का बड़े वर्ग पर 'बिना जबरदस्ती के' माध्यमों द्वारा अधिकार होगा।

---

* थांपसन आदि।

इस प्रकार की अवधारणायें यह स्पष्ट करती हैं कि संचार प्रक्रिया का सामाजिक-राजनीतिक पहलू भी है और इसको सामाजिक सन्दर्भ के बाहर न तो देखा जा सकता है और न समझा जा सकता है।

विशेषज्ञ, मीडिया और उस के समाज पर पड़ रहे प्रभाव पर अपनी अभिव्यक्तियाँ प्रस्तुत करते रहे हैं किन्तु इसका स्वरूप निरन्तर बदल रहा है। मीडिया तथा इसकी टेक्नोलॉजी ने हमारे देखने, समझने के ढंग और अनुभव-आधारित ज्ञान को प्रभावित किया है। इस प्रक्रिया में नये दृश्य-श्रव्य तथा भाषायी नियम विकसित हो रहे हैं।

(3) जनसंचार माध्यम; प्रभाव-कुप्रभाव

"कौन क्या कहता है, कैसे, किसको, कितने प्रभाव से?" यह लासवैल (Laswell) ने जनसंचार के सन्दर्भ में कहा था। किन्तु रेमण्ड विलियम्स ने इस सूत्र में 'अभिप्राय' भी शामिल किया। यानी सन्देश का अभिप्राय क्या है। वे लासवैल के फार्मूला को नये ढंग से व्यक्त करते हैं। "कौन, क्या, कैसे, किस से, किस अभिप्राय से, कहता है" वे सन्देश के अभिप्राय पर बल देते हैं कि जो कुछ हम मीडिया द्वारा देखते, सुनते, पढ़ते हैं उसके पीछे क्या इरादा होता है।*

विभिन्न संस्थायें अपने-अपने इरादे से मीडिया के प्रभाव को आँकने की कोशिश करती हैं। एक सामाजिक-सांस्कृतिक संस्था का इरादा होता है कि वह हिंसा, किशोरों में अपराध की प्रवृत्ति तथा उन्हें अत्याधिक स्वतन्त्रता प्रदान होने के कारण इनके प्रभावों को जानने की कोशिश करे। प्रसारण संस्थायें व विज्ञापन कम्पनियाँ, टी.आर.पी. (टेलीविजन रेटिंग) जानने के उद्देश्य से दर्शकों पर कार्यक्रमों का प्रभाव आँकते हैं। देखा गया है, कि वे कार्यक्रम, जो हिंसा की बात करते हैं, हिंसात्मक दृश्य दर्शाते हैं उनकी टी.आर.पी. अधिक होती है। यानी वे लोकप्रिय होते हैं। इसलिए उन्हें विज्ञापन भी अधिक मिलते हैं।**

पुस्तक में पढ़े हुए मूल पाठ को पाठक अपनी सोच, अपने परिवेश के आधार पर व्याख्यायित करता है किन्तु रंगमंच और टेलीविजन पर देखा हुआ हिंसात्मक

---

* "Effect, after all, can only be studied in relation to real intentions, and these will often have to be as sharply distinguished from declared intentions as from assumed and indifferent general social processes."[23]

** "Television violence serves both dramatic and commercial purposes. From Homer to Hitchcock, from Shakespeare to the Shadow, from Tolostoy to Tarentino, authors have used violence as a plot device to grab the audiance and keep it attentive and fascinated within any given narrative, violence can generate excitement, build emotional tension, enhance a thrilling climax, and generally provide a satisfying vicarious experience for many in the audiance."[24]

दृश्य उसे झकझोर देता है। उसके मानस पर चिरस्थायी प्रभाव डालता है। यही कारण है कि ब्रिटेन में टेलीविजन पर दर्शाई जाने वाली हिंसा को कम कराने के लिए 'एंटी वायलेंस' अभियान चलाये जाने लगे थे। 1964 में 'द क्लीन अप'[25] अभियान प्रारम्भ किया गया था। 1965 में 'नवाला' (NVALA: The National viewers and Listeners' Association) नाम की संस्था बनी। इसने बी.बी.सी. के 'टिल डेथ डू अस अपार्ट' जैसे कार्यक्रमों के विरोध में अभियान चलाया था।

भारत में सूचना एवं प्रसारण मन्त्रालय ने भी एक नियम-कानून की रूपरेखा तैयार की है जो चैनलों के कार्यक्रमों की विषय वस्तु के आकलन हेतु होगा। सम्भवतः 2006-07 में यह कानून लागू हो। इसके लिए सेंसर बोर्ड जैसी एक कमेटी का गठन होगा। वह कमेटी कार्यक्रम को चैनल पर चलाने से पूर्व एक अनुमति-पत्र प्रदान करेगी।

यूनेस्को (UNESCO) तथा कॉमनवेल्थ ब्राडकास्टिंग एसोसियेशन (CBA) ने ऐसी कानून व्यवस्था को महत्त्वपूर्ण माना है। क्योंकि भूमण्डलीकरण का असर स्थानीय संस्कृतियों पर देखा जाने लगा है।*

दर्शकों पर पड़ने वाले प्रभावों को आँकने के लिए तीन बातों को महत्त्वपूर्ण माना गया है। दर्शाये जाने वाले कार्यक्रम की गुणात्मकता, अवयस्कों के हितों की रक्षा तथा विज्ञापनों की नियमानुकूलता, परन्तु इन तीनों बातों का उल्लंघन होता रहा है। इसलिए यूरोप के कुछ देशों में विज्ञापनों के सम्बन्ध में नियम लागू किये गये हैं कि एक कार्यक्रम की प्रसारण अवधि में कितने विज्ञापन दिखाये जायें। कार्यक्रमों के बीच कहाँ-कहाँ कितनी देर के विज्ञापन हों। इस प्रकार के नियम भले ही विज्ञापन-व्यवसाय को प्रभावित करते हों मगर दर्शक की, कार्यक्रम देखते समय, आनन्द-अवस्था को बाधित नहीं करते। इसी प्रकार किशोरों के हितों की रक्षा करते हुए उन्हें हिंसा तथा सेक्स-प्रदर्शन के प्रभाव से बचाने हेतु कानून लाये गये हैं। रोमानिया आदि देशों में यदि इस प्रकार के कार्यक्रम चलाने भी हों तो उन्हें रात्रि 10 बजे के बाद चलाने का नियम है। भारत में भी इस प्रकार के कार्यक्रम देर से ही प्रसारित होते हैं, मगर कुछ कार्यक्रम दिन में भी दिखाये जाते हैं। ('अपराधी कौन', दूरदर्शन पर रात्रि 10 बजे, 'सी.आई.डी.–स्पेशल ब्यूरो', सोनी पर रात 10.30 पर, 'सनसनी' स्टार न्यूज पर रात 11 बजे, 'क्राइम फाइल' जी न्यूज दिन में 4.30 पर)।

---

* "Some governments are increasingly worried about the effects of globalisation on local culture, often citing the spread of American television as a cause of a loss of local identity. Some countries have therefore sought to impose language and original production quotas on their broadcasting."[26]

टेलीविजन के कार्यक्रमों का किस प्रकार के दर्शक पर कितना प्रभाव पड़ता है इसके आकलन के लिए पश्चिम में 'कल्टिवेशन थ्योरि' के सिद्धांत पर पिछले तीस वर्षों से विश्लेषण होता रहा है। यह अध्ययन सामाजिक जीवन पर टेलीविजन के प्रभाव को रेखांकित करते हुए एक दृष्टिकोण प्रस्तुत करता है। 'कल्टिवेशन विश्लेषण' का परिणाम, पहली बार, जार्ज गर्बनर (George Gerbner) ने 1976 में प्रकाशित किया था। तब से अब तक एक सौ से भी अधिक विश्लेषण प्रकाशित हुए हैं। इनमें टेलीविजन पर हिंसा दर्शाने वाले कार्यक्रमों, उन कार्यक्रमों में हिंसक घटनाओं की आवर्ती, प्रत्येक घण्टे में ऐसी घटनाओं का प्रदर्शन, हिंसात्मक पात्रों के हिंसा में शामिल होने की प्रतिशत को आधार माना गया है। अतः हिंसात्मक दृश्य, सन्देश तथा तथ्य जो मीडिया द्वारा प्रदर्शित व प्रसारित होते हैं वे दर्शकों के सामाजिक सत्य को या तो झुठलाते हैं या उनकी पुष्टि करते हैं। टेलीविजन की दुनिया अलग होती है। यह समाज के सत्य को उसी रूप में नहीं दर्शाती जिस रूप में समाज उससे जुड़ा होता है या व्यवहार करता है। सामाजिक सम्बन्धों की बुनियाद पर मूल्यों को प्रतीकों द्वारा भी व्यक्त किया जाता है। दृश्य के बाह्य-रूप के भीतर कोई तथ्य छिपा होता है। उसे जागरूक दर्शक समझ पाता है। किन्तु साधारण दर्शक उसके बाह्य-रूप से प्रभावित होता है और उसी को सत्य मानता है।

विश्व भर में जनसंचार के समाजशास्त्र ने जो रुचि टेलीविजन अध्ययन में दिखाई उसका परिणाम यह हुआ कि टेलीविजन के प्रभाव को आँकने के लिए कई सिद्धान्त सामने आये। प्रारम्भिक दौर के विश्लेषण तीन पूर्वधारणाओं पर आधारित थे—वैयक्तिकता, भावात्मकता तथा व्यावहारिकता।

वैयक्तिकता—माना गया कि टेलीविजन का दर्शक एक व्यक्ति है। उसकी कुछ मानसिक आवश्यकतायें होती हैं, और जब वह टेलीविजन देखता है तो इन ज़रूरतों की पूर्ति हेतु ही देखता है। वह सन्तुष्टि प्राप्त करता है। इसलिए टेलीविजन सन्तोषप्रद माध्यम है।

भावात्मकता—व्यक्ति के जीवन में संस्कृति एक ऐसा कारक होती है जो उसकी भावात्मकता को प्रभावित करती है। इसलिए टेलीविजन की सार्वभौमिकता और मानव सम्बन्धों की जानकारी उसे भावात्मक बनाती है। उसे प्रभावित करती है।

व्यावहारिकता—दर्शक, सतर्क और सक्रिय होकर सूचनायें प्राप्त कर अपनी आवश्यकताओं की पूर्ति करता है। इस प्रकार के दर्शन-प्रदर्शन में संचारकर्ता, तथा दर्शक का सामाजिक और सांस्कृतिक अनुभव एक दूसरे को प्रभावित करते हैं।

ऐसी तीन पूर्वधारणाओं पर आधारित 'ग्रेटेफिकेशन थ्योरि' ने नयी विश्लेषणात्मक लेख, आलेख व पर्चे प्रस्तुत किये हैं। जिनमें समाजशास्त्रियों ने मित्रता, सुन्दरता, सूचना, ज्ञान, समाज के साथ सम्बन्धों, आत्मविश्वास बढ़ाने, मनोरंजन द्वारा

समस्याओं से पलायन आदि के अभिप्राय को व्यक्त करते हुए जनसंचार माध्यमों के उपयोग की बातें सामने लायी हैं।

'इंटिग्रेटिड थ्योरि' में डी फल्यूर (De Fleur) तथा बाल रोकेच (Ball Rokeach) ने जनसंचार के प्रभावों को तीन संवर्गों में वर्णित किया है–

1. यह व्यक्ति को अपने सामाजिक जगत से परिचय कराता है।
2. इस जगत में कारगर अथवा परिणामकारी रूप में (सूचना के आधार पर) कार्य करने के लिए सक्षम बनाता है।
3. यह दिन-प्रतिदिन की समस्याओं से (कल्पना के माध्यम से) पलायन का रास्ता देता है।

जनसंचार के प्रभाव और प्रयोग को लेकर 'बुलेट थ्योरि' का प्रतिपादन राइट (Wright) ने किया और माना कि दर्शक वर्ग (जन) में चार लक्षण होते हैं। इसमें सभी प्रकार के व्यक्ति शामिल होते हैं। यह अनजाने होते हैं। इन व्यक्तियों में कोई अन्तर्सम्बन्ध नहीं होता। वे अपने अनुभव एक दूसरे को बता नहीं पाते। यदि इनका कोई आपसी मेल-जोल भी हो तो बहुत कम अवस्थाओं में होता है। इन व्यक्तियों में मतभेद होते हैं।

दरअसल, टेलीविजन 'संचार' भी और 'जन' भी है। जो व्यक्तियों को प्रभावित करता है। सन्देश जहाँ व्यक्तियों की राय से मेल खाता हो या समाज की रीतियों के अनुरूप हो वहाँ यह अधिक प्रभावित करता है।

पारम्परिक गायन और लोकनाट्य के माध्यम से रामायण की कथा सहस्रों वर्षों से सुनाई जाती रही है। कुछ वर्ष पहले इस अविस्मरणीय कथा को धारावाहिक के रूप में टेलीविजन पर दिखाया गया था। इसका प्रभाव इतना अधिक था कि रविवार के दिन जब यह दूरदर्शन से प्रसारित होता था तो महानगरों, शहरों व कस्बों में कर्फ्यू जैसी स्थिति होती थी। इस पर पी.सी. चटर्जी अपनी पुस्तक 'ब्राडकास्टिंग इन इंडिया' में फिलिप लुटगंडार्फ की टिप्पणी उद्धृत करते हुए लिखते हैं कि यह टेलीविजन की मन्त्रमुग्ध करने की शक्ति का एक संकेत था।*

---

* "The Ramayana serial had become the most popular programme ever shown on Indian Television and something more: an event, a phenomenon of such proportions that intellectuals and policy-makers struggled to come to terms with its significance and long-range import. Never before had such a large percentage of South Asia's population been united in a single activity, never before had a single message instantaneously reached so enormous an audiance...Did its success point once again to the enduring power of sacred narrative to galvanize the Indian masses, or was it rather a cue to the advent of a new force in Indian culture: the mesmerising power of the television screen?"[27]

टेलीविजन की तकनीक पर निर्मित, धारावाहिक रामायण ने, अद्भुत रूप में, करोड़ों दर्शकों को प्रभावित किया था। परन्तु यह टेली-रूप क्या लोक नाट्य कलाओं का स्थान ले सकता है? शायद नहीं। पी.सी. चटर्जी इसी सन्दर्भ में अरविन्द दास का कथन उद्धृत करते हैं। अरविन्द दास का मानना कि फ़िल्मीकृत रामायण कस्बों और गाँवों में होने वाले रंग-प्रदर्शनों का स्थान ले सकता है।*

परन्तु लुटगंडार्फ मानते हैं कि नहीं ऐसा नहीं हो सकता। पारम्परिक रूप में रामायण का गायन, मंचन (रामलीला) होता रहेगा। टेलीरूप, लोक शैली की सशक्त परम्परा को प्रभावित नहीं कर सकता।

जब रामायण और महाभारत प्रसारित हुए थे तब केवल एक ही चैनल था, दूरदर्शन। परन्तु आज कई चैनल हैं। आज दर्शक को किसी भी चैनल से कुछ भी देखने की स्वतन्त्रता है। जब भारत में एम.टी.वी. आया तो काफी हल्ला मच गया था। फिर जब फैश्न टी.वी. आया तो उस समय की सूचना एवं प्रसारण मन्त्री (श्रीमती सुषमा स्वराज) ने इस चैनल के कुप्रभाव से किशोर-किशोरियों को बचाने हेतु इसे बन्द करने का आदेश दिया था। कुछ रुकावटों के बाद चैनल फिर शुरू हो गया। आज भी चल रहा है। बाज़ार की शक्ति के सामने सांस्कृतिक संरक्षक झुक गया।

नयी चैनलों के आते ही नये-नये सोप ऑपेरा दिखाई जाने लगे। इनमें स्त्रियों का प्रतिनिधित्व बढ़ गया। नाटक से लेकर विज्ञापन तक हर कहीं स्त्री नजर आने लगी। नयी निर्भीक स्त्री को प्रस्तुत किया जाने लगा। नये सोप ऑपेराओं ने कामकाजी, तलाकशुदा तथा सतायी हुई महिलाओं के मुद्दे उठाये। मध्यवर्गीय महिलाओं के सामने नये आदर्श प्रकट होने लगे। इसलिए इस प्रकार के सोप ऑपेराओं की दर्शक संख्या बढ़ गयी।**

'शान्ति' तथा 'औरत' जैसे लोकप्रिय सोप ऑपेराओं में, दूरदर्शन ने, स्त्री को अपने अधिकारों के लिए लड़ते हुए दिखाया था। शहरी महिलाओं को, नारी का यह रूप देखना अच्छा लगा जबकि छोटे कस्बों की महिलाओं ने दावा किया कि इन धारावाहिकों में दिखाये जाने वाला सत्य उनके जीवन के सत्य से अलग था।

---

* "A filmi vulgarised version of the Ramayana will become the accepted version and will replace the many and varied versions which are performed in small towns and villages through out the country."[28]

** "Women also view TV for longer periods than men and according to our surroundings with women's groups they are more likely to make time to view what they like. The are also heaviour consumers of cable television than men, which means that the 'modern' story lines of soap operas are palying to full houses."[29]

वे परिवार में स्त्री की पारम्परिक स्थिति में बदलाव नहीं चाहती थीं। फिर भी मध्यवर्गीय कामकाजी महिला उन्हें स्वीकार्य थी। अब जो नयी स्त्री सामने आ गयी थी वह आत्मविश्वासी, विवेकशील, घर व कैरियर में सन्तुलन बनाने वाली थी।

सोप ओपेराओं के प्रभाव को जानने के लिए समाजशास्त्रियों ने महिलाओं के विभिन्न वर्गों के साथ विचार-विमर्श किया और पाया कि स्त्रियाँ प्रस्तुत हो रहे नाटकों में अपनी पहचान भी ढूँढती हैं।*

इन नये टेलीरूपों ने भले ही महिलाओं के व्यवहार और वेश-भूषा को प्रभावित किया हो मगर तर्कसंगता खो गयी थी।** इसलिए टेलीविजन को महिलाओं के ऐसे आदर्श प्रस्तुत करने होंगे जिनका आधार बाहरी रूप के बजाय उनकी असली उपलब्धियाँ हों।

टेलीविजन, सामाजिक बदलाव की जटिल व्यवस्था का एक अंग बन गया है। इसने किशोर-किशोरियों के व्यवहार में बदलाव लाया है। जिसके कारण अभिभावकों की व्याकुलतायें बढ़ी हैं। किसी भी शहर अथवा कस्बे में यदि कोई किशोर-किशोरी अपनी मर्जी से विवाह करते हैं तो माना जाता है कि यह टी.वी. सीरियल का प्रभाव है। माता-पिता टेलीविजन पर दिखाई जाने वाली हिंसा से भी चिन्तित रहते हैं। वे मानते हैं कि ऐसे कार्यक्रम देखने से बच्चे लड़ाकू स्वभाव के हो जाते हैं। न केवल वे असभ्य हो जाते हैं बल्कि पढ़ाई-लिखाई छोड़ घण्टों टी.वी. देखते रहते हैं। जिसके कारण उनकी शिक्षा प्रभावित होती है। परन्तु यह भी एक सत्य है कि स्कूल टेलीविजन, ज्ञान-दर्शन, 'डिस्कवरी ऑफ इंडिया', प्रो. यशपाल की विज्ञान-चर्चा जैसे कार्यक्रमों ने किशोर-किशोरियों का ज्ञान बढ़ाया है। बच्चों को नयी जानकारियाँ उपलब्ध हुई हैं।

कुछ मध्यवर्गीय परिवार यह शिकायत भी करते हैं कि टेलीविजन, अपने विज्ञापनों द्वारा, ऐसे उत्पाद प्रदर्शित करता है जिनको खरीदने की उनमें क्षमता नहीं होती। शायद आज के 'ग्लोबल विलेज' और उदारीकरण के दौर में आर्थिक

---

* "Sociologist Anjali Monteiro, who held discussions with Indian women on the impact of the new serials, concluded that women were using the images in their process of questioning...the imaginary identification...at least offered some kind of revolt against where they were."[30]

** "The Media Advocacy Group, which held extensive discussions with women in different cities about their response to such soap operas, concluded that, 'they appreciated the new bold women'. Though they differed considerably over how the boldness was portrayed. An underlying concern among working women themselves was that their portraryal in the serials was 'extremely negative and problematic."[31]

बदलाव को नहीं रोका जा सकता मगर विज्ञापन कम्पनियाँ भी यह बात बखूबी समझती हैं। इसीलिए आज के टी.वी. विज्ञापनों में केवल एक रुपये, केवल पाँच रुपये वाले उत्पाद प्रदर्शित होने लगे हैं। वस्तुतः यह दोतरफा है। उत्पादक अपना बाज़ार बढ़ाना चाहता है और ग्राहक वस्तुएँ सस्ते दामों में खरीदना चाहता है। टेलीविजन ने भले ही आर्थिक गतिविधियों का विस्तार करते हुए बाज़ार की शक्ति को स्थापित किया हो, उपभोक्तावादी प्रवृत्ति को बढ़ावा दिया हो परन्तु इसने लोकसेवा के नये अवसर भी प्रदान किये हैं।

टेलीविजन ने विभिन्न संस्कृतियों को एक-दूसरे के समीप लाने में सहयोग दिया है। 'सुरभि', 'कथा सरिता' जैसे कार्यक्रमों ने जहाँ संस्कृतियों को समझने में मदद की है वहीं सांस्कृतिक सामंजस्य बढ़ाया है। इसने अभिजात्य कलाओं को, उनके पुनरुत्पादित रूप में, जनसाधारण तक लाया है। दर्शकों का सामाजिक दृष्टिकोण विस्तृत हुआ है। सूचना के अधिकार का विस्तार हुआ है और लोगों को शिक्षित तथा उदार बनने की प्रेरणा मिली है। टेलीविजन अपने दर्शकों में भेदभाव नहीं करता है। इसलिए लोकतान्त्रिक मूल्यों के विस्तार में सहयोग मिला है। इसने सामाजिक विकास में एक महत्त्वपूर्ण भूमिका निभाई है।

(4) सामाजिक विकास में टेलीविजन की भूमिका

प्रथम विश्वयुद्ध (1914-18) के बाद, पूरे यूरोप में और विश्व के अन्य भागों में, सामाजिक एवं राजनीतिक अस्थिरता पैदा हो गयी थी। रूस में कम्युनिस्ट क्रान्ति हुई। नया सोवियत संविधान 1918 में घोषित हुआ। ब्रिटेन में आम हड़ताल हुई थी। बेरोज़गारी बढ़ी। बिगड़ी हुई आर्थिक स्थिति और अन्तर्राष्ट्रीय राजनीतिक अस्थिरता के माहौल में प्रसारण को एक प्रबल शक्ति के रूप में पहचाना जाने लगा।[32] इसे महत्त्वपूर्ण माध्यम के तौर पर पहचाना गया। नतीजतन 1920 से ही लोक सेवा प्रसारण निगमों की स्थापना के प्रयास प्रारम्भ हुए और 1927 में बी.बी. सी. स्थापित हुआ।

भारत में संचार के महत्त्व को पहचानते हुए प्रथम पंचवर्षीय योजना के दस्तावेज़ में ही, विकास में, इसकी भूमिका को रेखांकित किया गया। योजना के दस्तावेज़ में इसकी भूमिका को परिभाषित किया गया था।*

* "A wide spread understanding of the plan is an essential stage in its fulfilment. An understanding of the priorities of the plan will enable each person to relate his or her role to the larger purposes of the nation as a whole. All available methods of communication have to be developed and the people approached through the written and spoken word no less than through radio, film, song and drama."[33]

उस समय भारत में टेलीविजन नहीं था इसलिए किसानों, कामगारों, जनजातीय और कमज़ोर वर्गों के लोगों को जीवन स्तर बेहतर बनाने की दिशा में रेडियो ने पहल की। उन्हें शिक्षित करने हेतु रेडियो कार्यक्रम शुरू किये गये। जिनमें शिक्षा और कृषि के कार्यक्रम प्रमुख थे।*

आकाशवाणी (ऑल इंडिया रेडियो) ने ग्रामीण क्षेत्रों में ग्रामीणसभायें स्थापित करवाई जहाँ सामुदायिक श्रवण केन्द्रों पर रेडियो कार्यक्रम सुने जाते। प्रत्येक कार्यक्रम के प्रसारण के पश्चात् ग्रामीण सभा के सदस्य अपने प्रश्न और जिज्ञासा काग़ज़ पर लिख कर रेडियो के कार्यक्रम-संयोजक के पास भेजते थे। संयोजक, विशेषज्ञों द्वारा उन प्रश्नों के उत्तर अगले कार्यक्रम में दिलवाता। 'रेडियो रूरल फोरम' के अनुभवों का विश्लेषण करते हुए मीडिया विशेषज्ञ विल्बर श्रैम ने कहा' कि इन कार्यक्रमों ने सिद्ध किया है कि विकासमूलक नीतियों को लागू करने में यह प्रयोग सबसे सस्ता है'।[35]

इसी प्रकार स्वास्थ्य, महिलाओं तथा शिक्षा के कार्यक्रमों द्वारा भारतीय रेडियो ने सूचना का प्रसार निश्चित किया तथा अपने प्रसारण केन्द्रो का विस्तार किया।**

सन् 1964 तक न केवल इन केन्द्रों की संख्या बढ़ गयी बल्कि देश के विभिन्न भागों में स्थापित ग्रामीण सभाओं की संख्या भी बढ़ कर 7,500 हो गयी।[37]

टेलीविजन ने आकाशवाणी के एक नये विभाग के तौर पर 15-9-1959 को अपनी प्रयोगात्मक सेवा प्रारम्भ की थी। जब यह सेवा नियमित हुई तो सर्वप्रथम शिक्षा के कार्यक्रमों की रूप रेखा निर्धारित हुई। शैक्षणिक टेलीविजन (ETV-Educational Television) कार्यक्रमों का प्रसारण प्रारम्भ हुआ।

दिल्ली-टी.वी. ने दिल्ली क्षेत्र के स्कूलों में पाठ्यक्रम के आधार पर पाठ प्रसारित करने का सिलसिला चलाया। विज्ञान के विषयों को प्राथमिकता दी जाने लगी, ताकि माध्यमिक स्तर पर विज्ञान के विषय में सुधार हो। इस हेतु दिल्ली

* "AIR took up this job through various programmes, especially in the rural, tribal and educational programmes. News was, of course, very importance. During and immidiately after national calamities, such as floods and cyclones, AIR has often been the only means of communication between the government and the people. AIR transmitters have been on the air round the clock."[34]

** "A primary objective in those early days was to extend the network of Radio Stations and transmitters to cover the whole country. Between 1947 and 1950, the network rose from five to twenty-one stations, including those in the Indian states which were integrated into the union."[36]

टीवी ने स्कूलों में टेलीविजन-सेट वितरित किये। अध्यापकों और विद्यार्थियों ने उत्साह के साथ इस नये शिक्षण माध्यम को स्वीकारा। जब कुछ वर्षों बाद, 1969 में, यूनेस्को (UNESCO) के विशेषज्ञ डॉ. पाल ने इस प्रयोग का मूल्यांकन किया तो पाया कि शैक्षणिक टेलीविजन ने विज्ञान के विषयों को समझाने में महत्त्वपूर्ण भूमिका निभाई थी।[38]

इस प्रकार दिल्ली के उन 500 स्कूलों में जिन में मुफ्त टेलीविजन-सेट दिये गये थे, प्रत्येक सप्ताह माध्यमिक कक्षाओं के लिए 16 पाठ प्रसारित होते। किन्तु जब राष्ट्रीय शैक्षिक अनुसन्धान और प्रशिक्षण परिषद् (NCERT) ने इन स्कूलों का सर्वेक्षण किया था तो पाया कि केवल 38 प्रतिशत विद्यार्थी ही ये कार्यक्रम देख पाते थे क्योंकि दिल्ली के अधिकतर सरकारी स्कूलों में टी.वी. सेट चलाया ही नहीं जाता था।[39] इस सब के बावजूद दिल्ली टी.वी. ने प्राथमिक तथा माध्यमिक कक्षाओं के लिए नियमित कार्यक्रम चलाये।

शैक्षणिक प्रसारण को विकास के साथ जोड़ते हुए वर्गीज कमेटी (1978) ने, टेलीविजन की भूमिका पर, अपनी रिपोर्ट में इसके महत्त्व को रेखांकित किया था।*

आज शिक्षा के प्रसार हेतु न केवल जामिया मिल्लिया में बल्कि कई विश्वविद्यालयों के परिसर में लो-पावर ट्रांसमीटर लगे हैं।

टेलीविजन के विकासमूलक उद्देश्य पर टिप्पणी करते हुए सुधीश पचौरी लिखते हैं कि "नयी शिक्षा नीति सम्बन्धी दस्तावेज़ों (1986) में बराबर शिक्षा टी.वी. के विकास पर जोर दिया गया!...इसमें स्पष्ट कहा गया कि शिक्षा में रूपात्मक दुहरेपन को बचाने के लिए आधुनिक शिक्षा तकनीक सुदूर क्षेत्रों और वंचितों के लाभ के लिए सम्पन्न क्षेत्रों के साथ-साथ पहुँचनी चाहिए। यह समझ शिक्षा में अधिकाधिक टी.वी. एवं रेडियो के शिक्षात्मक एवं प्रशिक्षात्मक इस्तेमाल पर जोर देती थी। शिक्षा को ऐसे माध्यमों के समर्थन की जरूरत थी, जो उसके पाठ्यक्रमों से जुड़े हों। हमारी समूची नयी शिक्षा नीति मूलतः नये संचार माध्यमों के शिक्षा के लिए इस्तेमाल की नीति कही जा सकती है'।[41]

उच्च शिक्षा के प्रसार के लिए इनसेट-1 बी (INSAT-1B) सैटेलाइट का इस्तेमाल किया जाना तय हुआ। जब यह संचालित हुआ तो विश्वविद्यालय अनुदान आयोग ने, दूरदर्शन के माध्यम से, प्रतिदिन दो बार अपने कार्यक्रम दिखाने प्रारम्भ किये। दिन में 1245 तथा 1645 पर। परन्तु इनमें से अधिकतर

---

* "The Verghese committees...strongly recomonded granting broadcast franchise to educational institutions. This would empower national institutions of higher learning to use low-power radio or Television solely for the propagation of quality education to larger masses of students and others."[40]

कार्यक्रम ब्रिटेन की 'Open University' की रिकॉर्डिंग पर आधारित रहते और कुछ कार्यक्रम विश्वविद्यालयों के जनसंचार विभाग निर्मित करते। पी.सी. चटर्जी इन कार्यक्रमों पर टिप्पणी करते हुए लिखते हैं कि ये कार्यक्रम क्लासरूम लेक्चर्स जैसे ही होते थे।*

धीरे-धीरे इनकी प्रस्तुति-शैली में कुछ सुधार हुआ। शैक्षणिक कार्यक्रमों की पहुँच बढ़ाने के उद्देश्य से सूचना एवं प्रसारण मन्त्रालय ने मानव संसाधन मन्त्रालय तथा इन्दिरा गांधी मुक्त विश्वविद्यालय के साथ मिलकर एक नयी सैटेलाइट चैनल, 26 जनवरी, 2000 को, प्रारम्भ की। इसे डी.डी.–ज्ञानदर्शन-1, के नाम से चलाया गया। यह विश्वविद्यालय अनुदान आयोग, राष्ट्रीय शैक्षिक अनुसन्धान और प्रशिक्षण परिषद्, सी.आई.ई.टी. तथा इन्दिरा गाँधी मुक्त विश्वविद्यालय से प्राप्त कार्यक्रमों को प्रसारित करती।

तकनीकी शिक्षा को समर्पित एक और चैनल एकलव्य-ज्ञानदर्शन 26 जनवरी, 2006 को प्रारम्भ की गयी। इसे मानव संसाधन मन्त्रालय के तकनीकी विभाग तथा आई.आई.टी. दिल्ली के सहयोग से प्रारम्भ किया गया। उपग्रह प्रसारण के साथ ही दूरदर्शन का राष्ट्रीय नेटवर्क ज्ञानदर्शन के कुछ चुनिन्दा कार्यक्रम स्थलचर ट्रांसमीटरों द्वारा अपनी राष्ट्रीय एवं क्षेत्रीय सेवाओं में प्रसारित करने लगा। इस प्रकार दूरदर्शन, प्राथमिक, माध्यमिक, उच्च तथा प्रौढ़ शिक्षा के कार्यक्रमों द्वारा शिक्षा और ज्ञान का प्रसार कर रहा है।** मगर ज़रूरत इस बात की है कि इन कार्यक्रमों की पहुँच उन व्यक्तियों तक हो जिन की ओर ये लक्षित हैं। केबल-टी.वी., ज्ञानदर्शन दिखाता ही नहीं है। दूरदर्शन भी अपनी टेरिसटिअल सेवा द्वारा केवल कुछ चयनित कार्यक्रम ही दिखाता है। इसलिए एक सर्वेक्षण की ज़रूरत है

---

* "The UGC has been lavish in giving funds to help establish such departments, one condition being that they will contribute items for its TV programmes. Short of trained staff to man their faculties, these departments have been hard put to meet their assigned quotas. What has resulted is a repetition of the classroom lacture with microphone and camera added."[42]

** "प्राथमिक शिक्षा कार्यक्रम; डी.डी.–1, प्रातः 10.30 से 11.00, सोमवार से शुक्रवार (क्षेत्रीय सेवा)

माध्यामिक शिक्षा कार्यक्रम; प्रातः 5.00-5.30 (प्रतिदिन) सैटेलाइट प्रसारण द्वारा, 10.00-10.30 (डी.डी.-1)

11.00-11.30 (यूजी.सी. कार्यक्रम)

उच्च शिक्षा कार्यक्रम; प्रातः	5.30-6.00 प्रातः (डी.डी.-1)
	11.02-11.30 (सोमवार से शुक्रवार) डी.डी.-1
प्रौढ़-शिक्षा कार्यक्रम	2.30-3.00 (सोमवार से शुक्रवार) डी.डी.-1"[43]

जिससे कि विद्यार्थियों व अन्य दर्शकों की राय से प्रसारण समय तय हो सके। यदि टेरिसटियल सेवा पर ये कार्यक्रम स्थानीय ट्रांसमीटरों पर भी उपलब्ध हों तो अधिक से अधिक विद्यार्थियों व दर्शकों को लाभ हो सकता है।

भारतीय टेलीविजन की एक बड़ी उपलब्धि है कृषि-कार्यक्रमों का प्रसारण। दिल्ली टी.वी. ने 26 अगस्त, 1965 को अपनी कृषि-सेवा का आरम्भ किया था। दिल्ली और इसके आस-पास के गाँवों के कृषकों को आवश्यक सूचना एवं ज्ञान देकर कृषि-उत्पादन बढ़ाने की प्रेरणा दी जाती। इस सेवा हेतु टेलीविजन सेंटर को कृषि अनुसन्धान संस्थान का सहयोग प्राप्त था। कालान्तर में दूरदर्शन के दूसरे केन्द्र स्थापित हो गये तो कृषि-कार्यक्रम प्रत्येक केन्द्र की प्रसारण-योजना का एक महत्त्वपूर्ण अंग बन गया। स्थानीय केन्द्रों से प्रसारित स्थानीय भाषा के कार्यक्रमों में कृषि विशेषज्ञों द्वारा महत्त्वपूर्ण जानकारियाँ उपलब्ध की जाने लगीं। जैसे—उन्नत बीज का उत्पादन, भूमि संरक्षण, कम्पोस्ट बनाने की विधि, वर्षाश्रित क्षेत्रों में भूमि एवं जल संरक्षण, कीट प्रबन्धन, कृषि यन्त्रों का प्रयोग, वर्मी कल्चर, बायो फर्टिलाइजर, बायो गैस, कीटनाशकों का प्रयोग, खर-पतवार का नियन्त्रण आदि। इन कार्यक्रमों के निर्माण हेतु कृषि विश्वविद्यालयों के विशेषज्ञों को कार्यक्रम में शामिल किया जाता और इन कार्यक्रमों की विषय वस्तु और प्रस्तुति की ओर विशेष ध्यान दिया जाता। यही कारण है कि ऐसे कार्यक्रमों के प्रस्तुतकर्ताओं को समय-समय पर अन्तर्राष्ट्रीय स्तर पर सम्मानित किया जाता रहा है। कृषि दर्शन के प्रोड्यूसर एच.आर.सलूजा को Prix Futura पुरस्कार से सम्मानित किया गया था तथा अनेक राष्ट्रीय एवं अन्तर्राष्ट्रीय पुरस्कार दूरदर्शन को कृषि-कार्यक्रमों की गुणात्मकता तथा उन्हें प्राथमिकता के आधार पर प्रसारित करने के लिए दिये जाते रहे हैं।

टेलीविजन (दूरदर्शन) का एक और महत्त्वपूर्ण कार्य था 'साइट' (SITE-Sattellite Instructional Television Experiment: 1975) कार्यक्रमों का प्रसारण*। डॉ. विक्रम साराबाई की कल्पना ने साइट को जन्म दिया था। उन्होंने देश के दूरदराज़ क्षेत्रों में सैटेलाइट प्रसारण हेतु नासा (NASA) के साथ एक अनुबन्ध पर हस्ताक्षर किये थे। पी. सी. चटर्जी ने डॉ. साराबाई के शब्दों को अपनी पुस्तक 'ब्राडकास्टिंग इन इंडिया' में उद्धृत करते हुए समाज में सैटेलाइट टेलीविजन की भूमिका को रेखांकित किया है।**

---

* "Undoubtedly the most important step taken by the Government to harness broadcasting for development was SITE."[44]

** "If India wants to reduce the overwhelming attraction of immigration to cities, enrich culture life, integrate the country by exposing one part to the cultures of the other parts. involve people in the programme of rural, economic and social developments. then the best thing is to have TV via satellite." [45]

योजना आयोग की एक पैनल द्वारा जब 'साइट' कार्यक्रमों की जाँच हुई तो पाया गया कि कृषि से सम्बन्धित कार्यक्रमों को 76.5 प्रतिशत दर्शक पसन्द करते थे। सांस्कृतिक कार्यक्रमों को 39 प्रतिशत, स्वास्थ्य से सम्बन्धित कार्यक्रमों को 26.6 प्रतिशत और परिवार नियोजन के कार्यक्रमों को 22 प्रतिशत दर्शक पसन्द करते थे।[46]

'साइट' का प्रसारण 1976 में समाप्त हो गया था किन्तु आगे चल कर दूरदर्शन ने 'विकास संचार विभाग' स्थापित किया। पल्स पोलियो, रक्तदान, एडस, पेंशन तथा जीवन बीमा आदि से सम्बन्धित सामाजिक जागरूकता-अभियान इसी विभाग द्वारा संचालित होते रहे हैं। इस के अन्तर्गत दूरदर्शन ने 2001-02 में ग्रामीण विकास मन्त्रालय के सहयोग से 1007 कार्यक्रमों का निर्माण किया तथा 233 'स्पॉट' निर्मित एवं प्रसारित किये। ये सूचनात्मक वीडियो-स्पॉट 29 भाषाओं में बनाये गये थे।[47] इसी प्रकार के एक अन्य अभियान (2002-03) में दूरदर्शन ने 'कल्याणी' नाम से स्वास्थ्य सम्बन्धी कार्यक्रम चलाया। यह कार्यक्रम मलेरिया, तपेदिक, आयोडीन की कमी, एडस तथा कैंसर आदि बीमारियों की रोकथाम के लिए जागरूकता पैदा करने के उद्देश्य से चलाया गया था। 'कल्याणी' की सफलता के बाद स्वास्थ्य एवं गृह कल्याण मन्त्रालय ने दूरदर्शन से बच्चों के स्वास्थ्य तथा प्रजनन सम्बन्धी साप्ताहिक कार्यक्रम बनाने का कार्याधिकार दिया।

दरअसल, इस प्रकार के कार्यक्रम लोकसेवा प्रसारण का एक हिस्सा हैं और दूसरे विभागों के सहयोग से निर्मित हो प्रसारित होते हैं। इसी प्रकार के कार्यक्रम 'बी.बी.सी.', 'एन.एच.के.' आदि 'पब्लिक सर्विस' चैनलों से भी प्रसारित होते हैं। परन्तु पिछले दिनों एक बहस छिड़ गई कि क्या लोकसेवा प्रसारण संस्थान अपना दायित्व ठीक से निभा रहे हैं और क्या इनकी सेवाओं से लोक को वाकई लाभ होता है? रूपोर्ट मुर्डोक ने तो यहाँ तक कह दिया कि लोकसेवा प्रसारण दर्शक एवं श्रोता की मनपसन्द कार्यक्रम चुनने की आज़ादी प्रतिबन्धित करता है। क्योंकि जो कुछ भी दर्शाया जाता उसमें केवल प्रसारणकर्त्ता का दृष्टिकोण होता है। ब्रिटेन में आयोजित अन्तर्राष्ट्रीय फिल्म एवं टेलीविजन समारोह पर दिये अपने व्याख्यन (अगस्त 1989)* में उन्होंने यह सवाल उठाया था।**[48]

---

* "Much of what is claimed to be quality television here is no more than the parading of the prejudices and interests of the like-minded who currently control British Television. It may well be that at its very best, British Television does produce what most viewers would regard as some of the world's best television.... I watch television regularly on both sides of the Atlantic; when there were only four channels on this side, I was regularly frustrated by the lack of choice: and given the quality of much of the prime-time programming it was always difficult to believe that I was tuning into a cultural citadel which had to be preserved at all costs.[48]

** रूपोर्ट मुर्डोक ने जब यह व्याख्यान दिया था तब स्टार नेटवर्क भारत में नहीं था।

इसी व्याख्यानमाला (1993) में नाटककार डेनिस पोर्टर ने लोकसेवा प्रसारण का समर्थन करते हुए कहा कि पैसा बनाने वाला मीडिया संस्थान अपने स्वार्थों की पूर्ति के लिए सदा लोकसेवा में त्रुटि निकालते हैं। उन्होंने कहा कि प्रसारण के काम में ऐसे व्यक्ति जुड़े होने चाहिए जो सामाजिक व सांस्कृतिक मूल्यों की कदर करते हों और लेखा-जोखा रखने वाले व्यक्तियों के बजाय टेलीविजन में सृजनात्मक व्यक्तियों की ज़रूरत है।*

यह बहस अभी भी जारी है। पब्लिक सर्विस ब्रॉडकास्टिंग का मुद्दा अभी भी चर्चा में है। मगर यह भी एक सत्य है कि दोषान्वेषण के बावजूद लोक सेवा प्रसारण संस्थाओं (दूरदर्शन एवं आकाशवाणी) ने भारत में शिक्षा और सूचना का प्रसार करते हुए जनसाधारण को लाभ पहुँचाया है। आज के 'मल्टी चैनल' युग में इन्हें नयी शक्ति, नयी नीति और व्यावसायिक दक्षता के साथ नयी चुनौतियों का सामना करना होगा।

सन्दर्भ

1. रेमण्ड विलियम्स, 'कम्यूनिकेशन्स', (RAYMOND WILLIAMS, COMMUNICATIONS), पेंग्विन, लंदन (1968), पृ. 18
2. हेंस मेगनस एनजन्सबर्गर, लेख–'कांस्टिट्यूएन्ट्स ऑफ ए थ्योरि ऑफ द मीडिया' (Hans Magnus Enzensberger, Constituents of a Theory of the Media).
3. एडोर्नो, लेख–'कल्चर इंडस्ट्री रिकनसिडर्ड', (Theodor W. Adorno, Culture Industry Reconsidered) ब्लैकवैल पब्लिशर्स, यूके, 2000, पृ. 238
4. टॉम बॉटमोर (सं.) ए डिक्शनरी ऑफ मार्किस थाट, (Ed-Tom Bottomore, A DICTIONARY OF MARXIS THOUGHT,) ब्लैकवैल, 1983, पृ. 102
5. रेमण्ड विलियम्स, 'कम्यूनिकेशन्स', पेंग्विन, लंदन, (1968) पृ. 102
6. वाल्टर बेंजामिन, 'इल्यूमिनेशन्स' (WALTER BENJAMIN, ILLUMINATIONS) फोंटाना–कॉलिन्स ग्रेट ब्रिटेन, 1982, पृ. 225/226

* Our television has been ripped apart and falteringly reassembled by politicians who believe that value is a monetary term only, and that a cost-accountant is thereby the most suitable adjudicator of what we can and cannot see on our screens. And these accountants or their near-clones are employed by new kinds of media owners who try to gobble up everything in their path. We must protect ourselves and our democracy, first by properly exercising the cross-ownership provisions currently in place, and then by erecting further checks and balances against dangerous concentrations of the media power which plays such a large part in our lives."[49]

7. रवि सुन्दरम, लेख–'पायरेट शहर और नवभूमण्डलीकरण : नेटवर्कों की जुगलबन्दी (मीडिया नगर, वाणी प्रकाशन) नई दिल्ली, 2005, पृ. 70.
8. हिन्दुस्तान, नई दिल्ली, 13 मार्च-3-2006
9. हिन्दुस्तान, नई दिल्ली, 13 मार्च-3-2006
10. हिन्दुस्तान, नई दिल्ली, 15.12.2005
11. एशियन ऐज, नई दिल्ली, 26.3.06
12. हिन्दुस्तान, नई दिल्ली, 14.1.2006
13. हिन्दुस्तान, नई दिल्ली, 7.1.2006
14. डेविड पेज और विलियम क्राली, सैटेलाइट्स ओवर साऊथ एशिया (DAVID PAGE & WILLIAM CRAWLEY, SATELLITES OVER SOUTH ASIA) सेज पब्लिकेशन, नई दिल्ली, 2001, पृ. 370
15. 'दिल्ली दूरदर्शन : फैक्टस एण्ड फ़िगर्स–1998', प्रसार भारती, नई दिल्ली, 1998, पृ. 32
16. 'दूरदर्शन इंडिया–2003', प्रसार भारती, नई दिल्ली, 2003, पृ. 6
17. हिंदुस्तान, नई दिल्ली, 6-4-2006
18. मार्शल मेक्लूहान, 'अंडरस्टैडिंग मीडिया' (Marshal Mcluhan, Under-standing Media) रॉटलैज, लंदन, 2001, पृ. 9,13,19
19. हेंस मेगनस एनजन्सबर्गर, 'कांस्टिट्युएन्ट्स ऑफ ए थ्योरि ऑफ द मीडिया' पृ. 67
20. वही, पृ. 68
21. वही, पृ. 54
22. रेमंड विलियम्स, कम्यूनिकेशन्स (RAYMOND WILLIAMS, COMMUNICATIONS) पेंग्विन, लंदन, 1968, पृ. 101
23. वही, पृ. 124
24. जेम्स शानहन तथा माइकल मोर्गन, 'टेलीविजन एण्ड इट्स विवर्स' (James Shanhan and Michael Morgan, Television and its viewers) Cambridge University Press, UK, 1999, पृ. 43.
25. David Berry, 'Ethics & Media Culture', Focal Press, London, 2000, पृ. 249
26. Eve Salomon, 'Guidelines for Broadcast Regulation', UNESCO & Commonwealth Broadcasting Association, London, 2005, पृ. 12
27. पी. सी. चटर्जी, 'ब्रॉडकास्टिंग इन इंडिया', सेज पब्लिकेशन्स, नई दिल्ली, 1991, पृ. 211
28. वही, पृ. 215

29. DAVID PAGE & WILLIAM CRAWLEY, 'SATELLITES OVER SOUTH ASIA, Sage Publications, New Delhi, 2001, p. 165.
30. वही, पृ. 167-168
31. वही, पृ. 169
32. Philip Rayner, Peter Wall and Stephen Kruger (Ed.) MEDIA STUDIES; The Essential Resource', Routledge, London 2004, p. 205.
33. पी. सी. चटर्जी, 'ब्रॉडकास्टिंग इन इंडिया', सेज पब्लिकेशन्स, नई दिल्ली, 1991, पृ. 117
34. वही, पृ. 117
35. सुधीश पचौरी, 'दूरदर्शन दशा और दिशा', प्रकाशन विभाग, 1994, पृ. 7
36. पी. सी. चटर्जी, 'ब्रॉडकास्टिंग इन इंडिया', सेज पब्लिकेशन्स, नई दिल्ली, 1991, पृ. 46
37. वही, पृ. 118
38. केवल जे कुमार, मास कम्यूनिकेशन इन इंडिया, जैको पब्लिशिंग, मुंबई, 1981, पृ. 79
39. वही, पृ. 117
40. वही, पृ. 80
41. सुधीश पचौरी, 'दूरदर्शन दशा और दिशा', प्रकाशन विभाग, 1994, पृ. 20
42. पी. सी. चटर्जी, 'ब्रॉडकास्टिंग इन इंडिया', सेज पब्लिकेशन्स, नई दिल्ली, 1991, पृ.155
43. 'दूरदर्शन इंडिया-2003', प्रसार भारती, नई दिल्ली, 2003, पृ. 39
44. पी. सी. चटर्जी, 'ब्रॉडकास्टिंग इन इंडिया', सेज पब्लिकेशन्स, नई दिल्ली, 1991, पृ. 126
45. वही, पृ. 126
46. 'दूरदर्शन इंडिया-2003', प्रसार भारती, नई दिल्ली, 2003, पृ. 42
48. Philip Rayner, Peter Wall and Stephen Kruger (Ed.) 'MEDIA STUDIES; The Essential Resource', Routledge, London 2004, p. 207-208
49. *Ibid.*, p. 209

भारत में टेलीविजन

(1) यूनेस्को का अनुदान और ग्रामीण विकास के लिए भारत में टेलीविजन की शुरुआत

पूरे विश्व में रेडियो तथा टेलीविजन, संचार का शक्तिशाली माध्यम रहे हैं। ऐसे देश जो निरक्षरता और ग़रीबी का मुकाबला करते हैं वे सूचना और समाचार के लिए रेडियो पर निर्भर रहे हैं। विकसित देशों में टेलीविजन, सूचना और समाचार का विश्वसनीय स्रोत रहा है। टेलीविजन के शुरू होने से पहले अमरीका और ब्रिटेन में रेडियो प्रसारण प्रारम्भ हो चुका था। तब भारत में ब्रितानी शासन था। परन्तु मार्कोनी (Marconi) द्वारा उपलब्ध कराये गये प्रेषित्रों (ट्रांसमीटरों) से कलकत्ता रेडियो-क्लब ने सन् 1923 तथा बम्बई रेडियो-क्लब ने 1924 में प्रसारण शुरू किये थे। मद्रास में तमिल इंजीनियर सी. वी. कृष्णास्वामी के प्रयासों से मद्रास प्रेज़िडेन्सी रेडियो क्लब की स्थापना हुई थी।[1] कृष्णास्वामी इंग्लैण्ड से शिक्षा प्राप्त करके लौटे थे और अपने साथ ट्रांसमीटर के पुर्जे भी लाये थे। उस ट्रांसमीटर (प्रेषित्र) की सहायता से 5 मील की परिधि में प्रसारण होता था।

सोवियत रूस ने ग्रामीण-क्षेत्रों में, रेडियो प्रसारण की सफलता, 20 के दशक में प्राप्त कर ली थी। तब वहाँ के ग्रामीण इलाकों में 5 लाख रेडियो-सैट लगाये जा चुके थे।[2] भारत में, पहली प्रसारण संस्था 'इंडियन ब्रॉडकास्टिंग कम्पनी' दो रेडियो-क्लबों (बम्बई तथा कलकत्ता) के संयोजन से 1927 में स्थापित हुई। इसका उद्घाटन उस समय के वाइसराय लार्ड इरविन ने 23 जुलाई को बम्बई (मुम्बई) में किया था। अपने उद्घाटन भाषण में वाइसरॉय ने कहा कि "भारत के दूर दराज़ के गाँवों में ऐसे लोग रहते हैं जिनके पास दिनभर के काम के बाद भी फुर्सत का समय होता है इसलिए रेडियो-प्रसारण में उनके मनोरंजन और शिक्षा की सम्भावनाएँ हैं।"[3]

'इंडियन ब्राडकास्टिंग कम्पनी' के प्रसारण के साथ ही रेडियो-सैटों की संख्या में भी वृद्धि हुई। 1929 तक यह संख्या 7,775 हो गयी थी। परन्तु 1930 तक आते-आते 'इंडियन ब्रॉडकास्टिंग कम्पनी' दियालिया हो गयी[4]। पी. सी. चटर्जी अपनी पुस्तक 'ब्रॉडकास्टिंग इन इंडिया' में एच. आर. लूथरा की 'हिस्टारिकल स्टडी' का हवाला देते हुए लिखते हैं कि कम्पनी के दिवालिया होने का एक कारण

यह भी था कि केवल एक सीमित यूरोपीय समुदाय और उन थोड़े से भारतीयों के लिए, जो पश्चिमी संस्कृति से प्रभावित थे, को ध्यान में रखकर यह कम्पनी कार्यक्रम प्रसारित करती थी। कम्पनी ने भारत की विशाल जनता तक पहुँचने का प्रयास ही नहीं किया था और न नये माध्यम को प्रचार द्वारा लोकप्रिय बनाने का प्रयास ही किया था।[5] भारत में रेडियो प्रसारण जारी रखवाने के लिए प्रभावशाली व्यक्तियों और उस समय की राजनीतिक पार्टियों ने सरकार पर दबाव डाला कि वह कम्पनी के घाटे को पूरा करे। परन्तु सरकार ने इनकार किया और इसके लिए कोई दिलचस्पी नहीं दिखाई।

बी.बी.सी. के संस्थापक और प्रथम महानिदेशक सर जान रीथ भी चाहते थे कि भारत में रेडियो प्रसारण जारी रहे। इसलिए वे स्वयं भारत आना चाहते थे। अपनी दैनिकी में उन्होंने दर्ज किया है कि शासकों में न दूरदृष्टि थी, न प्रसारण के विकास की सम्भावनाओं की कदर, और न ही नैतिक बातों की समझ थी।[6] कई आवेदनों का परिणाम यह हुआ कि उस समय की अंग्रेजी सरकार ने प्रतिवर्ष लगभग 1,41,000 रुपये का घाटा बर्दाश्त करना मान लिया। 1 अप्रैल, 1930 को प्रसारण की गतिविधि सीधे श्रम और उद्योग विभाग के अन्तर्गत आ गयी।[7] नये प्रभाव को नया नाम दिया गया 'इंडियन स्टेट ब्रॉडकास्टिंग सर्विस'। प्राइवेट कम्पनी का सारा उपयोगी सामान और क्षतिपूर्ति की पूरी जिम्मेदारी 'इंडियन स्टेट ब्रॉडकास्टिंग सर्विस' की हो गयी। रेडियो सैटों पर लाइसेंस फ़ीस लगाया गया। जिसको एकत्र करने की जिम्मेदारी डाकतार विभाग की हो गयी।

बी.बी.सी. के महानिदेशक, सर जान रीथ ने 1934 में वाइसराय लार्ड विलिंगटन को भारत में एक राष्ट्रीय प्रसारण सेवा शुरू करवाने के लिए मना लिया। इसके पश्चात् बी.बी.सी. ने एक अनौपचारिक पत्र तैयार किया जिसमें लिखा था कि "यदि भारत में सूचना और शिक्षा की जरूरतों की पूर्ति नहीं हो पायी तो यहाँ के लोग शॉर्ट–वेव माध्यमों से रूस, जर्मनी तथा अन्य देशों के प्रसारण सुनने लगेंगे इसलिए एक नियमित प्रसारण सेवा प्रारम्भ करनी ही होगी'।[8] कुछ महीनों बाद ही, 1935 में, बी.बी.सी. के लियोनेल फील्डेन को कंट्रोलर ऑफ ब्रॉडकास्टिंग बनाकर भारत भेज दिया गया। वह एक प्रोड्यूसर के रूप में पहले ही नाम कमा चुका था मगर भारत में लालफीताशाही और नौकरशाही द्वारा खड़ी की गयी अड़चनों के कारण वह परियोजना को ठीक से प्रारम्भ न कर सका। उसके, वाइसराय लार्ड विलिंगडन के साथ अच्छे सम्बन्ध थे इसलिए कुछ समय बाद वह दिक्कतों पर काबू पाने लगा।[9] कला और दफ्तरशाही के संघर्ष के बावजूद वह कल्पनाशील व प्रतिभाशाली युवाओं को नयी प्रसारण सेवा की और आकर्षित करने में सफल हो गया। फील्डेन ने जून, 1935 में 'इंडियन स्टेट ब्रॉडकास्टिंग सर्विस' का नाम बदल कर 'आल इंडिया रेडियो' रखं दिया और नववर्ष के दिन 1936 में

इसके प्रधान केन्द्र का उद्घाटन दिल्ली में हुआ। 1937 में इसे डिपार्टमेंट ऑफ कम्युनिकेशन्स के अन्तर्गत लाया गया तथा 1941 में इसे सूचना एवं प्रसारण विभाग के साथ जोड़ दिया गया।[10] आज भी रेडियो तथा टेलीविजन सूचना एवं प्रसारण मन्त्रालय के तहत ही काम कर रहे हैं।

टेलीविजन की शुरुआत बी.बी.सी. ने 1936 में कर दी थी। रेडियो का भी विस्तार हो रहा था। विश्व के अनेक भागों में रेडियो केन्द्रों की संख्या निरन्तर बढ़ रही थी। अमरीका में जहाँ 1924 में, केवल 530 रेडियो-स्टेशन थे, वहाँ 1935 तक यह संख्या बढ़कर 1300 हो गयी थी।[11] टेलीविजन केन्द्र भी स्थापित होने लगे थे। हालाँकि विश्व की पहली 'पब्लिक सर्विस टेलीविजन' सेवा 1936 में शुरू हो गयी थी मगर द्वितीय विश्वयुद्ध (1939-1945) ने टेलीविजन के विकास में बाधा खड़ी कर दी। फील्डेन को वापिस लंदन बुलाया गया ताकि वह युद्ध के दौरान प्रसारण की रणनीति तैयार कर सके। यहाँ, भारत में, प्रोफेसर ए. एस. बुखारी को 'आल इंडिया रेडियो' का महानिदेशक बनाया गया। प्रोफेसर बुखारी ने कलात्मक श्रेष्ठता और सक्षमता को स्थापित किया। विश्वयुद्ध के कारण समाचारों का महत्त्व बढ़ गया था इसलिए समाचार-सेवा और विदेश सेवा के लिए एक अलग निदेशक की नियुक्ति हुई। जिसकी देख-रेख में, मध्य एशिया, यूरोप तथा अन्य देशों को लक्ष्य करता हुआ 'आल इंडिया रेडियो' 22 भाषाओं में प्रसारण करने लगे। नये प्रसारण माध्यम, रेडियो को प्रवर्तन के एक शक्तिशाली उपकरण के रूप में पहचाना जाने लगे। स्वतन्त्रता प्राप्ति के बाद भी रेडियो को प्रेरक उपकरण के रूप में प्रयोग किया गया और टेलीविजन की शुरुआत 12 वर्ष बाद हुई।

15 सितम्बर, 1959 को भारत के राष्ट्रपति, डॉ. राजेन्द्र प्रसाद ने टेलीविजन सेवा का उद्घाटन किया। यह एक प्रयोगात्मक सेवा थी। सप्ताह में केवल एक दिन के लिए कार्यक्रम का प्रसारण होता था। इस परियोजना के लिए यूनेस्को (UNESCO) ने ऑल इंडिया रेडियो को 20,000 डॉलर का अनुदान दिया। टी.वी. सेन्टर की शुरुआत आल इंडिया रेडियो (आकाशवाणी) के एक नये प्रभाग के रूप में हुई। इसके लिए फिलिप्स इंडिया लिमिटेड ने कम कीमत पर ट्रांसमीटर उपलब्ध कराया था। इससे पहले 'फिलिप्स' दिल्ली के औद्योगिक मेले में सी.सी. टी.वी. (क्लोज़ सर्किट टी.वी.) की एक प्रदर्शनी लगा चुका था। इस प्रदर्शनी ने भी टेलीविजन के लिए उत्सुकता जगाई थी। भारत के लिए यह प्रयोगात्मक सेवा सामाजिक शिक्षा के सहायतार्थ थी। इसलिए सामाजिक शिक्षा के उद्देश्यों की पूर्ति हेतु इस सेवा में निम्नलिखित विषयों पर कार्यक्रम होतेः—

(1) स्वास्थ्य और रोगाणुरहित रहने की प्रेरणा
(2) खाद्य मिलावट के प्रति जागरूकता

(3) ट्रैफिक नियमों का पालन
(4) नागरिक की जिम्मेदारियाँ
(5) सरकारी सम्पत्ति का बचाव

इन कार्यक्रमों को देखने के लिए दिल्ली और आस-पास के क्षेत्रों में टेलीक्लबों की स्थापना हुई जिनमें सामुदायिक टेलीविजन सैट लगाये गये थे। प्रत्येक टेलीक्लब के लगभग 20 सदस्य होते। ये सदस्य प्रारम्भिक प्रयोगात्मक सेवा के नियमित दर्शक थे। कुछ दिनों में ही यूनेस्को (UNESCO) ने 50 अतिरिक्त सामुदायिक टी.वी.-सैट उपलब्ध कराये जिन्हें ग्रामीण क्षेत्रों में लगाया गया। धीरे-धीरे सदस्यों की संख्या बढ़ने लगी और एक टेलीक्लब में 20 के बजाय 50 से 100 तक के दर्शक होने लगे। नवम्बर 1962 से यह सेवा सप्ताह में दो दिन के लिए हो गयी थी।

यूनेस्को (UNESCO) ने 23 दिसम्बर, 1960 से 5 मई, 1961 तक, सामाजिक शिक्षा के इस प्रयोग पर एक रिपोर्ट प्रस्तुत की। रिपोर्ट को 1963 में 'रिपोर्ट्स एण्ड पेपर्स ऑन मास कम्यूनिकेशन' (Reports and Papers on Mass Commun-ication) के अन्तर्गत प्रकाशित किया गया।[12] जिसमें कहा गया कि सामाजिक शिक्षण के कार्यक्रम विभिन्न विषयों में दर्शकों की रुचि बढ़ाने के साथ ही उनकी जानकारी बढ़ाने में सफल रहे थे। टेलीविजन के इस प्रयोग को यूनेस्को रिपोर्ट (UNESCO Report) में प्रोत्साहित करने वाला बताया गया।*

प्रयोगात्मक टेलीविजन की सफलता के बाद, स्कूली शिक्षा हेतु, आल इंडिया रेडियो (आकाशवाणी) ने फोर्ड फाऊंडेशन के साथ एक समझौता किया। अनुबन्ध पर हस्ताक्षर होते ही दिल्ली के उच्च-माध्यमिक विद्यालयों में 250 टी.वी. सैट लगाये गये।[14] कार्यक्रमों को माध्यमिक और उच्च-माध्यमिक पाठ्यक्रमों के साथ एकीकृत करते हुए 24.10.1961 को स्कूल टेलीविजन (ईटीवी–(Educational Television) की शुरुआत हुई। 20 मिनट की अवधि के कार्यक्रम को दिन में दो बार प्रातः तथा अपराह्न की सभाओं में दर्शाया जाता था। इनमें भौतिकी, रसायन-विज्ञान, हिन्दी, अंग्रेजी और भूगोल जैसे विषय समझाये जाते। दिल्ली प्रशासन का शिक्षा विभाग और टेलीविजन सेन्टर दिल्ली इन कार्यक्रमों को मिलकर बनाते थे।

---

* "The fact that through planned effort a serious-minded and knowledge-thirsty audiance can be built up has been clearly demonstrated by this project and should be a source of encouragement to the professional broadcaster and the social educationist alike. It is, however, relevant to remember that this result could not have been achieved only by the actual broadcasts but that it was the product of the entire process, namely, organised viewing, planned programmes, earnest and serious discussions and the reporting and taking notice of those discussions."[13]

यूनेस्को (UNESCO) के एक अध्ययन के अन्तर्गत पॉल* रिपोर्ट ने अपनी सर्वे में शिक्षण टेलीविजन की सराहना की थी। विज्ञान विषयों में विद्यार्थियों की रुचि बढ़ने तथा सभी वर्गों के बच्चों (विद्यार्थियों) को समान शिक्षा उपलब्ध होने की बात को इस रिपोर्ट में रेखांकित किया गया था। ऐसे विषयों के साथ ही भाषा को भी टेलीविजन के माध्यम से सिखाया जाता।

सामाजिक और स्कूली शिक्षा के साथ-साथ अब दर्शक अन्य कार्यक्रमों की भी माँग करने लगे थे। अतः अप्रैल 1965 में प्रयोगात्मक सामान्य सेवा प्रारम्भ की गयी। यह सप्ताह में चार दिनों के लिए कार्यक्रम प्रसारित करती। प्रयोगात्मक सामान्य सेवा, 15 अगस्त 1965 को नियमित हुई और टेलीविजन का पहला हिन्दी समाचार बुलेटिन, उस दिन, प्रसारित हुआ। इस सेवा में प्रतिदिन एक घण्टे की अवधि के कार्यक्रम दिखाये जाते। एक वर्ष बाद यह सेवा डेढ़ घण्टे की हुई तथा रविवार को दो घण्टे का प्रसारण होता।

कृषकों के लिए एक विशेष सेवा 26 जनवरी, 1967 को प्रारम्भ हुई। 30 मिनट के इस विशेष कार्यक्रम (कृषि दर्शन) को सप्ताह में तीन दिन दिखाया जाता। दिल्ली के आस-पास रहने वाले किसानों तथा कृषि से जुड़े व्यक्तियों को इस कार्यक्रम द्वारा कृषि सम्बन्धी महत्त्वपूर्ण जानकारी उपलब्ध कराई जाने लगी। इसलिए ग्रामीण क्षेत्रों में नये 80 टेलीक्लबों की स्थापना हुई। इस कार्यक्रम के निर्माण के लिए टी.वी. सेन्टर, दिल्ली को भारतीय कृषि अनुसन्धान संस्थान, दिल्ली प्रशासन, उत्तर प्रदेश तथा हरियाणा की सरकारों का सहयोग प्राप्त था। यह कार्यक्रम 60 किलोमीटर की परिधि में प्रसारित होता था।

भारतीय टेलीविजन से प्रथम अंग्रेजी समाचार बुलेटिन 3 दिसम्बर, 1971 को प्रसारित हुआ। सूचना का प्रसार, सामाजिक तथा स्कूली शिक्षा टेलीविजन का

---

* "Paul Neurath Report (Some observations) :

(1) TV is providing itself a useful aid to teaching. Those who have TV in their schools feel that their students would lose something valuable if it were taken away, and those who don't have it, want it.

(2) Students are learning more and better with TV than without TV...some of the experiments shown on TV even the best schools could not provide.

(3) The whole teaching process, also the teaching performance of every single teacher, is slowly undergoing a change for better.

(4) Among students there is an increased interest in Science as a subject...(irrespective of social or economic status of the parents or the institutions) all of them (students) receive the same TV lessons.

(5) There is a new interest in the teaching of science in the schools."[15]

मुख्य उद्देश्य था इसलिए सामुदायिक टी.वी. सैटों का वितरण होता। जिन्हें सरकार तथा यूनेस्को उपलब्ध कराते। मगर उन दिनों निजी टी.वी. सैट भी आने लगे थे। जिनकी संख्या दिसम्बर 1971 तक 22,000 हो गयी थी।[16]

टेलीविजन की लोकप्रियता बढ़ रही थी किन्तु विस्तार की गति धीमी थी। अचानक 13 वर्ष बाद 1972 में नये केन्द्रों की स्थापना ने ज़ोर पकड़ लिया। इसके कई कारण थे। एक तो यह कि 1971 के भारत-पाकिस्तान युद्ध के सामरिक महत्त्व के क्षेत्रों में पाकिस्तान के दुष्प्रभाव का विरोध करना जरूरी हो गया था।* टेलीविजन के विस्तार की गति धीमी होने का दूसरा कारण यह भी था कि समझा जाता था कि रेडियो के विकास की सम्भावनाओं का पूरा उपयोग नहीं हुआ है तथा टेलीविजन एक खर्चीला माध्यम है।**

बहरहाल, 2 अक्टूबर, 1972 को भारत के दूसरे टेलीविजन केन्द्र की शुरुआत बम्बई (मुम्बई) में हुई। तीसरा केन्द्र श्रीनगर में स्थापित हुआ। 26 जनवरी, 1973 से इसके प्रसारण प्रारम्भ हुए तथा टी.वी. सेन्टर, श्रीनगर ने कश्मीर घाटी के ग्रामीण क्षेत्रों में 250 सामुदायिक टी.वी. सैट लगाये। 'साथ ही श्रीनगर ऐसा पहला केन्द्र बना जहाँ से प्रातःकालीन विशेष सभा का प्रसारण शुरू हुआ। दरअसल, अन्य तमाम केन्द्रों के मुकाबले श्रीनगर केन्द्र का फैलाव पाकिस्तान के प्रचार के प्रति-उत्तर में ही था'।[19] इसी उद्देश्य से अमृतसर केन्द्र की शुरुआत 29 सितम्बर को हुई। इसके प्रेषित्र (ट्रांसमीटर) की परिधि 70 किलोमीटर थी। 'श्रीनगर केन्द्र एवं अमृतसर केन्द्र के कार्यक्रम स्थानीय जनता के लिए तो थे ही, वे पाकिस्तान के भीतर प्रति-प्रचार के अस्त्र भी बने। यहीं से हिन्दी फीचर फिल्मों का बड़े पैमाने पर भारतीय टीवी पर हस्ताक्षेप बढ़ा। पाकिस्तानी प्रचार को काटने के लिए

---

* "India went through the 1971 war with the sensitive border areas of Punjab and Kashmir within range of Pakistan's Stations at Rawalpindi and Lahore and with no means of counter-attack. As a result, Mrs. Gandhi began to take television more seriously. The Bombay station opened in 1972, followed the next year by stations at Amritsar & Srinagar, to counter Pakistani propaganda in those srategically important regions. In Kashmir community sets were provided by the government to hundreds of villages to support this project."[17]

** "The basic point was that since TV is expensive it is widely considered a luxury. Jawaharlal Nehru, for example, often expressed this view and argued that India could not afford such an expensive toy. At the same time he contented that the potentialities of radio had not been fully exploited. The counter-argument was that TV could be a powerful weapon for social change and it should be used for such a purpose and not to provide yet another medium for the entertainment of the rich."[18]

पाकिस्तानी जनता में अत्यन्त लोकप्रिय भारतीय फिल्मों को अधिकाधिक दिखाया जाने लगा। पाकिस्तानी प्रेस ने इसे सांस्कृतिक हमला भी कहा। कहने की ज़रूरत नहीं कि ये केन्द्र पाकिस्तान के राजनीतिक प्रचार एवं हस्तक्षेप के प्रतिकार में अपने कार्यक्रम बनाने लगे। अमृतसर में इसके लिए कोई टी.वी. स्टूडियो नहीं खोला गया। दिल्ली में ही अमृतसर टी.वी. यूनिट बना दिया गया जो वीडियो पर कार्यक्रम बनाकर अमृतसर रिले केन्द्र को भेजता था। विचार यह था कि जब तक जालंधर में स्टूडियो नहीं बन जाता तब तक अमृतसर रिले केन्द्र बना रहे'।[20]

भारत में, टेलीविजन के विस्तार का दूसरा चरण 1975 से प्रारम्भ हुआ। उस वर्ष जालंधर (27 अप्रैल), कलकत्ता (9 अगस्त), मद्रास (14 अगस्त), तथा लखनऊ (27 नवम्बर) तीन प्रमुख केन्द्रों की स्थापना हुई। इनमें से कुछ केन्द्रों की स्थापना कामचलाऊ व्यवस्था* में हुई ताकि प्रसारण शीघ्र प्रारम्भ हो सके। टी.वी. सेन्टर, मद्रास (चेन्नई) से सायं 7 से 9 दो घण्टे के लिए कार्यक्रम प्रसारित होते। टी.वी. सेन्टर लखनऊ से भी प्रतिदिन दो घण्टे के कार्यक्रमों का ही प्रसारण होता मगर रविवार को मनोरंजक कार्यक्रमों के रहते प्रसारण-अवधि बढ़कर चार घण्टे की होती। हालाँकि इन प्रसारणों में फ़िल्मी गीतों के कार्यक्रम और फिल्में शामिल रहती मगर अधिकतर सामाजिक कल्याण और ग्रामीण विकास के उद्देश्य से प्रसारित होते।

(2) 'साइट' द्वारा शिक्षाप्रद टेलीविजन प्रयोग

'साइट' (सैटेलाइट इंस्ट्रक्शनल टेलीविजन एक्सपेरीमेंट, SITE-Satellite Instructional Television Experiment) 1 अगस्त 1975 को प्रारम्भ होकर 31 जुलाई, 1976 तक, एक वर्ष के लिए चला। इसकी परिकल्पना भारत के परमाणु-ऊर्जा आयोग के अध्यक्ष, प्रख्यात भौतिक-शास्त्री, डॉ. विक्रम साराभाई ने की थी। उन्होंने संचार-सैटेलाइट को स्थलचर माइक्रोवेव रिले प्रेषित्रों के साथ जोड़ने की कल्पना की थी ताकि शिक्षा का प्रसार भारत के ग्रामीण क्षेत्रों तक हो सके। 1971 में उनके अकस्मात् निधन से पहले ही उन्होंने, भारत सरकार की ओर से, अमरीका की नासा (नेशनल एरोनाटिक्स एण्ड स्पेस एडमिनिस्ट्रेशन) संस्था के साथ एक समझौते पर हस्ताक्षर किये थे।

---

* "Two of the centres were make shift arrangements. In Calcutta an old and disused film studio was renovated and setup for use, with the equipment from an OB van providing the control panel. In Lucknow a single studio with a control room and telecine arrangement was hastily rigged up. In Madras alone was there a proper studio building with three studios, control room, telecine and office accommodation, Madras remains the only TV centre which is housed in a building designed and contructed for the purpose. All the others are working in old buildings which have been adapted to meet minimum needs."[21]

अमरीका ने 'सिनकान' (SYNCON) शृंखला के उपग्रह छोड़े थे इसलिए 'जियोस्टेशनरी' और 'सिन्क्रोनस' उपग्रह अस्तित्व में आ चुके थे। 'नासा' ने समझौते के अन्तर्गत एटीएस-6 (एप्लीकेशन टेक्नोलॉजी सैटेलाइट-6) की सुविधा एक वर्ष के लिए उपलब्ध कराई जिसके द्वारा टेलीविजन प्रसारण सीधे टीवी सैटों पर सम्भव हो गया। 'इसरो' (भारतीय अन्तरिक्ष अनुसन्धान संगठन ISRO-Indian Space Research Organisation) ने सैटेलाइट से तरंगों को प्राप्त करने के लिए विशेष टीवी एंटेनाओं का निर्माण किया। टेलीविजन के ये कार्यक्रम राजस्थान, बिहार, मध्य प्रदेश, उड़ीसा, आन्ध्र प्रदेश और कर्नाटक राज्यों के 2400 गाँवों में प्रसारित हुए तथा इनका निर्माण आल इंडिया रेडियो के टेलीविजन प्रभाग ने किया।

योजना आयोग ने पाँचवीं योजना के दस्तावेज में आर्थिक रूप से पिछड़े क्षेत्रों के विकास हेतु 15 लक्षण बताये।[22] इनमें जनसंख्या, कृषि से जुड़े व्यक्तियों के पास कृषि योग्य भूमि, कारखानों में कामगारों की संख्या, साक्षरता, अस्पताल, बिजली की उपलब्धता, सड़कें आदि कई कारक दर्ज किये गये थे। लेकिन जब 'साइट' क्षेत्रों में सामुदायिक टीवी सैटों को लगाने की बात हुई तो निम्नलिखित बातों को ध्यान में रखा गया[23]—

(क) बिजली की उपलब्धता।
(ख) जनसंख्या।
(ग) मेन्टेनन्स केन्द्र की दूरी।
(घ) कृषि, शिक्षा, स्वास्थ्य एवं परिवार कल्याण की बुनियादी संरचना।
(ङ) सड़क द्वारा सम्पर्क की सुविधा।

ऐसे क्षेत्रों के लिए कार्यक्रमों के निर्माण हेतु उपग्रह टेलीविजन केन्द्र—दिल्ली, कटक और हैदराबाद में स्थापित हुए। इन कार्यक्रमों को 'इसरो' (ISRO) के दिल्ली तथा अहमदाबाद स्थित दो भू केन्द्रों द्वारा सैटलाइट के साथ 'अप-लिंक' किया जाता। विशेष 'चिकन-मेश-एंटेना (Chicken-mesh antenna) द्वारा इन कार्यक्रमों को सीधे ग्रामीण टीवी सैटों पर प्राप्त किया जाता। सरकार द्वारा उपलब्ध करवाये गये इन टीवी सैटों का रख रखाव 'इसरो' करता था।

हिन्दी भाषा के कार्यक्रमों का निर्माण दिल्ली में होता था। ये बिहार, मध्य प्रदेश और राजस्थान के 1200 गाँवों में प्रसारित होते थे। कटक का कार्यक्रम निर्माण केन्द्र ओडिया भाषा के कार्यक्रम बनाता जो ओडीसा के 400 गाँवों के दर्शकों के लिए प्रसारित होते। हैदराबाद का कार्यक्रम निर्माण केन्द्र, तेलुगू तथा कन्नड़ भाषा के कार्यक्रम तैयार करता। ये आन्ध्र प्रदेश के 400 गाँवों तथा कर्नाटक राज्य के 400 गाँवों के लिए प्रसारित होते।[24] कार्यक्रम, प्रातःकालीन तथा सायंकालीन सभाओं में प्रतिदिन 4 घण्टे की अवधि के लिए होते थे। इनमें

स्कूली बच्चों, प्रौढ़ों, कृषकों तथा महिलाओं के लिए–शिक्षा, कृषि, संस्कृति, स्वास्थ्य तथा परिवार कल्याण के कार्यक्रम दिखाये जाते। ग्रामीण दर्शकों के मनोरंजन हेतु लोक गीत, लोक नृत्य तथा नाटक भी प्रसारित होते थे। शिक्षा के कार्यक्रम स्कूल पाठ्यक्रमों के साथ एकीकृत न होते हुए ज्ञानवर्धक कार्यक्रमों जैसे होते जो स्कूली बच्चों को उद्दीप्त करते। विज्ञान के कार्यक्रम भी प्रसारित होते जिनका निर्माण 'इसरो' के अहमदाबाद केन्द्र पर होता। सैटलाइट प्रसारण होने के कारण इन कार्यक्रमों के चित्र उच्च स्तर के दिखते। वस्तुतः 'साइट' प्रयोग, सैटलाइट-संचार की एक अद्भुत मिसाल था।*

'साइट' प्रसारण में कृषि कार्यक्रमों के लिए कृषि मन्त्रालय ने निम्नलिखित लक्ष्य निर्धारित किए थे[26]–

(1) शुष्क भूमि पर खेती के विषय में प्रदर्शनकारी प्रसारण। मुर्गीपालन, पशुपालन तथा फसलों के उत्पाद और व्यवस्था के बारे में सलाह।
(2) उन संस्थाओं के बारे में सूचना जो कृषि के लिए बीज, उर्वरक तथा यन्त्र उपलब्ध करवाते हों।
(3) वे संस्थाएँ जो मार्केटिंग में सहायता करती हों और कृषि-ऋण दिलवाते हों, उनके बारे में सूचना का प्रसारण।
(4) कीटनाशकों और कीट की रोकथाम के लिए प्रदर्शनकारी प्रसारण।
(5) मौसम की जानकारी और बाज़ार के रुख की सूचना का प्रसारण।
(6) सफल किसानों की कहानियाँ, खासतौर से उनकी जो उसी क्षेत्र से हों तथा अन्य जरूरी समाचार।

'यदि कार्यक्रमों को देखे तो यह प्रयोग उस समय लागू की जा रही हरित क्रान्ति के विस्तार का एक प्रयोग था। मसलन, उन्नत किस्म के बीज, परिवार नियोजन वगैरह के दिये गये कार्यक्रम मूलतः पिछड़े इलाकों में हरित क्रान्ति के फलाफल पर आँकड़ा इकट्ठा करने और वहाँ विकास का एक नक्शा देने के लिए ही थे।'[27]

इस प्रयोग के लिए 'नासा' के साथ भारत सरकार का अनुबन्ध 31 जुलाई, 1976 तक का ही था इसलिए एक वर्ष पूरा होने पर 'साइट' का सैटेलाइट-प्रसारण

---

* "The project held strategic attractions for the Indian Government. Under Nehru's influence, Indian governments had always stressed the importance of the country developing its own national expertise in modern technologies. The SITE programme offered a context in which to devise and implement new communication strategies for education and development, especially in rurual areas. It also presented opportunities for the transfer of skills in the latest communication technology, with a wide range of potential applications."[25]

बन्द हो गया। परन्तु यह तय किया गया कि 'साइट' क्षेत्र के समूहों में टेलीविजन कार्यक्रम स्थलीय प्रेषित्रों (ट्रांसमीटरों) द्वारा दिखाये जायेंगे। इसलिए उन क्षेत्रों में छः ट्रांसमीटर लगाये गये–

(1) जयपुर (राजस्थान)
(2) रायपुर (मध्य प्रदेश)
(3) गुलबर्गा (कर्नाटक)
(4) सम्बलपुर (ओडीसा)
(5) हैदराबाद (आन्ध्र प्रदेश)
(6) मुज़फ्फरपुर (बिहार)

वर्ष भर के 'साइट' प्रसारण के बाद 'इसरो' (ISRO) ने मूल्यांकन रिपोर्ट को दो खण्डों में प्रकाशित किया। रिपोर्ट के अनुसार स्कूल छोड़ने वाले बच्चों की दर में कोई ज्यादा कमी नहीं आयी।* मगर इसके बावजूद बच्चों का साइट पाठों को देखने-सुनने के लिए आना बढ़ गया था। वे स्कूलों की ओर प्रेरित होने लगे थे। यह एक नये टेलीविजन दर्शक वर्ग तक पहुँचने का प्रयास था। एक टेलीविजन प्रयोग (Television Experiment)।

योजना आयोग ने भी इस प्रयोग के बारे में एक परीक्षण करवाया जिसका निष्कर्ष कृष्ण सोंधी ने, अपनी पुस्तक 'कम्युनिकेशन ग्रोथ एण्ड पब्लिक पॉलिसी' में प्रकाशित किया है।[29] सोंधी के तथ्यों के अनुसार 61 प्रतिशत ग्रामीण, सप्ताह में केवल एक बार कार्यक्रम देखते थे। 19 प्रतिशत, सप्ताह में तीन बार कार्यक्रम देखते थे। कृषि के नये तरीकों के लिए टीवी ने दर्शकों को प्रेरित तो किया परन्तु लोगों ने उन तरीकों को अपनाया नहीं। 'इसरो' ने अपनी रिपोर्ट में बताया है कि इसका एक कारण यह भी था कि नये उन्नत बीजों और तरीकों के बारे में ग्रामीण पहले ही रेडियो से जानकारी प्राप्त कर चुके होते थे। इसके विपरीत पशुपालन की नयी तकनीक के बारे में ग्रामीणों ने 'साइट' के माध्यम से बहुत कुछ सीख लिया।[30]

आकाशवाणी के पूर्व महानिदेशक पी. सी. चटर्जी, जो 'साइट' के दौरान टेलीविजन के इंचार्ज भी थे, इस प्रयोग की कमियों के बारे में बताते हुए लिखते हैं

* "The observed fact that the school enrolment or the drop-out rate was not affected by the introduction of TV in schools proves that these factors depend primarily on social and economic parameters and not on the attractiveness or otherwise of the school carriculam; the children do not have an independent choice in the matter. So unless circumstances are changed so that parents do not have to make use of child labour for economic reasons, TV in schools is not going to affect enrolment or the drop-out rate."[28]

कि एक बड़े क्षेत्र के लिए एक ही भाषा का होना 'साइट' की कमज़ोरी थी।* पी. सी. चटर्जी 'साइट' क्षेत्रों में दोतरफा संचार की कमी को भी रेखांकित करते हैं। प्रयोगात्मक क्षेत्रों के गाँवों में टेलीक्लबों की स्थापना के आदेश दिये गये थे ताकि प्रसारण के बाद दर्शकों के साथ चर्चा हो सके और कार्यक्रम-संचालकों तक 'फीडबैक' भेजा जा सके। मगर न तो बी.डी.ओ. ही और न ग्राम सेवक ही कार्यक्रम देखते थे। इसलिए जो भी टेलीविजन पर दिखाया जाता उसका प्रभाव या उसमें सुधार की बात न आगे ही पहुँचती थी, न उस पर बहस ही होती थी।[32] योजना आयोग के अध्ययन के अनुसार 94.70 प्रतिशत बी.डी.ओ. तथा 81.11 प्रतिशत 'विलेज लेवल वर्कर' ऐसे थे जो सम्पर्क कार्यक्रमों के दौरान ग्रामीणों से एक बार भी नहीं मिले।[33]

'साइट' सीमाओं में बँधा रहा मगर फिर भी स्कूलों में सफल रहा। स्वास्थ्य चेतना जागृत करने में भी, किसी हद तक, सफलता मिली, परन्तु संचार, जैसा कि चटर्जी मानते हैं, तभी सफल हो सकता है जब दर्शक संचार की परिधि में हो। तभी वे मीडिया द्वारा प्राप्त सूचना पर अमल भी कर सकते हैं। इसलिए कार्यक्रम स्थानीय होने के साथ ही इनमें दर्शकों की भागीदारी भी आवश्यक है।

'साइट' योजना के बाद जयपुर, रायपुर, गुलबर्गा आदि स्थानों पर प्रेषित्र (ट्रांसमीटर) लगाकर उन ग्रामीण क्षेत्रों में कार्यक्रम जारी रखने का प्रयास किया गया जहाँ पहले साइट–कार्यक्रम आते थे मगर प्रस्तुति के तरीके में कोई ज्यादा बदलाव नहीं आया। इसलिए उन कार्यक्रमों से दर्शकों को कितना लाभ हुआ कहा नहीं जा सकता।

बहरहाल, एक वर्ष का 'साइट'–प्रसारण आगे की सैटलाइट परियोजनाओं का मार्ग-प्रवर्तक साबित हुआ। आने वाले वर्षों में इन्सैट-1बी, इन्सैट-1सी आदि सैटलाइट प्रक्षेपित हुए। सैटलाइट-लिंक द्वारा केन्द्रों को जोड़ा गया और एक राष्ट्रीय प्रसारण सेवा प्रारम्भ हो सकी।

---

* "One of the inherent weaknesses of SITE was that each language programme was common to a vast area. Thus a programme on cotton cultivation would have little relevance to viewers near Jaipur, though it would be of considerable interest to audiences in Kota, both in Rajasthan. In fact, cropping patterns differ widely from district to district in this country. What the people need is that programmes should meet their local requirements. SITE was hardly an instrument to answer such needs. Lack of interest in some farm programmes was undoubtedly due to this factor. Moreover, farming is a highly localised activity. Various steps such as preparing the soil, sowing, watering, etc., must follow in sequence at the right time. A sudden change in weather conditions might necessiate a change in the normal time table. Unless the telecasting system is local and can respond to such changes quickly it is as good as useless."[31]

(3) दूरदर्शन की स्थापना

भारत में टेलीविजन, आकाशवाणी के अंग के रूप में 1976 तक काम करता रहा। परन्तु टेलीविजन की विशेष आवश्यकताओं को देखते हुए सरकार ने रेडियो और टीवी को अलग-अलग माध्यमों के रूप में कार्य करने हेतु टेलीविजन का एक नया महानिदेशालय स्थापित किया। टेलीविजन का नया नाम 'दूरदर्शन' हो गया और 1 अप्रैल, 1976 को इसकी स्थापना हुई। दूरदर्शन का एक अलग महानिदेशक नियुक्त हुआ जो 'साइट' के पश्चात् देश के विभिन्न केन्द्रों के कार्यकलाप का निर्देशन करने लगा।

दूरदर्शन ने अपने उद्देश्य इस प्रकार परिभाषित किये[34]--

(क) समाजिक परिवर्तन में प्रेरक भूमिका निभाना।

(ख) राष्ट्रीय एकता को प्रोत्साहन देना।

(ग) लोगों के मन में वैज्ञानिक चेतना जगाना।

(घ) जनसंख्या नियन्त्रण एवं परिवार कल्याण के साधन के रूप में परिवार नियोजन के सन्देश का प्रसार करना।

(ङ) आवश्यक सूचना तथा जानकारी उपलब्ध कराकर कृषि उत्पादन को और प्रोत्साहन देना।

(च) वातावरण के संरक्षण और पर्यावरण सन्तुलन बनाये रखने में सहायता देना तथा प्रोत्साहन देना।

(छ) महिलाओं, बच्चों तथा गरीब वर्गों के कल्याण सहित विभिन्न सामाजिक कल्याण उपायों की आवश्यकताओं पर बल देना।

(ज) खेल-कूद में दिलचस्पी बढ़ाना।

(झ) देश की कला और सांस्कृतिक धरोहर के प्रति जागरूकता पैदा करना।

इन उद्देश्यों की पूर्ति हेतु विभिन्न नये कार्यक्रम प्रारम्भ हुए। नये कार्यक्रमों के साथ-साथ टीवी-सैटों का उत्पादन भी बढ़ने लगा। सरकार ने 1976 में सस्ते टीवी-सैटों पर उत्पादन-शुल्क कम कर दिया। टीवी-सैट बनाने वाला पहला कारखाना कानपुर में 1969 में स्थापित हो चुका था। तब, इस कारखाने ने केवल 1250 टीवी-सैट बनाये थे परन्तु उत्पादन शुल्क कम होने के कारण 1977 में 40 निर्माताओं ने ढाई लाख टीवी-सैट बनाये।[35] टीवी-सैटों की माँग बढ़ने के साथ ही विकास के इस चरण में रिले ट्रांसमीटरों को स्थापित किया जाने लगा। दिल्ली को मसूरी के प्रेषित्र (रिले ट्रांसमीटर) के साथ 12 अगस्त, 1977 को जोड़ा गया ताकि देहरादूर, सहारनपुर, बिजनौर और मुजफ्फरपुर में भी दिल्ली के कार्यक्रम देखे जा सकें। पुणे रिले-ट्रांसमीटर को पहले ही बम्बई (मुम्बई) केन्द्र के साथ जोड़ दिया गया था।

उद्देश्यपूर्ण कार्यक्रमों को मनोरंजक बनाने के प्रयास भी प्रारम्भ हुए। ऐसे कार्यक्रमों की अन्तर्राष्ट्रीय स्तर पर भी सराहना हुई। जैसे–'छोटी चाय की दुकान' (The little tea shop), 'हाइवे न.-2 (The Highway No-2), तथा 'प्यार का तोहफ़ा' (Gift of Love) को एशियन ब्रॉडकास्टिंग पुरस्कार मिले। शैक्षणिक कार्यक्रमों तथा 'कृषि दर्शन' के लिए जापान पुरस्कार प्राप्त हुए। कृषि एवं ग्रामीण कार्यक्रमों के साथ ही नाटक, संगीत और नृत्य के कार्यक्रम 10 किलोवाट तथा एक किलोवाट के प्रेषित्रों से प्रसारित किये जाने लगे।

दूरदर्शन के इतिहास में एक महत्त्वपूर्ण मोड़ 1981-82 में तब आया जब मद्रास, बम्बई, दिल्ली, जालंधर और बंगलूर के बीच माइक्रोवेव सम्पर्क की स्थापना हुई। 1982-83 में श्रीनगर, कलकत्ता, आसनसोल और पणजी केन्द्र भी माइक्रोवेव द्वारा आपस में जुड़ गये।[37] बहुउद्देशीय संचार उपग्रह इन्सैट-1 ए (इंडियन नेशनल सैटलाइट) का प्रक्षेपण भी 1982 में ही हुआ। उपग्रह को 'इसरो' ने विकसित किया था और 10 अप्रैल, 1982 को केपकारनेवल केनेडी केन्द्र से इसे प्रक्षेपित किया गया। इस उपग्रह के माध्यम से 15 अगस्त, 1982 को राष्ट्रीय कार्यक्रम की शुरुआत हुई। स्वाधीनता दिवस समारोह को, उस दिन, देश के 21 ट्रांसमीटरों द्वारा लाल किले से सीधे प्रसारित किया गया तथा पहली बार रंगीन चित्र दिखाये गये। (पश्चिम में रंगीन टेलीविजन की शुरुआत 1954 में हो चुकी थी) परन्तु 5 सितम्बर, 1982 को इन्सैट-1-ए के असफल हो जाने के कारण, राष्ट्रीय कार्यक्रम को जारी रखने के लिए दूरदर्शन ने इन्टलसैट और स्टेशनर-6 उपग्रहों को किराये पर लिया।[38]

एशियाई खेलों के प्रसारण ने टेलीविजन का अभूतपूर्व विस्तार किया। खेलों का प्रसारण 19-11-1982 से हुआ किन्तु प्रसारण से पहले ही काकिनाडा, पटना, शिमला, जम्मू, त्रिवेन्द्रम, गुवाहाटी, भोपाल, इन्दौर, देवरिया, भुवनेश्वर, मालदा, ऐजवाल, इटानगर और पोर्टब्लेयर में 100 वॉट के बीस अल्पशक्ति ट्रांसमीटरों की स्थापना हो चुकी थी।[39] उधर इलेक्ट्रॉनिक वस्तुओं पर आयात शुल्क कम होने के कारण टीवी सैट पहले से सस्ते होने लगे थे। सैटलाइट प्रसारण ने एक राष्ट्रीय दर्शक वर्ग तैयार किया। 'एशियाड-82' का प्रसारण, टेलीविजन संचार में एक बहुत बड़ा कारनामा था।* यह कार्य ऐतिहासिक था। पूरे दिन का (प्रातः 10.00 से रात 8.00 बजे तक) प्रसारण इससे पहले कभी नहीं हुआ था।

---

* "In the case of TV, the fillip came with Asian Games held in Delhi in 1982, which Indira Gandhi saw as an opportunity for India to showcase its achievements to the wider world. A decision was made to go for colour TV, new equipment was imported, and an early phase of economic liberalisation saw duties reduced on a wide range of electronic imports."[40]

यह 41 ट्रांसमीटरों पर प्रसारित होता था। पश्चिम जर्मनी के कुछ विशेषज्ञों की सहायता से भारतीय तकनीशियनों ने यह कमाल कर दिखाया था। चार रंगीन प्रसाररण की ओ. बी. गाड़ियाँ और पाँच सामान्य प्रसारण गाड़ियाँ सक्रिय की गयीं। कमाल यह था कि पश्चिम जर्मनी से यन्त्र कुछ ही दिन पहले मिले थे किन्तु भारतीय तकनीशियनों (कुल 898) ने उनसे अद्भुत काम लिया। यह सीधे प्रसारण के क्षेत्र में अभूर्तपूर्व प्रयोग था।[41]

सामुदायिक टेलीविजन अब पारिवारिक हो गया था। राष्ट्रीय प्रसारण में, प्रथम प्रायोजित धारावाहिक* 'हम लोग' की प्रस्तुति 15 जुलाई, 1984 से शुरू हुई। एक वर्ष पहले इन्सैट-1 बी का प्रक्षेपण 30 अगस्त, 1983 को हो चुका था। उन दिनों हर रोज़ दूरदर्शन का एक ट्रांसमीटर संचालित होता। यह सिलसिला लगभग चार महीने तक चला। इसलिए प्रेषित्रों की संख्या बढ़ रही थी और 1985 तक यह बढ़कर 170 हो गई जिसके परिणामस्वरूप समूचे देश की लगभग 70 प्रतिशत जनसंख्या को दूरदर्शन सेवा उपलब्ध होने लगी थी।[42]

बहुचैनल टीवी सेवा का आरम्भ भी 80 के दशक में ही हुआ। दूरदर्शन दिल्ली के लिए दूसरे चैनल का उद्घाटन 17 सितम्बर, 1984 को हुआ। यह चैनल राजधानी के दर्शकों के लिए मनोरंजक कार्यक्रम प्रसारित करता था। दूसरे चैनल, बम्बई (मुम्बई), मद्रास (चेन्नई), तथा कलकत्ता (कोलकाता) में भी शुरू हुए तथा बाद में सैटलाइट लिंक द्वारा यह 'मेट्रो' चैनल में परिवर्तित हुआ। इसी चैनल पर 'विरासत' 'तू-तू मैं-मैं' जैसे लोकप्रिय धारावाहिक प्रसारित होते थे। शनिवार को देर रात की फ़िल्मों का सिलसिला भी इसी चैनल से शुरू हुआ था। तब विश्व की उत्तम अंग्रेजी फ़िल्में दिखाई जातीं। बी.बी.सी. द्वारा निर्मित शेक्सपियर के नाटकों पर आधारित फ़िल्में भी इसी 'स्लाट' में दिखाई गयी थीं। अब यह चैनल डीडी न्यूज में परिवर्तित हुआ है।

राष्ट्रीय प्रसारण में (डीडी-1 पर) प्रातःकालीन सभा भी 80 के दशक में ही शुरू हुई थी पर अपराह्न सभा 26 जनवरी, 1989 को प्रारम्भ हुई। गृहणियों के लिए सोप ऑपेरा सर्वप्रथम इसी सभा में प्रसारित किये गये थे। इस सेवा का लोकप्रिय धारावाहिक (सोप) 'स्वाभिमान' था। फिर 'कुन्ती' आदि कई धारावाहिक आये। अब अपराह्न सभा 24 घण्टे की प्रसारण सेवा का हिस्सा हो गयी है।

90 के दशक में मेट्रो चैनल का विस्तार हुआ तथा इसके कार्यक्रम सैटलाइट-लिंक द्वारा छोटे शहरों के प्रेषित्रों से भी प्रसारित होने लगे। इन्सैट-2 बी तथा इन्सैट-2 सी, 30 जुलाई, 1993 और 7 दिसम्बर, 1995 को क्रमशः संचालित हुए। इसी दशक में डीडी-थ्री का एक एलीट चैनल भी शुरू हुआ परन्तु 18 मार्च, 1999 को यह बन्द होकर 'खेल चैनल' में परिवर्तित हुआ। दूरदर्शन के क्षेत्रीय सैटलाइट

---

* सर्वप्रथम हिन्दी धारावाहिक 'ऐसा भी होता है' 104 कड़ियों में (1966-68) दो वर्षों तक टीवी से चला मगर यह प्रायोजित नहीं था।

चैनल भी इसी दशक में शुरू हुए और दूरदर्शन का अन्तर्राष्ट्रीय चैनल 'डीडी-इंडिया' 14 मार्च, 1995 को प्रारम्भ हुआ।

प्रथम चरण में दूरदर्शन का विकास धीमी गति से हुआ परन्तु नये प्रायोजित धारावाहिकों और विज्ञापन सेवा ने इसकी स्थिति में परिवर्तन ला दिया। 'टीवी के विकास के दो मॉडल सम्भव थे और हैं। एक मॉडल विकसित पूँजीवादी देशों का था, जो टीवी को पूँजीवादी विकास के माध्यम की तरह इस्तेमाल करता है और दूसरा मॉडल कम्युनिस्ट देशों का था। हमने जो मॉडल चुना वह पहला था,...एक ओर एक ग़रीब देश के तेज़ विकास की समस्या, दूसरी ओर इजारेदार पूँजीवाद और खुली छूट, इन दो अन्तर्विरोधी स्थितियों में भारतीय दूरदर्शन का चरित्र भी दोहरा हो जाना था।'[43] लोकसेवा और प्रायोजित कार्यक्रम साथ-साथ चलने लगे। इस समय दूरदर्शन जहाँ सामाजिक हित में, कार्यक्रम 'जागो ग्राहक जागो' दिखाता है वहीं प्रायोजित 'सुपर हिट मुकाबला' और 'क्राइम अपडेट' जैसे कार्यक्रम भी दिखाता है। प्रायोजित कार्यक्रमों तथा विज्ञापनों ने इसकी आय में वृद्धि को निश्चित बनाया है। पिछले तीन वर्षों में यह वृद्धि स्पष्ट रूप से देखी जा सकती है–

वर्ष	आय	
2003-04	रुपये 530.23 करोड़	स्रोतः
2004-05	रुपये 665.27 करोड़	आइ.आर.एस सर्वेक्षण
2005-06	रुपये 946.96 करोड़	–2006 (राउंड-1)[44]

दूरदर्शन प्रति सप्ताह 1700 घण्टो के कार्यक्रम प्रसारित करता है तथा इसके पास 59 स्टूडियो केन्द्र, 1338 प्रेषित्र तथा 25 चैनल हैं।[45]

प्रमुख चैनल	स्थापना
1. राष्ट्रीय चैनल (डीडी-1)	15-9-1959
2. समाचार चैनल (डीडी-न्यूज)	17-9-1984 को मेट्रो मनोरंजन चैनल के रूप में स्थापना, अब समाचार चैनल में परिवर्तित।
3. राष्ट्रीय खेल चैनल (डीडी स्पोर्ट्स)	18-03-1999
4. सांस्कृतिक कार्यक्रमों का उपग्रह चैनल (डीडी भारती)	16-1-2002
5. अन्तर्राष्ट्रीय उपग्रह चैनल (डीडी इंडिया)	14-3-1995
6. डीडी ज्ञानदर्शन (शैक्षणिक उपग्रह चैनल, जिसे मानव संसाधन विकास मन्त्रालय के सहयोग से शुरू किया गया)	10-1-200

राज्य नेटवर्कों में, राजस्थान, मध्यप्रदेश, उत्तर प्रदेश, बिहार, हिमाचल प्रदेश, झारखण्ड, छत्तीसगढ़ तथा हरियाणा के नये नेटवर्क, 1994 और 2002 के बीच, शुरू किये गये हैं।

आइ. आर. एस. सर्वेक्षण 2006 (राउंड-1) के अनुसार इस समय देश में कुल 9.89 करोड़ टीवी हैं। केबल वाले घर 4.90 करोड़ हैं तथा बिना केबल वाले घर 4.08 करोड़ हैं। केबल का तन्त्र निजी सैटलाइट चैनलों के आगमन के साथ ही शुरू हो गया था।

(4) सैटेलाइट चैनलों का आगमन

हालाँकि भारत में पहला सैटलाइट प्रसारण 1975 में 'साइट' प्रयोग द्वारा हुआ था मगर 1991 में खाड़ी युद्ध* के सीधे प्रसारण ने विश्वमय संचार को निश्चितता प्रदान की। टेलीविजन का दर्शक एक क्षेत्र या देश तक सीमित रहने के बजाय ग्लोबल का हिस्सा बन गया। सी.एन.एन. ने अन्तर्राष्ट्रीय टेलीविजन के नयें युग का सूत्रपात किया था। घटनाओं के सीधे प्रसारण ने टेलीविजन पत्रकारिता की तात्कालिकता के नये मानक स्थापित किये। इस प्रकार इलेक्ट्रॉनिक मीडिया (सी.एन.एन.) ने सूचना के प्रसार को तीव्रता प्रदान की।[47]

भारत में, 1991 तक, एक ऐसे मध्य वर्ग का उदय हुआ था जो उपभोक्ता वस्तुओं के साथ-साथ वैकल्पिक मीडिया सेवा को स्वीकार करने के लिए तैयार बैठा था। वहीं हिन्दी फ़िल्मों तथा विदेशी फ़िल्मों के मनपसन्द वीडियो खरीदकर अपने मनोरंजन का सामान स्वयं तलाशने लगा था। घर में फ़िल्मों को देखने के कारण एक नया वीडियो मार्किट विकसित हो गया था। लोग फ़िल्म के रिलीज होते ही सिनेमाघर की ओर जाने के बजाय वीडियो खरीदकर अपने घर के होम-वीडियो पर फ़िल्म को देखना ज्यादा पसन्द करते थे। उधर महत्त्वपूर्ण अंग्रेज़ी समाचार-पत्रों और पत्रिकाओं ने अपने वीडियो संस्करण निकालने शुरू किये, जैसे 'न्यूजट्रेक' आदि। इस वीडियो क्रान्ति ने एक नया दर्शक वर्ग तैयार किया था। जो विश्वसनीय समाचारों का स्वागत करने लगा।

विदेशी चैनल के प्रसारण को सांस्कृतिक हस्तक्षेप के रूप में भी देखा जाने लगा। चार दशक पहले शुरू हुई टेलीविजन सेवा, राष्ट्रीय हितों, दूसरे देशों के

---

* "A global audiance was first made vividly conscious of this medium through the Gulf in 1991. The monopoly of national broadcasters was brought to an end, without negotiation or discussion of the internationl implications. The audiances created by the new media were an irresistible market for global advertisers and their multinational corporate clients. As the diversity of channels increased, competition accelerated and consolidation of global media corporations. They brought foreign and culturally unfamiliar programmes into people's homes. These often challanged traditional values. But they offered a welcome contrast of styles with national TV services."[46]

दुष्प्रचार के प्रतिउत्तर में एक नीतिगत प्रसारण तथा भारत की सांस्कृतिक धरोहर के प्रति जागरूकता पैदा कर रहा था। मगर नये प्रकार का विदेशी प्रसारण अनौपचारिक था। सांस्कृतिक हस्तक्षेप की भावना के बावजूद विदेशी प्रसारण को रोकने की कोई कोशिश नहीं हुई क्योंकि उदारीकरण का दौर शुरू हो चुका था। आर्थिक सुधारों के साथ ही लाइसेंस प्रणाली को नियोजित करने का कार्य शुरू हो गया था। विदेशी मुद्रा के नियमों में भी सुधार हो रहा था ताकि पूँजीनिवेश बढ़े। आयात पर प्रतिबन्ध हट रहा था। भारतीय मध्यवर्ग के पास नयी वस्तुओं को खरीदने और उन्हें अपनी मर्जी से चुनने की सकत आ गयी थी। 'बाटा' की जगह 'रीबॉक' और 'नाइकी' चुना जाने लगा था।

दरअसल, 1980 से ही नयी बहुराष्ट्रीय मीडिया कम्पनियाँ और अन्तर्राष्ट्रीय टेलीविजन प्रसारण की धारणा, पश्चिम में जोर पकड़ने लगी थी। सूचना प्रौद्योगिकी का विस्तार हो रहा था। बहुराष्ट्रीय कम्पनियाँ आउटसोर्सिंग के लिए भारत की ओर देखने लगी थीं। टेलीविजन के बहुराष्ट्रीय मीडिया उद्यम स्थापित होने लगे थे। भारत में एक बहुत बड़ा बाज़ार उपलब्ध था और टेलीविजन व्यवसाय की सम्भावनाएँ अपार थीं। 1990 में विश्व की सात बड़ी विज्ञापन कम्पनियाँ 73 अरब अमरीकी डॉलर का कारोबार कर रही थीं तथा इनमें से 5 अमरीकी/अमरीका–ब्रिटेन की साझेदारी वाली कम्पनियाँ, एक जापानी व एक फ्रांसीसी कम्पनी थी।[48]

ऐसे परिदृश्य में लाइव दृश्यों के साथ नये रूप में समाचार प्रस्तुत कर सी.एन.एन. की शुरुआत के बाद अन्य अन्तर्राष्ट्रीय प्रसारण कम्पनियाँ भी इस क्षेत्र में आगे आने लगीं। एशियासेट-1 का प्रक्षेपण हो चुका था जो एशिया के सभी देशों में प्रसारण करने की क्षमता रखता था। इसका संचालन ली. का. शिंग के पास था। उसकी हांगकांग स्थित कम्पनी हचीसन वांपुआ स्टार टीवी (STAR-Satellite Television Asia Region) का उत्प्रेरक साबित हुई। सैटलाइट की उपलब्धता, केबल की व्यवस्था और नये प्रकार के मनोरंजक कार्यक्रमों की प्रस्तुति ने निजी अन्तर्राष्ट्रीय सैटलाइट चैनलों के लिए मार्ग सुगम बनाया। भारत के बड़े शहरों के पाँचसितारा होटलों तथा अमीर घरों में डिश और केबल द्वारा कार्यक्रम दिखाये जाने लगे मगर ये चैनल देखते ही देखते मध्यवर्गीय घरों में प्रवेश कर गये। स्टार के मैनेजर भारत में कार्यक्रमों की लोकप्रियता पर खुद चकित थे।*

* "Star TV combined entertainment, movies, sports and news in the English language for a television audiance across East, South and South East Asia. It offered a programme mix of chat shows, quizzes, soap operas and series. Though made originally largely for a western audiance, these began to capture the imagination of the urban English-speaking TV audiance, particularly in South Asia. The phenomenal success of Star in winning an audiance in India was a surprise to Star's own managers."[50]

एशियासेट के माध्यम से ही हिन्दी भाषा का निजी सैटलाइट चैनल जी-टीवी शुरू हो गया जो भाषायी अनुकूलता के कारण स्टार से अधिक लोकप्रिय होने लगा। यह देखते ही स्टार ने भी अपने कार्यक्रम हिन्दी में बनाने शुरू किये। जी को एक फायदा यह भी था कि यह भारतीय प्राइवेट चैनल था। यह सभी कार्यक्रम हिन्दी में बनाता था। कुछ समय बाद सोनी शुरू हुआ। इसने भी अपने कार्यक्रम हिन्दी में ही प्रसारित करने शुरू किये।

नयी सैटलाइट चैनलों के आगमन के बावजूद दूरदर्शन तीव्र गति से आगे बढ़ रहा था। विज्ञापनों से होनेवाली इसकी आय भी बढ़ रही थी। स्थलचर ट्रांसमीटरों द्वारा एक ऐसा राष्ट्रीय दर्शक वर्ग तैयार हो चुका था जो जन-जन में नये ब्रैंड लोकप्रिय बनाने के लिए विज्ञापन दाताओं की पहली पसन्द था। दूरदर्शन अपनी तक़नीकी क्षमता के बल पर अड़िग रहा मगर व्यावसायिक चैनल एक निश्चित दर्शक वर्ग पैदा करने लगे थे। इस चुनौती का सामना करने के लिए दूरदर्शन ने मेट्रो चैनल (डीडी-2) प्रारम्भ किया जो केवल मनोरंजक कार्यक्रम प्रसारित करता था। साथ ही क्षेत्रीय सैटलाइट चैनल, जैसे—तमिल, तेलुगू, मराठी, मलयालम, पंजाबी आदि शुरू किये गये। इनकी विशेषता यह थी कि यह न केवल अपने क्षेत्र में बल्कि पूर भारत में देखे जा सकते थे। फिर भी प्रमुख चैनल डीडी-1 ही था जो अपने स्थलचर ट्रांसमीटरों द्वारा 86 प्रतिशत आबादी तक पहुँच रहा था मगर विज्ञापनों से होनेवाली इसकी आय में कमी आने लगी थी।

निजी प्रसारण कम्पनियों ने भारत के दर्शकों को खण्डों में विभाजित किया। पहले साबुन के सभी विज्ञापन दूरदर्शन पर आते थे, मगर अब सैटलाइट चैनलों ने निर्दिष्ट दर्शकों तक निश्चित ब्रैन्ड पहुँचाने शुरू कर दिये। दूरदर्शन जन-जन के लिए विज्ञापन प्रस्तुत करता था। दर्शक वर्गों के अलग-अलग खण्डों में उभरने के कारण विज्ञापन बँटने लगा। सैटलाइट चैनलों से असाधारण वस्तुओं और विदेशी ब्रैन्ड का विज्ञापन होने लगा। यह जानना ज़रूरी हो गया था कि किस चैनल के पास कितने दर्शक हैं और कौन-कौन से कार्यक्रम लोकप्रिय हैं। इसी आधार पर विज्ञापनकर्ता, विज्ञापन दर्शाने की कार्ययोजना बनाने लगे। दूरदर्शन ने अपने कार्यक्रमों की लोकप्रियता जानने के लिए अपने ही दर्शक अनुसन्धान विभाग से 'डार्ट' (DART) प्रारम्भ किया। निजी सैटलाइट चैनल टैम (TAM) के आधार पर अपने दर्शकों और कार्यक्रमों की लोकप्रियता मापने लगे। बहरहाल, यह जानना आवश्यक था कि कौन, कहाँ, कितना दिखाता है। जो चैनल जितना ज्यादा दिखा वह उतना ही बिका। इसलिए अपना अस्तित्व बनाये रखने के लिए चैनलों ने अपनी कार्यक्रम सारणी, बाज़ार का रुख देखते हुए बदलनी शुरू कर दी। 'चन्द्रकान्ता', 'सास भी कभी बहू', 'रिश्ते' आदि कार्यक्रम प्रसारित होने लगे।

हिन्दी में प्रसारित धारावाहिक, लोकप्रिय होने लगे तो वहीं दक्षिण भारत में तमिल भाषा के कार्यक्रम सन-टीवी ने प्रसारित करने प्रारम्भ किये। यह सैटलाइट चैनल लोकप्रिय रहा। इनाडु तथा जेमनी टीवी तेलुगू भाषा तथा उदय टीवी कन्नड़ भाषा में कार्यक्रम प्रसारित करने लगा। 1993 में, दूरदर्शन ने भी क्षेत्रीय भाषाओं के सैटलाइट चैनल प्रारम्भ किये थे इसलिए निजी-क्षेत्रीय चैनलों की दूरदर्शन के साथ प्रतिस्पर्धा रही।*

दूरदर्शन के क्षेत्रीय चैनल जो 11 प्रादेशिक भाषाओं में प्रसारण करते हैं 1996 तक स्थापित हो गये थे। जैसे–

क्र.सं.	चैनल	भाषा	स्थापना	प्रसारण अवधि
1.	डीडी-4	मलयालम	25-10-1993	24 घण्टे का प्रसारण
2.	डीडी-5	तमिल	15-08-1988	24 घण्टे का प्रसारण
3.	डीडी-6	ओडिया	07-09-1991	" "
4.	डीडी-7	बांग्ला	05-11-1991	" "
5.	डीडी-8	तेलुगू	14-01-1987	" "
6.	डीडी-9	कन्नड़	01-11-1990	" "
7.	डीडी-10	मराठी	09-08-1986	" "
8.	डीडी-11	गुजराती	30-12-1992	" "
9.	डीडी-12	कश्मीरी	1993/21-05-96	" "
10.	डीडी-13	असमिया तथा पूर्वोतर की भाषायें	15-03-1991 01-05-1996	" "
11.	डीडी-18	पंजाबी	1993/21-05-96	" "

जब 1975 में साइट के अन्तर्गत सैटलाइट प्रसारण हुआ था तब इसरो के चिकन–मैश ऐंटेना द्वारा सीधे टीवी पर चित्र और ध्वनि प्राप्त होती थी परन्तु व्यावसायिक सैटलाइट प्रसारण में केबल के माध्यम से इलेक्ट्रॉनिक-सिगलन भेजने का काम किया गया। यदि केबल का जाल न बिछता, सैटलाइट चैनलों का इतना प्रसार न होता। केबल ने ही पंचतारा होटलों और अमीर घरों में दिखाये जाने वाले निजी सैटलाइट कार्यक्रमों को जन-जन के मनोरंजन का साधन बनाया। मुम्बई में

* "Uday TV has filled a gap in regional programmes in Kannada, but its reach is poor and it has not fared well in competition with Doordarshan's Kannada Channel with lower advertising rates. Doordarshan in Banglore earns more than twice Uday's advertising revenue."[51]

केबल की शुरुआत रूनी सक्रीवाला ने की थी।

पश्चिम में केबल सर्वप्रथम उन एपार्टमेंट्स में लगाया गया जहाँ एक डिश के द्वारा पूरे एपार्टमेंट भवन में रहने वाले लोगों/घरों के लिए कार्यक्रम उपलब्ध कराये जा सकते थे। वहाँ यह एक व्यवस्थित उद्योग है जबकि हमारे यहाँ यह एक अव्यवस्थित उद्यम रहा है। केबल वितरण को व्यवस्थित करने के उद्देश्य से सरकार ने, 1995 में, केबल नेटवर्क नियन्त्रण एक्ट (Cable Network Regulation act) पारित किया। लेकिन प्रसारणकर्ताओं, केबल-वितरकों और उपभोक्ता-दर्शकों के बीच टकराव की स्थिति सदा ही बनी रही। 'पे-चैनलों' के प्रसारणकर्ता आरोप लगाते रहे कि केबल-ऑपरेटर उन्हें कभी भी दर्शकों की सही संख्या नहीं बताते। जिस कारण उन्हें प्रसारण-शुल्क वसूलने में कठिनाई आती रही है। दूरदर्शन अपने सभी चैनल 'फ्री' यानी बिना किसी शुल्क के दिखाता है जबकि जी अपनी सभी पे-चैनलों' के लिए, प्रति कनेक्शन, केबल वितरक से 108.85 रुपये प्रतिमाह, सोनी 96.86 (दो चैनलों के लिए), स्टार प्लस रु. 54 (दो चैनलों के लिए), ईएसपीएन रु. 42.50 तथा बी4यू रु. 6 प्राप्त करते हैं।[52] हाल ही में शुरू किये गये सीएनएन-आईबीएन, दूरदर्शन तथा कई समाचार चैनल मिलकर 'फ्री टु एयर' चैनलों की संख्या लगभग 60 हो जाती है। मगर फिर भी उपभोक्ता-दर्शक करीब 75 पे चैनलों के लिए भुगतान करता है जबकि एक नियमित दर्शक दो या तीन चैनल ही देख पाता है। भुगतान की राशि पर सदा की विवाद रहा है। जब केबल ऑपरेटरों और प्रसारणकर्ताओं के बीच यह विवाद 2001 में ज्यादा बढ़ गया तो सूचना और प्रसारण मन्त्रालय कोई तरीका निकालने में जुट गया। कुछ ही समय बाद संसद ने केबल नेटवर्क नियन्त्रण एक्ट (संशोधन) पास किया। 10 दिसम्बर, 2002 को पारित इस संशोधन के मद्देनजर दिल्ली, मुम्बई, कोलकाता और चेन्नई में कैस (CAS-Conditional Access System) लागू करने का निर्णय लिया गया। टीवी सैट पर लगाये जाने वाले यन्त्र–'सैट टाप बॉक्स', से मालूम किया जा सकता था कि किस दर्शक ने कितने चैनल देखे हैं और उसी हिसाब से ग्राहक-शुल्क प्राप्त किया जा सकता था। सूचना एवं प्रसारण मन्त्रालय की घोषणा के बाद सितम्बर 2003 में चेन्नई में कैस लागू हो गया। उधर दिल्ली के केबल ऑपरेटरों ने 15 दिसम्बर को 'पे चैनल' दिखाने बन्द कर दिये। व्यावसायिक सैटलाइट प्रसारणकर्त्ताओं ने भी अपने रुख में कोई नरमी नहीं दिखाई। विवाद और बढ़ जाने के कारण फरवरी 2004 में कैस पर सरकार ने रोक लगा दी। अब जबकि डी.टी.एच. (डायरेक्ट टु होम) शुरू हो चुका है, कैस को पूरे तौर से दोबारा परखना होगा। क्योंकि कई उपभोक्ता-दर्शक अब भी कैस के पक्ष में हैं जबकि डीटीएच की माँग भी बढ़ रही है।

इस समय पैस-4, एशियासैट-I तथा एशियासैट-II, सैटलाइटों द्वारा सीएनएन,

सीएनबीसी, बीबीसी, ईएसपीएन, डिस्कवरी, एम.टीवी, एचबीओ, स्टार, सोनी, ज़ी आदि कई चैनल अपने कार्यक्रम प्रसारित कर रहे हैं। इकनॉमिक टाइम्स सर्वे के अनुसार 2002 में चैनलों की संख्या 224 थी जो केपीएमजी (Klynveld Peat Marvik Gordeler) रिपोर्ट के अनुसार 2003 तक लगभग 300 हो गई थी।[53] दूरदर्शन के डीटीएच का भी विस्तार हो रहा है। 22 दिसम्बर, 2004 को इन्सैट-4ए का प्रक्षेपण हुआ जिसका उद्देश्य डीटीएच सेवाओं को बढ़ाना है। यह सैटलाइट 12 वर्षों तक काम करता रहेगा।

जब सैटलाइट चैनल 1991 में आने लगे तब इनका विरोध होने लगा था कि सांस्कृतिक हस्तक्षेप हो रहा है। मगर आज जब इनके हिन्दी कार्यक्रम लोकप्रिय हो रहे हैं तो माना जाने लगा है कि हिन्दी सैटलाइट टेलीविजन उन्हीं पश्चिमी तर्ज के कार्यक्रमों का भाषान्तरण है। एक सांस्कृतिक इजारेदारी। भले ही पश्चिमी संस्कृति का सीधा प्रदर्शन न हो मगर पश्चिमी संस्कृति के मूल्यों और बिम्बों को हिन्दी चैनल बढ़ावा दे रहे हैं। पश्चिम की संस्कृति को हिन्दी में पैकेज करके प्रस्तुत किया जा रहा है। कुछ बुद्धिजीवी यह भी मानते हैं कि दूरदर्शन ने सैटलाइट चैनलों के इस प्रकार के कार्यक्रमों के जवाब में नये ढंग के कार्यक्रम शुरू करने के बजाय खुद इनकी नकल करनी शुरू कर दी और अपने लोकसेवा के दायित्व को भूलने लगा। 'प्राइम टाइम' पर दूरदर्शन भी सैटलाइट चैनलों की तरह सोप और धारावाहिक ही दिखाता रहता है। लोक सेवा प्रसारण पर 'कामनवेल्थ ब्राडकास्टिंग एसोसियेशन' (Commonwealth Broadcasting Association) के 26 वीं सम्मेलन में यूनेस्को के सहायक महानिदेशक (संचार और सूचना) अब्दुल वहीद खान ने अपने भाषण में (15 फरवरी, 2006, नयी दिल्ली) कहा कि आज के बदलते परिदृश्य में न तो लोक-प्रसारण ही विज्ञापन से मुक्त रह सकता है और न ही निजी मीडिया कम्पनियाँ लोक-प्रसारण को दरकिनार कर सकते हैं।*

दरअसल, आज के बहुचैनल युग में सैटलाइट प्रसारण कम्पनियों के साथ-साथ

---

* "The emergence of the multi channel scenario and proliferation of private broadcasters in the developed as well as developing world has radically altered the face of broadcasting. In the simple world of yester years, when the same news bullitten or programme was watched simultaneously on TV screens across a whole nation, it had its own magic appeal and innate ability to promote social cohesion and national integration in its own way. But the multi-channel and multi-broadcaster situation, while obliterating this unique advantage, brought in its wake, alternative choices to the people. What was hitherto a seller's market has now become a buyer's market. The resultant pluralism and diversity in broadcast offerings are the welcome features of the multi-channel world."[54]

लोक सेवा प्रसारण संस्थाओं को मनोरंजन भी प्रदान करना होगा और शिक्षा व सूचना भी देते रहना होगा। क्योंकि अभी भी दूरदर्शन के पास सबसे ज्यादा दर्शक हैं। आई.आर.एस.-2006 (राउंड-1) सर्वेक्षण[55] के अनुसार डीडी-1 (राष्ट्रीय चैनल) के पास इस समय 45.7 प्रतिशत दर्शक हैं, डीडी न्यूज के पास 11.7 प्रतिशत, स्टार प्लस 18.9 प्रतिशत, आजतक 12.5 प्रतिशत, सोनी 9.8 प्रतिशत तथा जीटीवी के पास 7.6 प्रतिशत दर्शक हैं। अतः अनेक चैनल, विविध सूचनाओं व मनोरंजन का प्रसार, जनसाधारण से लेकर जन-विशेष तक कर रहे हैं, करते रहेंगे।

सन्दर्भ

1. David Page and William Crawley, Satellites cver South Asia, Sage Publications, New Delhi/London, (2001), p. 35-36
2. *Ibid.,* p. 37
3. P.C. Chatterji, Broadcasting in India, (1991), Sage Publications, New Delhi/London, p. 39
4. *Ibid.,* p. 40
5. *Ibid.*
6. David Page and William Crawley, Satellites over South Asia, Sage Publications, New Delhi/London, (2001), p. 39
7. P.C. Chatterji, Broadcasting in India (1991) Sage Publication, New Delhi/London p. 41.
8. BBC Memorandum, 28 Februry 1934 as quoted in David Page, Satellites over South Asia, p. 39)
9. Lionel Fielden's autobiography, The Natural Bent (1960) as quoted in David Page, Setellites over South Asia, p. 41
10. P.C. Chatterji, Broadcasting in India (1991) Sage Publications, New Delhi/London, p. 44
11. J.V. Vilanilam, Growth & Development of Mass Communication in India, National Book Trust, (2003), New Delhi, p. 88
12. P.C. Chatterji, Broadcasting in India (1991), Sage Publications, New Delhi/London, p. 51
13. UNESCO report as quoted in Gopal Saxena, Growth of Television in India, (Film and Television institute of India-1978), p. 1
14. P.C. Chatterji, Broadcasting in India (1991), Sage Publications, New Delhi/London, p. 51

15. Paul Neurath Report (Some of the observations) as quoted in Gopal Saxena, Growth of Television in India (Film & Television Institute of India-1978), p. 2
16. Keval J. Kumar, Mass Communication in India, (1981), Jaico Publishing House, Bombay, p. 77
17. David Page and William Crawley, Satellites over South Asia, Sage Publications, New Delhi/London (2001), p. 55
18. P.C. Chatterji, Broadcasting in India (1991), Sage Publications, New Delhi/London, p. 52
19. सुधीश पचौरी, दूरदर्शन दशा और दिशा, (1994), प्रकाशन विभाग, सूचना और प्रसारण मन्त्रालय, पृ. 39
20. वही, पृ. 40
21. P.C. Chatterji, Broadcasting in India (1991), Sage Publications, New Delhi/ London, p. 53
22. *Ibid.*, p. 126
23. *Ibid.*
24. दूरदर्शन मैनुअल, खण्ड-I, भाग- I और II, दूरदर्शन महानिदेशालय एवं प्रकाशन विभाग, (1987), पृ. 2
25. David Page and William Crawley, Satellites over South Asia, Sage Publications, New Delhi/London (2001), p. 65
26. Kewal J. Kumar, Mass Communications in India (1981), Jaico Publishing House, Bombay, p. 83
27. सुधीश पचौरी, दूरदर्शन दशा और दिशा, (1994), प्रकाशन विभाग, सूचना और प्रसारण मन्त्रालय, पृ. 45
28. ISRO report on SITE as quoted in Kewal J.Kumar Mass Communication in India, p. 83
29. P.C. Chatterji, Broadcasting in India (1991), Sage Publications, New Delhi/London, p. 128
30. *Ibid.*, p. 129
31. *Ibid.*, p. 130
32. *Ibid.*, p. 131
33. *Ibid.*, p. 132
34. दूरदर्शन मैनुअल, खण्ड-1, भाग I और II, दूरदर्शन महानिदेशालय एवं प्रकाशन विभाग, (1987), पृ. 16

35. David Page and William Crawley, Satellites over South Asia, Sage Publications, New Delhi/London (2001), p. 56
36. Gopal Saxena, Growth of Television in India, Film and Television Institute of India-Study material (1978), p. 5
37. दूरदर्शन मैनुअल, खण्ड-1, भाग I और II, दूरदर्शन महानिदेशालय एवं प्रकाशन विभाग, (1987), पृ. 3
38. वही
39. वही
40. David Page and William, Satellite over South Asia, Sage Publi:ations, New Delhi/London (2001), p. 56
41. सुधीश पचौरी, दूरदर्शन दशा और दिशा, (1994), प्रकाशन विभाग, सूचना और प्रसारण मन्त्रालय, पृ. 48
42. दूरदर्शन मैनुअल, खण्ड-1, भाग I और II, दूरदर्शन महानिदेशालय एवं प्रकाशन विभाग, (1987), पृ. 3
43. सुधीश पचौरी, दूरदर्शन दशा और दिशा, (1994), प्रकाशन विभाग, सूचना और प्रसारण मन्त्रालय, पृ. 52
44. आइ.आर.एस. सर्वेक्षण रिपोर्ट (राउंड-1) हिन्दुस्तान में प्रकाशित, 20 मई, 2006
45. DOORDARSHAN INDIA-2003, Prasar Bharti, Broadcasting Corporation of India (2003) New Delhi, p. 2
46. David Page and William Crawley, Satellites over South Asia, Sage Publications, New Delhi/London (2001), p. 72
47. *Ibid.*, p. 76
48. *Ibid.*, p. 73
49. *Ibid.*
50. *Ibid.*, p. 76-77
51. *Ibid.*, p. 81
52. The Times of India, New Delhi, Saturday, March 11, 2006
53. The Economic Times Survey 2003
54. Abdul Waheed Khan, Assistant Director-General for Communication and Information, UNESCO, Keynote Address at the 26th General Assembly of Common Wealth Broadcasting Association (CBA) New Delhi, 15 February, 2006
55. आइ.आर.एस सर्वेक्षण रिपोर्ट (राउंड-1) हिन्दुस्तान में प्रकाशित, 20 मई, 2006

हिन्दी भाषा और टेलीविजन

(1) लेखन और मीडिया की भाषा

शब्दों के प्रभावपूर्ण ढंग से प्रयोग करने की कला और एक वाक्य की संरचना में लेखक असीमित भाषा-स्वातंत्र्य का अनुभव करता है। रोलां बार्थ अपने इस विचार की पुष्टि यह कहकर करते हैं कि ऐसा भाषायी तन्त्र के भीतर समाहित रहता है।[1] प्रत्येक लेखक अच्छा लिखना चाहता है। इसलिए लेखक एक लेखन शैली विकसित करता है। वह अपने विचारों को व्यक्त करने के लिए संकेतों का प्रयोग करता है। ये भाषागत संकेत लेखक को मनोभाव व्यक्त करने को प्रेरित करते हैं। इस प्रक्रिया में वह शब्दों का चयन करता है। उन्हें बदलता है। नये शब्द गढ़ता है तथा पुराने शब्दों को नये रूप में प्रयोग करता है। उसके द्वारा प्रयुक्त ये शब्द उत्प्रेरक बन जाते हैं। वह वाक्यों का स्वरूप बदलता है, उन्हें ठीक करता है। रोलां बार्थ के अनुसार यह शुद्धियाँ तीन प्रकार की होती हैं–स्थानापन्न रूपी, लघुरूपी तथा संवर्धन रूपी।[2] स्थानापन्न उस शब्द समूह तक जीवित होता है जो समानता रखता हो। सादृश्यता के इस रूप में कभी-कभी कई लेखक विपरीतार्थी शब्दों का भी प्रयोग करते हैं।* वाक्यों के लघु रूप का निर्धारण भाषा की संरचना करती है। यही संवर्धन और विस्तार के लिए लेखन को स्वतन्त्र बना देती है। इस प्रकार वह अपनी भाषा में, शब्द क्रम और वाक्य संरचना द्वारा एक लय पैदा करता है।

नीत्शे (Nietzsche : 1840-1900) के अनुसार भाषा के माध्यम से प्रस्तुत कथन, दरअसल, शब्दों को प्रभावपूर्ण ढंग से कहने का एक तरीका है जो प्रेरणा का साधन बनता है। ऐसी प्रेरक भाषा रूपक रहित नहीं होती। इस प्रकार भाषा अपने कथन द्वारा सुनने अथवा पढ़ने वाले को एक खास तरीके से सोचने को प्रेरित करती है। भाषा, लेखक को यह मिथ्या–विश्वास दिलाती है कि वह इसकी मदद से, स्वतन्त्र रूप से अपने विचारों को व्यक्त करने में सफल होगा जबकि यह उसे अपनी संरचना के भीतर बाँध लेती है। यानी शब्दों का नियोजन, गति तथा चयन अभिव्यक्ति का रूप निर्धारित करते हैं।

---

* "We must not limit affinity to a purely analogical relation, and it would be wrong to suppose that writers permute only synonymous terms : a classical writer like Bossuet can substitute laugh for weep : the antonymous relation constitutes part of the affinity."[3]

हिन्दी का क्षेत्र विस्तृत है। लेकिन इसके साथ ही देश की एक बड़ी आबादी उन लोगों की भी है जो इस भाषा को केवल समझते हैं। वे सिनेमा और टेलीविजन के माध्यम से इस भाषा से परिचित हुए हैं। भाषा, जैसा कि अंबरतो इको (Umberto Eco) कहते हैं, शब्दों का वातावरण तैयार करती है। इसलिए भाषा उन सीमाओं को लाँघ जाती है जिनके भीतर यह विकसित हुई होती है। हिन्दी का प्रथम साप्ताहिक-पत्र 'उदन्तमार्तण्ड', किसी हिन्दी प्रदेश के बजाय कलकत्ता से 1826 में प्रकाशित हुआ था।* पहला हिन्दी दैनिक, 'समाचार सुधा' भी कलकत्ता से 1854 में प्रकाशित हुआ था।** बाद में, 'कलकत्ता समाचार' और 1918 में 'विश्वामित्र' भी कलकत्ता से ही प्रकाशित होने लगे थे। हिन्दी प्रदेश से प्रकाशित पहला दैनिक, 'आज' 1920 में बनारस से शुरू हुआ था।***

जब समाचार-पत्रों का प्रसार बढ़ा तो चोटी के साहित्यकारों ने समाचार-पत्रों के लिए लिखना शुरू किया। न केवल भारत में बल्कि विश्व के अन्य भागों में भी। बीसवीं सदी में अर्नेस्ट हेमिंग्वे, ज्यां.पॉ. सार्त्र तथा एल्बेयर कामू जैसे लेखकों ने समाचार-पत्रों के लिए लिखा। मगर उनका यह लेखन उनकी कहानियों व उपन्यासों की लेखन शैली से भिन्न था। इसी प्रकार महावीर प्रसाद द्विवेदी, हीरानन्द सच्चिदानन्द वात्सयायन अज्ञेय तथा रघुवीर सहाय जैसे हिन्दी साहित्यकारों ने भी पत्रकारिता की एक ऐसी लेखन शैली विकसित की जिसमें पाठक के साथ सम्प्रेषण के स्तर पर कोई दूरी नहीं होती। शब्द संरचना ऐसी होती कि लेखन में स्पष्टता और प्रवाह होता। यह शैली सरल, सरस और रोचक थी।

मीडिया लेखन की इस भाषा में सूचना के प्रवाह को, रोलां बार्थ के अनुसार, रहस्यमय संकेतों द्वारा नियन्त्रित किया जाता है। ये संकेत, पाठक को सूचना के दूसरे हिस्से की ओर प्रेरित करते हैं। तब पाठक, 'आगे क्या लिखा है', यह जानने के लिए आगे के पाठ के लिए उत्सुक होता है। पत्रिकाओं के आवरण-पृष्ठों पर जो चित्र प्रकाशित होते हैं वे भी ऐसे संकेतों द्वारा पाठक में उस तस्वीर के पीछे की कहानी जानने के लिए प्रेरित करते हैं। इसी प्रकार भाषा में प्रयुक्त शब्दों और वाक्यों की संरचना, पाठक को नये पाठ के लिए उत्सुक बना देते हैं। अतः जिस प्रकार चित्र उत्सुकता का कारण बनता है उसी प्रकार शब्द भी पाठ की उत्सुकता का कारण बन जाता है। लेखक, यह मानकर चलता है कि पाठक को शब्दों का सही मतलब समझने में किसी दुश्वारी का सामना नहीं करना पड़ेगा। पाठक, पाठ से जो मतलब निकालता है वह लगभग वही होता है जो उद्देशित होता है मगर

---

* सम्पादक—पं. युगलकिशोर शुक्ल।

** सम्पादक—श्याम सुन्दर सैन।

*** सम्पादक—श्रीप्रकाश। बाद में डॉ. सम्पूर्णानन्द और कमलापति त्रिपाठी इसके सम्पादक हुए थे।

फिर भी अपने सामाजिक, आर्थिक और सांस्कृतिक परिवेश के आधार पर वह उस सन्देश का अर्थ ग्रहण करता है। ऐसा आलेख विस्तारपूर्ण होता है। इसमें शब्द-चित्र प्रस्तुत होते हैं। पाठक न केवल सूचना बल्कि पाठ द्वारा आनन्द प्राप्त करता है। पढ़ने का सुख।

भाषायी युक्तियाँ जब ज्ञान की ओर ले जाती हैं तो एक ऐसा वातावरण तैयार होता है जहाँ भाषा अपना एक वर्ग तैयार करती है। इस नयी व्यवस्था में मीडिया-लेखन एक आम राय बनाता है और शक्तिशाली ताकतों और खतरों से आगाह करता है। यह बात अलग है कि कभी-कभी मीडिया खुद ही शक्तिशाली ताकतों के हाथ का खिलौना बन जाता है।* जब मीडिया मेनिप्युलेट होता है तो उसकी भाषा भी मेनिप्युलेट होती है। तब मीडिया, समाज के साधारण वर्ग के बजाय सर्वश्रेष्ठ वर्ग के हितों की रक्षा के लिए काम करता है और अखबारों के स्तम्भों व मुखपृष्ठों पर एक ही जैसे विचार पढ़ने को मिलते हैं। विचारों की ग़लत-बयानी होती है। जब ब्रिटिश शासन ने समाचार-पत्रों पर सैनिकों को भड़काने का आरोप लगाया और फिर समाचार-पत्रों की लाइसेंस समाप्त कर दी तो पत्रकारिता के जनक, राजा राममोहन राय ने विरोध किया। वे समाज के हितों और सुधार के लिए अपनी पत्र-पत्रिकाओं का प्रयोग करते थे। उनके विरोध का असर यह हुआ कि प्रकाशन पर रोक हट गयी और पत्र-पत्रिकाओं के पंजीकरण की अनुमति दे दी गयी। उस समय ब्रिटिश एक्टिंग गवर्नर जनरल मेटकाफ ने कहा था–"ज्ञान के प्रसार को रोका नहीं जा सकता। हमारा कर्त्तव्य है कि हम इसके प्रसार में मदद करें, चाहे परिणाम कैसे भी हों"[5] राजा राममोहन राय प्रेस की आज़ादी में विश्वास करते थे। सन् 1821 में शुरू किये गये 'संवाद कौमुदी' में वे सामाजिक हितों को प्राथमिकता देकर कुरीतियों पर प्रहार करते हुए सम्प्रेषण करते थे।**

---

* "Where the leavers of power are in the hands of a state bureacracy, the monpolistic control over the media, often supplemented by official censorship, makes it clear that the media serve the ends of the dominante elite. It is much more difficult to see a propaganda system at work where the media are private and formal censorship is absent. This is especially periodically attack and expose corporate and governmental malfeasance, and aggressively portray themselves as spokesman for free speech and the general community interest."[4]

** "It comes out larger than life that while the contemporaries of Raja Rammohan Roy were active participants in the theological and other controversies, today's intellectuals have no stomach for serious debate. For instance, look at the poverty of the philosophy in the weekly TAMASHAS staged by many TV channels these day. Although, 'Secularism' figures in almost daily use nobody cares to define it."[6]

भारतेन्दु युगीन लेखन भी राजा राममोहन राय की पत्रकारिता की तरह सामाजिक सुधार पर बल देता था। भारतेन्दु ने, 'सांस्कृतिक-सम्प्रेषण को राजनीतिक-सम्प्रेषण से जोड़कर देखा। भक्ति आन्दोलन की वैष्णव कवियों की धारा का विकास किया। सम्प्रेषण के लिए जो विषय चुने थे वे मूलतः सांस्कृतिक प्रश्न थे। जिनका समाज सुधार से सम्बन्ध था'।[7] इस प्रकार की पत्रकारिता का प्रभाव भारतीय समाज पर प्रत्यक्ष पड़ा।

स्वाधीनता संग्राम के दौर की पत्रकारिता ने मिश्रित भाषा के प्रयोग को बढ़ावा दिया। 'उदतं मार्तण्ड' (प्रथम हिन्दी पत्र) के गद्य में संस्कृत, ब्रजभाषा, फारसी, उर्दू आदि के शब्दों का प्रयोग होता था।[8] राजा राममोहन राय द्वारा प्रकाशित 'हिन्दी बंगदूत' में हिन्दी, बंगला तथा हिन्दी की जनपदीय बोलियों का प्रयोग होता था।[9] 'भारत मित्र' की हिन्दी पर ब्रजभाषा का प्रभाव था।[10] 'सुरसुधा निधि' की भाषा संस्कृत मिश्रित हिन्दी होती थी तथा उन्नीसवीं सदी के हिन्दी पत्रों में अरबी, फारसी और संस्कृत के शब्दों का व्यापक प्रयोग हुआ। इसी से उर्दू-हिन्दी का परिवेश भी बना है।[11] आज़ादी के पहले हिन्दी पत्रकारिता की भाषा पर साहित्य की भाषा का प्रभाव था। परन्तु आज़ादी के बाद एक स्वतन्त्र भाषा विकसित हुई। राष्ट्रीय स्तर पर दो समाचार-पत्रों 'दैनिक हिन्दुस्तान' और 'नवभारत टाइम्स' ने अपनी पहचान बनाई। इनके लखनऊ, पटना, रांची तथा बम्बई संस्करण भी प्रकाशित होने लगे। हिन्दी समाचार-पत्रों के सर्कुलेशन में अचानक वृद्धि के कारण क्षेत्रीय अखबार भी राष्ट्रीय स्तर पर उपलब्ध होने लगे। 'दैनिक भास्कर', 'आज', 'दैनिक जागरण', 'अमर उजाला' तथा 'राजस्थान पत्रिका' के कई-कई संस्करण आने लगे। समाचार-पत्रों के रजिस्ट्रार की रिपोर्ट के अनुसार 2003 तक हिन्दी अखबारों की संख्या 3,416 हो गई थी जिनका सर्कुलेशन 47.62 प्रतिशत था।[12] मुद्रण की नयी तकनीक ने हिन्दी समाचार पत्रों-पत्रिकाओं की वृद्धि में निश्चित ही एक महत्त्वपूर्ण भूमिका निभाई मगर साथ ही एक नयी भाषा विकसित हुई, जो राष्ट्रीय जागरणकालीन पत्रों की भाषा से भिन्न थी। यह नयी भाषा दूसरी भाषाओं के प्रभाव से मुक्त थी। इस भाषा को हिन्दी का साधारण पाठक समझ सकता था। यथा—

"राजधानी के लोगों पर क्रिकेट का बुखार चढ़ गया है। दिल्ली की सड़कें सूनी रहीं और बाज़ार में नाम मात्र की भीड़ रही। कई दुकानदारों ने तो मैच के वक्त अपनी दुकानों को ही बन्द करने का फैसला कर लिया। पूरे शहर में कर्फ्यू जैसा माहौल रहा" (नवभारत टाइम्स)।

अब, विभिन्न वर्गों के पाठकों का ध्यान रखते हुए, समाचार-पत्रों में डेली डायरी, शहर, देश, क्लासीफाइड, बिज़नेस, विदेश, खेल-खिलाड़ी, विविध, शो टाइम, महिला जगत, युवा, मेट्रो आदि स्तम्भ आने लगे। इनमें यथातथ्यता के साथ ही

जीवन्तता, रोचकता और कलात्मकता की विशेषताएँ नज़र आने लगीं।

बीसवीं सदी के अन्तिम दशक में मीडिया 'मल्टिपल' हो गया। इसने हिन्दी भाषा को प्रभावित करना शुरू कर दिया। अखबारों में टेक-ओवर, हाई प्रोफाइल, हाई-कैपेसिटी, सेक्स रैकेट जैसे शब्द युग्म प्रकट होने लगे। जिस प्रकार टाइम पत्रिका (Time Magazine) ने अपनी भाषा का स्वरूप बदला, उसी प्रकार भारत में टीवी चैनलों ने समाचार-पत्रों को प्रभावित किया। आज, अखबारों में छपी खबरें टीवी के 'साइंड बाइट' जैसी लगती हैं। 'एक नजर' वाले कॉलम में 15 से 20 समाचार दिये जाते हैं। न तो आठ ऑलम तक फैला शीर्ष होता है न आमुख। ऐसे समाचार 6 से 10 पंक्तियों में सिमट जाते हैं। इनके शीर्ष तीन या चार शब्दों तक सीमित होते हैं। जैसे—प्रिंसिपल सेक्रेटरी गिरफ्तार, नये चुनाव आयुक्त, इलेक्ट्रॉनिक मीटर अनिवार्य, युवक की हत्या, मानसून अभी नहीं, मोनिका अदालत में, वाजपेयी के समर्थन में उमा, महिला आयोग गयी शिल्पा, आदि। यदि विकास काल के हिन्दी लेखन को देखें तो बदलाव साफ नज़र आता है। सन् 1936 में प्रकाशित एक समाचार इस रूप में छपा था—

"कल कप्तान ईडन ने जीनिवा (Genoa) में एक विराट भोज दिया था। जिसमें लीग के लिए आये प्रायः सभी विदेशी उपस्थित थे। भोज के अन्त में फ्रांस के प्रतिनिधियों ने यह इच्छा प्रकट की कि विदेश-नीति की सभी बातों जैसे राष्ट्र संघ का सुधार, जर्मनी द्वारा लोकार्नो-सन्धि का उल्लंघन तथा केन्द्रीय यूरोप सम्बन्धी नीति में ब्रिटेन और फ्रांस एकमत हों। अनुमान है कि जब तक जर्मनी, ब्रिटेन के प्रश्नों का उत्तर न दे दे, तब तक लोकार्नो सन्धि के उल्लंघन के बारे में कोई विचार न होगा।"[14]

सन् 2006 में प्रकाशित समाचार की भाषा इससे भिन्न है—

"हाइ-प्रोफाइल पार्टियों में ड्रेग्स सप्लाई करने वाला नकीबुल्ला आखिरकार नारकोटिक्स कण्ट्रोल ब्यूरो (एनसीबी) के हत्थे चढ़ ही गया। एनसीबी के अधिकारियों ने गुरुवार को उसे और इसके एक साथी फराद अहमद को 60 ग्राम कोकीन और सेक्स पावर बढ़ाने वाली गोली एक्सटैसी के साथ मुनीरका से गिरफ्तार किया है।"[15]

इस समाचार में अंग्रेज़ी शब्दों का प्रयोग स्पष्ट नज़र आता है। समकालीन पत्र-पत्रिकाओं की शैली और डिज़ाइन इलेक्ट्रॉनिक मीडिया से प्रभावित है। पत्रिकाओं का चित्रीकरण हो गया है। हिन्दी 'आउटलुक' हो या 'इंडिया टुडे', प्रत्येक पृष्ठ पर रंगीन चमकदार चित्र होते हैं। इनके फीचरों अथवा स्तम्भों में यदि अंग्रेज़ी शब्दों का प्रयोग हुआ हो, तो पाठक शिकायत नहीं करता। 'हिन्ग्रेज़ी का चलन मीडिया का एक अन्य असर है जो समकालीन मीडिया भाषा के रूप में प्रकट होता है। इससे एक ओर हिन्दी के शुद्धिकरण का स्कूल सामने आया है तो दूसरी ओर

मीडिया ने नयी हिन्दी को भूमण्डलीय रूप दिया है। मीडिया की भाषा बदल गयी है। वह अंग्रेजी के अनेक शब्दों को हिन्दी के वाक्यों में ढालकर चलती है। हिन्दी का फैलाव मीडिया के बिना नहीं होता। आज हिन्दी दुनिया के हर देश में एक ग्लोबल-भाषा का रूप ले रही है।'[16]

आधुनिक मीडिया प्रिंट, फ़िल्म, रेडियो, टेलीविजन से आगे निकलकर अब इंटरनेट तक आ गया है। ऑन लाइन फ़िल्में, ऑन लाइन अखबार, ऑन लाइन टीवी, ऑन लाइन संगीत उपलब्ध होने लगा है। वाइस ऑफ अमरीका ने हिन्दी वेबसाइट शुरू की है। बीबीसी पहले से ही हिन्दी ब्यूरो चला रहा है।

हिन्दी इस वक्त विश्व की तीसरे नम्बर की भाषा है।[17] हिन्दुस्तान थाम्पसन की वाइस प्रेज़िडेन्ट, इन्द्रानी सेन का मानना है कि सैटलाइट टेलीविजन, हिन्दी को एक राष्ट्रीय भाषा बना रहा है। क्योंकि इसी भाषा द्वारा युवा पीढ़ी के दर्शकों को आकर्षित किया जा रहा है और इसी के द्वारा पेशेवर मध्यवर्ग तक विज्ञापन पहुँचाये जा रहे हैं।[18] किन्तु साथ ही देश के पूर्व और दक्षिण से हिन्दी भाषा में प्रसारित कार्यक्रमों का विरोध हुआ है। विरोधी, इसे सांस्कृतिक प्रभुत्व की एक कोशिश बताते हैं। दूरदर्शन के राष्ट्रीय प्रसारण में जब 1982 में हिन्दी समाचार बुलेटिन शामिल किया गया तो दक्षिण से विरोध के कारण इसका प्रसारण उन क्षेत्रों में बन्द कर दिया गया और इसके स्थान पर तमिल भाषा के समाचार/कार्यक्रम प्रसारित किये गये। इन विरोधों के बावजूद हिन्दी का फैलाव टेलीविजन चैनलों द्वारा बढ़ रहा है। डीडी-1, स्टार प्लस, सोनी, ज़ी, आजतक आदि सभी चैनल अपने कार्यक्रम हिन्दी में प्रसारित करते हैं। स्टार वर्ल्ड पर दिखाई जाने वाली फ़िल्में हिन्दी में 'डब' होकर प्रसारित की जा रही हैं। डिस्कवरी भी अपने सभी कार्यक्रमों की कमेन्ट्री हिन्दी भाषा में रूपान्तरित कर अपने वृत्तचित्रों का प्रसारण करता है। कुछ ही दिनों पहले शुरू किये गये एक नये कार्यक्रम 'लाफ्टर चैलेंज' में भाग लेने वाले कलाकारों ने अपने हास्य एकालापों में बोलियों का प्रयोग किया था। इन बोलियों ने प्रसारण की भाषा को न केवल सहज बल्कि सम्प्रेषणीय बनाया। टेलीविजन के कलाकारों, समाचार वाचकों, अभिनेताओं आदि द्वारा बोली जाने वाली भाषा के साथ ही टेलीविजन एक दृश्य-भाषा का भी निर्माण करता है। इस बहुआयामी दृश्यात्मकता में वर्चुअल दृश्य, टीवी होस्ट की अदाकारी, अभिनेता की भाव भंगिमायें, स्पेकटकल, संगीत और आलेख मिलकर एक नयी दृश्य-श्रव्य भाषा बनाते हैं। एक नयी 'विजुअल-टेक्स्ट' का निर्माण होता है।

प्रिंट मीडिया में, 'प्राइमेसी ऑफ टेक्स्ट' मुद्रित लेख को महत्त्वपूर्ण बनाती है जबकि इलेक्ट्रॉनिक माध्यम में 'स्पोकन वर्ड'—शब्दों के उच्चरित रूप की प्राथमिकता होती है। मुद्रित पाठ में पाठक जिन शब्दों और वाक्यों का परिचय पाता है वे उसकी कल्पना-शक्ति की ओर संकेत करते हैं। उसके पढ़ने की रफ्तार और शब्दों

की जानकारी उसके भाषागत मनोविश्लेषण पर आधारित रहती है। मीडिया का सूचनात्मक लेखन वर्णनात्मक भी और विवरणात्मक भी होता है। इसकी भाषा सीधी-सरल होती है। इसमें पांडित्यपूर्ण शब्दावली का प्रयोग नहीं होता। इस लेखन में स्पष्टता होती है। प्रिंट माध्यम के लेखन की गतिशील शैली न केवल घटनाओं पर आधारित समाचारों में प्रयुक्त होती है बल्कि दूसरे स्तम्भों व फीचर लेखन में भी इसका ध्यान रखा जाता है। परन्तु इस शैली का रूपान्तरण होता है जब यह टेलीविजन पर 'पीस टु कैमरा' और 'साउंड बाइट' में परिवर्तित होती है या रेडियो पर 'स्पोकन वर्ड' के रूप में प्रस्तुत होती है। तब रेडियो पर मुद्रित आलेख की 'प्राइमेसी ऑफ टेक्स्ट' मूल पाठ के रचयिता के साथ सीधा सम्पर्क करवाकर विचार और भाव को उच्चरित रूप में सजीवता प्रदान करती है। ऐसा ही टेलीविजन पर होता है। टेलीविजन के लिए लिखा पाठ दृश्य-भाषा में बदल जाता है। यहाँ आलेख, दर्शक के लिए अदृश्य होता है जबकि मुद्रित माध्यम का पाठ, पाठक के समक्ष होता है। इस प्रकार टेलीविजन अपनी एक अलग भाषा की रचना करता है। समाचार, फीचर, वृत्तचित्र, नाटक, लाइव शो, विज्ञापन आदि सभी विधाओं के लिए आलेख, पटकथायें व स्टोरी-बोर्ड लिखे जाते हैं मगर दर्शक, पाठक की तरह अपनी सुविधा के अनुसार पाठ को नहीं पढ़ता। इसलिए टेलीविजन का लेखन चुनौतीपूर्ण हो जाता है।

मीडिया लेखन पर टिप्पणी करते हुए रोलां बार्थ ने अपनी पुस्तक, 'मिथॉलजि' में माना है कि लेखक को अर्थ-गर्भित भाषा के पाठ में सांस्कृतिक सन्दर्भ पर विमर्श करना चाहिए।[19] साहित्यिक रचना में कल्पना की गहराई व शब्दों को प्रस्तुत करने का ढंग कृति का गुण बढ़ाते हैं मगर मीडिया भाषा में शब्दों के असाधारण रूप लेखक/पाठक/श्रोता के बीच बाधक बन खड़े होते हैं, क्योंकि सवाल यह नहीं है कि शब्द द्वारा क्या सम्प्रेषित करने की कोशिश हो रही है बल्कि यह भी है कि कितना सम्प्रेषित हो पाता है। आकाशवाणी से प्रसारित समाचारों में शुद्धिवादी विचारधारा के अनुरूप एक विशेष शब्दावली का प्रयोग होता था। दूरदर्शन भी अपने समाचार बुलेटिनों में ऐसी ही शब्दावली का प्रयोग करता था परन्तु जब 90 के दशक में एस.पी.सिंह ने 'दूरदर्शन' के डीडी-2 पर 'आजतक' प्रस्तुत करना शुरू किया तो उसने औपचारिक भाषा से अलग एक नयी भाषा को तलाशना शुरू किया। आज, विभिन्न चैनलों पर हिन्दी भाषा अलग-अलग रूपों में नज़र आती है। 'आजतक' की हिन्दी, 'स्टार' की हिन्दी से अलग है। भाषा के फैलाव के बावजूद एक मानक भाषा का अभाव है। इस दिशा में कुछ चैनलों पर काम हुआ भी है। जैसे, स्टार टीवी ने अपने हिन्दी बुलेटिनों में प्रस्तुत होने वाली भाषा के लिए एक मानक-पुस्तिका जारी कर दी थी। दरअसल, सभी चैनलों से एक ऐसी भाषा में सम्प्रेषण की ज़रूरत है जो न राजभाषा जैसी हो और न क्षेत्रीय

भाषाओं के प्रभाव को प्रकट करती हो बल्कि सही रूप में राष्ट्रीय भाषा हो, जो विजुअल टेक्स्ट का अंग बन सके। क्योंकि इसका 'विजुअल टेक्स्ट' के साथ सह-सम्बन्ध आवश्यक है।

सम्प्रेषण की इस पूरी प्रक्रिया में, जैसा कि मेक्लूहान ने माना है,[20] भाषा की शक्ति विचार को समझने के लिए वही काम करती है जो एक पहिया पैरों के लिए करता है।

(2) इलेक्ट्रॉनिक माध्यमों की भाषा

भाषा, संचार का उपयुक्त माध्यम है जिसके द्वारा विचारों को सम्प्रेषित किया जाता है। जब विचार की उत्पत्ति होती है तो उसे बोला या लिखा जाता है, और वह सम्प्रेषित होता है। संचार माध्यमों से जब सम्प्रेषण होता है तब अक्सर इस बात की ओर ध्यान नहीं जाता कि किस प्रकार के शब्दों और शैली का प्रयोग हुआ है। इसकी भाषा एक विशेष प्रकार का यथार्थ निर्मित करती है जिसका सम्बन्ध समाज, उसके इतिहास, व्यवस्था तथा राजनीति से होता है।

लेखक के पास भले ही विचार हों मगर वे भाषा के बिना सम्प्रेषित नहीं हो सकते। इसलिए भाषा, लेखक और पाठक दोनों को सक्रिय बना देती है। साथ ही आलेख के प्रथम शब्द से लेकर विभिन्न भागों के विन्यास तक जो स्वरूप सामने आता है वह पाठ में समाहित पाठक से बँधा होता है। सभी भाग अपनी पुष्टि के सन्दर्भ ढूँढ़ते हैं। ऐसे सन्दर्भ पुस्तकों के पाठ में तो होते ही हैं मगर इलेक्ट्रॉनिक माध्यमों में भी पाये जाते हैं। टेलीविजन, पुराने ऐतिहासिक चित्रों, वक्तव्यों आदि को अपनी टेक्स्ट में शामिल करता है। उन्हें दर्शाता है। ये प्रस्तुत होने वाले विचारों और घटनाओं के क्रम का आधार बन जाते हैं। इसका प्रयोग एक साधारण से टीवी-साक्षात्कार में भी देखा जा सकता है। जैसे, उसमें किसी पुराने साक्षात्कार का अंश, कोई पुराना चित्र, सीडी आदि से लिया गया दृश्य या उसी व्यक्ति के बारे में किसी अन्य व्यक्ति का वक्तव्य शामिल होता है। वृत्तचित्रों और समाचारों में तो यह खासतौर से सामने आता है। 'फाइल फुटेज' या 'फाइल चित्र' के माध्यम से।

सुप्रसिद्ध फ़िल्म आलोचक क्रिस्चन मेत्ज़ (Christian Metz) का मशहूर वाक्य है कि 'फ़िल्म की व्याख्या करना मुश्किल है क्योंकि इसको समझना आसान है' (A film is difficult to explain because it is easy to understand) ठीक यही बात टेलीविजन और रेडियो के लिए कही जा सकती है; क्योंकि छवियों, ध्वनियों और बिम्बों की प्रस्तुति एक रचनात्मक प्रक्रिया है जिसके लिए प्रतीकों का इस्तेमाल भी होता है। विभिन्न प्रतीक अलग-अलग अर्थ सम्प्रेषित करते हैं। इनके द्वारा रचा गया यथार्थ सांस्कृतिक परिवेश के अनुरूप होता है। इसी परिवेश

में समाज के लोग मीडिया-टेक्स्ट पढ़ते हैं। परन्तु वे इसे सिनेमा अथवा पुस्तक की तरह सम्पूर्ण रूप में नहीं बल्कि हिस्सों में पढ़ते हैं। फिर भी प्रत्येक खण्ड अपने में पूरा होता है। चाहे वह धारावाहिक का हिस्सा हो, समाचार का हिस्सा हो या किसी शो का हिस्सा हो 'ब्रेक' से 'ब्रेक' तक का अंश अपने में सम्पूर्ण होता है। इन्हीं खण्डों में सूचनायें सम्प्रेषित होती हैं। इस प्रक्रिया में शाब्दिक तथा शब्द-रहित-सम्प्रेषण (Non-verbal communication) का प्रयोग होता है। शाब्दिक, लेखक द्वारा लिखित टेक्स्ट पर और शब्द-रहित-सम्प्रेषण 'मीज़ा सेन' (Mise-en-Scene) पर आधारित रहता है। जिसमें चेहरे के भाव, मुद्रा, वेश-भूषा आदि के साथ ही दृश्य की रचना में कैमरे के कोण तथा लेंस का प्रयोग, विचार को व्यक्त करने में, मददगार साबित होते हैं। जैसे, टेलीफोटो लेंस का प्रयोग दर्शक को दृश्य के भीतर तो 'वाइड कोण' का लेंस दृश्य से दूरी का अहसास कराते हैं। स्टैण्डर्ड लेंस, आम जीवन की सामान्यता का बोध कराता है, सब कुछ सामान्य नज़र आने लगता है। इस प्रकार शाब्दिक और शब्द-रहित भाषा, टेलीविजन पर विशेष प्रभाव पैदा करते हुए, सम्प्रेषण करती है।

रेडियो संचार में रेडियो-टेक्स्ट का निर्माण शब्द, ध्वनि प्रभाव, संगीत तथा निस्तब्धता द्वारा होता है। परन्तु रेडियो तथा टेलीविजन दोनों ही अपने पाठ की रचना श्रोता व दर्शकों को ध्यान में रखकर करते हैं। ये दर्शक विभिन्न वर्गों के होते हैं। उनमें से कुछ आनन्द की प्राप्ति के लिए तो कुछ सद्गुणी भावना प्राप्त करने के लिए इस टेक्स्ट का प्रयोग करते हैं। साथ ही कुछ श्रोता/दर्शक ऐसे भी होते हैं जो यथास्थिति में विश्वास रखते हैं। कई, इस संसार को बेहतर रूप में देखना चाहते हैं और कुछ उदास प्रवृत्ति के होते हैं। विभिन्न वर्गों के दर्शक/श्रोता अपनी मनो-चित्रणता के आधार पर ही किसी मीडिया-टेक्स्ट को स्वीकार या अस्वीकार करते हैं। इसलिए मीडिया-टेक्स्ट बनाने वाले को इस पक्ष को जानना जरूरी हो जाता है, क्योंकि उसे प्रतीकों व बिम्बों का भी चयन करना होता है। इसके साथ ही दर्शक/श्रोता की शिक्षा, आयु, लिंग तथा उसके सामाजिक-आर्थिक पहलू को भी ध्यान में रखा जाता है। ऐसी ही बातों के मद्देनज़र 25 से 45 वर्ष के 'टार्गेट-आडियंस' के लिए, भारतीय टेलीविजन का पहला डेली-सोप 'शान्ति, दूरदर्शन से प्रसारित हुआ था जो मध्यवर्गीय महिलाओं को मज़बूत औरत की तरह जीने का सन्देश देता था।

दर्शकों के समाज में व्याप्त परम्परा के आधार पर ही 'मीज़ा-सेन' (Mise-en-scene) में प्रयुक्त प्रतीकों द्वारा किसी अर्थ का सम्प्रेषण होता है। भारतीय टेलीविजन पर प्रदर्शित नाटकों, फ़िल्मों तथा धारावाहिकों में, दुखपूर्ण परिवेश में, पात्रों को अन्त्येष्टि के समय श्वेत वस्त्रों में दिखाया जाता है जबकि इसी परिवेश को उभारने के लिए पश्चिम की टेलीकृतियों में, वहाँ की परम्परा के अनुसार, पात्र काले वस्त्रों में नज़र आते हैं। रंग, श्वेत या श्याम, सम्प्रेषण का माध्यम बनते हैं।

श्रव्य माध्यम में भी सामाजिक मान्यताओं के आधार पर ध्वनि प्रभावों द्वारा अर्थ सम्प्रेषित होता है। रेडियो नाटक में मेघों की गर्जन का ध्वनि प्रभाव, भारतीय सन्दर्भ में, सावन का सूचक होता है तो पश्चिम के किसी रेडियो नाटक में इसका अर्थ तूफान के आने से लिया जा सकता है। इस प्रकार विभिन्न कोड विभिन्न अर्थ प्रस्तुत करते हैं। जॉन फिस्क (John Fiske) मानते हैं कि प्रसारण-कोड को समझने के लिए शिक्षा की आवश्यकता नहीं होती।* इसलिए प्रसारणकर्त्ता के लिए टेक्स्ट की विषय वस्तु का ध्यान रखने के साथ ही यह भी आवश्यक हो जाता है कि वह उस पूरे विषय को किस रूप में प्रस्तुत करता है। यही कारण है कि इलेक्ट्रॉनिक माध्यम की भाषा में सांस्कृतिक पृष्ठभूमि के साथ ही भाव तथा अभिवृत्ति का प्रकटन होता है। टेलीविजन कार्यक्रमों तथा रेडियो नाटकों में यह स्पष्ट रूप से नज़र आता है–

"...अपनी कोख के जने बच्चे को, लँगड़ा या लूला न होकर कहीं-न-कहीं जीने के लिए, कहीं भी जिन्दा रखने के लिए, दिल को पत्थर बनाकर, अपने बच्चे को रास्ते पर छोड़ देने वाली इस माँ की कहानी लिखिए।...लेकिन आखिर,... अखबार बाबू! मेरी बात सुन लीजिए।...मेरी कहानी कहाँ जाकर खत्म होगी? आप ही बताइये बाबू!...सुनहले सपने देख-देख कर हमेशा के लिए आँख मूँदने वाले अपने बच्चे के पास जाऊँ? या बेजान ठूँठ की तरह बेदर्द, इस बेशर्म मर्द के साथ गिरिस्थी चलाऊँ? कहिए अखबार-बाबू! मेरी कहानी कहाँ खत्म होगी? मेरी अधूरी कहानी को कहाँ पार लगाइगा बाबूजी! बताइए अखबार-बाबू! बताइएगा!"[22] (फ़फ़क-फ़फ़क कर रोती है)। रेडियो नाटक-कहानी कहाँ खत्म हुई।

दरअसल, बोलचाल की जिस भाषा का समाज में प्रचलन होता है रेडियो व टेलीविजन पर उसी की प्रस्तुति होती है। भाव की तीव्रता उत्पन्न करने के लिए मीडिया की इस टेक्स्ट में 'इंटेन्सिफाइर्स' (Intensifiers) सहायक होते हैं। मुद्रित माध्यम के लेखन में ये प्रायः लुप्त होते हैं। लंग्विस्टिक्स एण्ड लेंग्वेज बिहैवियर एब्सट्रेक्ट्स (Linguistics and Language Behaviour Abstracts) में टेलीविजन शृंखला 'फ्रेंड्स' (Friends) के सन्दर्भ में प्रकाशित जानकारी इस बात की पुष्टि करती है।** रेडियो के नाटकों में भी इन्हें देखा जा सकता है। यथा–

"नमिता : क्या कहा उन्होंने?"

नन्दन : उन्होंने कहा...कहा कि...

---

* "They are simple; they have an immediate appeal; and they do not require an 'education' to understand them. They are community-oriented, appealing to what people have in common and tending to link them to their society."[21]

** "These findings support the claim that media language does reflect what is going on in language and may even pave the way for innovation. Television data can provide interesting and informative sociolinguistic data for study."[23]

नमिता : कि एक बदनाम घर...

नन्दन : नहीं, नहीं, उन्होंने ऐसा तो नहीं कहा,...[24]

(रेडियो नाटक—कोलाहल)

न केवल नाटकों बल्कि समाचार लेखन में भी 'इंटेन्सिफाइर्स' का प्रयोग होता है। जॉन फिस्क के अनुसार, दर्शक/श्रोता की प्रत्याशा भी सन्देश के रूप को निर्धारित करती है। इसीलिए नाटकों की भाँति ही अन्य टेक्स्टों का भी एक आरम्भ, एक मध्य और एक अन्त होता है। कभी कोई आयोजन अभी चल ही रहा होता है परन्तु यदि उसकी रिपोर्ट प्रस्तुत करनी हो तो उसका निष्कर्ष देना लाज़मी हो जाता है। श्रोता/दर्शक यह भी आशा करता है कि मुद्रित माध्यम से भिन्न एक ऐसा विश्लेषण भी प्रस्तुत हो जो वह समझ पायेगा। इसलिए रेडियो की 'स्पोकन-वर्ड' भाषा सरल होती है। वाक्य छोटे-छोटे होते हैं। शब्द ऐसे होते हैं जो सामान्य श्रोता आसानी से समझ सकें। रेडियो की 5 मिनट की वार्ता में करीब 700 शब्दों का प्रयोग होता है जिसमें चयनित शब्दों को बार-बार दोहराया नहीं जाता क्योंकि ऐसा प्रसारण श्रोता को अप्रिय लगता है। इलेक्ट्रॉनिक माध्यम के श्रोता सभी तरह के होते हैं—शिक्षित, अर्द्धशिक्षित, अशिक्षित, बालक—बालिकायें, किशोर, प्रौढ़, वृद्ध, कृषक, महिलायें, अध्यापक, अधिकारी, छात्र-छात्रायें, आदि। इनकी आयु, पेशे और शिक्षा के आधार पर ही नाट्य लेखन, वार्ता लेखन, समाचार लेखन, रेडियो-रिपोर्ट लेखन, फीचर लेखन, रेडियो डाक्यूमेन्ट्री लेखन, खेल समाचार लेखन, पत्रिका लेखन, विज्ञान एवं प्रश्नोत्तरी लेखन होता है।

टेलीविजन के शब्द-रहित-सम्प्रेषण (Non-verbal communication) ने टीवी की भाषा और लेखन शैली को प्रभावित किया है। टेलीविजन के कार्यक्रम व टीवी-रिपोर्ट कलम के साथ-साथ कैमरे से लिखे जाते हैं। कैमरा-रिपोर्ट को देखकर दर्शक स्वयं घटनास्थल पर होने का अनुभव प्राप्त करता है। आजकल अधिकतर टीवी-रिपोर्ट 'डीएसएनजी' द्वारा सीधे प्रसारित होते हैं। परन्तु उन रिपोर्टों को दर्शाते समय कैमरे का कोण महत्त्वपूर्ण होता है। यदि यह ग़लत हुआ तो ग़लत धारणा का सम्प्रेषण होने लगता है। रेमण्ड विलियम्स अपनी पुस्तक 'टेलीविजन' में लिखते हैं कि यदि किसी गड़बड़ी के दौरान टीवी कैमरा पुलिस कर्मियों के पीछे, सिर के ऊपर से, खींचा गया प्रदर्शनकारियों का दृश्य दिखाता है तो उसका अर्थ उस दृश्य से भिन्न होगा जो प्रदर्शनकारियों के कोण से पुलिस कर्मियों पर केन्द्रित हुआ होगा।* हालाँकि सभी टीवी रिपोर्टों, पूर्व-रिकॉर्डेड या लाइव, में कमेंट्री भी

* "It matters very much, for example in the visual reporting of a civil disturbance, whether 'the camera is looking over the heads of the police being stoned or over the heads of demonstrators being tear-gased. ...An intermediatry is always present if not visible, and this can be more misleading than situations in which awareness of an intermediatry is inevitable."[24]

साथ-साथ चलती है मगर छवियों की शक्ति, धारणा को प्रभावित करती है। परन्तु यदि कैमरे की भाषा वस्तुनिष्ठ हो तो यह प्रिंट माध्यम के लिखित रूप से ज्यादा असरदार होती है।

इलेक्ट्रॉनिक माध्यम, चारण की तरह, भाषायी सम्पदा पर निर्भर रहते हैं। घटनाओं का खुलासा अनौपचारिक भाषा में होता है। समाज के लिए, समाज की भाषा में। इन सन्देशों में जिन शब्दों का प्रयोग होता है वे टेक्स्ट की आवश्यकता के अनुरूप होते हैं और दर्शक/श्रोता की शब्दावली का हिस्सा होते हैं। जॉन फिस्क और हार्टले मानते हैं कि इस प्रकार की सम्प्रेषण-प्रक्रिया में टेलीविजन सात प्रकार के कर्त्तव्य निभाता है[25]—

(1) संस्कृति की सर्वमान्य बातों की वास्तविकता सुस्पष्ट रूप में व्यक्त करना।

(2) समाज के सदस्यों को उनके प्रबल मूल्यों से बाँधते हुए इस व्यवस्था को आगे बढ़ाना और उनकी गतिविधि को दर्शाना।

(3) संस्कृति के प्रतिनिधियों के कार्य की व्याख्या करना तथा उत्साहपूर्वक ढंग से उन कार्यों का आधार प्रस्तुत करना।

(4) दुनिया में संस्कृति की व्यावहारिक उपयुक्तता के प्रति समाज को आश्वस्त कराना और उसकी विचारधारा को, ऐसे सम्भाव्य जगत जिसके व्यवहार का अन्दाज़ा न हो, के साथ सक्रिय सम्बन्धों द्वारा, स्थापित कराना।

(5) दुनिया के बदलते हालात के कारण संस्कृति में 'स्व' की भावना की व्यावहारिक कमज़ोरी या संस्कृति के भीतर उभर रहे दबाव से उत्पन्न नये दृष्टिकोण के रुझान को वार्तालाप द्वारा प्रसारित/प्रदर्शित करना।

(6) दर्शकों को आश्वस्त कराना कि, व्यक्तिगत तौर पर, समाज में उनकी प्रतिष्ठा और व्यक्तित्व सुरक्षित हैं।

(7) सांस्कृतिक में व्यक्ति की भागीदारी की भावना का संचार करना।

टेलीविजन-तन्त्र इन विचारों के प्रसार हेतु, भाषा द्वारा, बहुत बड़े 'मास-समाज' से सम्पर्क स्थापित करते हैं। ऐसे सन्देशों की भाषा दर्शक को सीधे पकड़ लेती है। मगर ऐसी सरल-भाषा की रचना कठिन होती है क्योंकि टेलीविजन पर हर समय ही नये आलेख की माँग रहती है। यहाँ समाचार हर घण्टे प्रसारित होते हैं जबकि अखबार पूरे दिन की खबरों को देर रात तक संकलित कर प्रकाशित करता है जो अगली सुबह पाठकों के सामने आते हैं। इलेक्ट्रॉनिक माध्यमों पर हर प्रसारण का समाचार नया होता है। किसी समाचार के प्रसारण के बाद उस खबर की नयी

अवस्था को अगले बुलेटिन में शामिल किया जाता है। प्रत्येक घण्टे के समाचार-आलेख का 'लीड-इन' बदल जाता है। इलेक्ट्रॉनिक माध्यमों की यह तात्कालिकता ही लेखन को चुनौतीपूर्ण बनाता है। एक घण्टे के भीतर ही रिपोर्ट अथवा समाचार बदलता है। उसे पुनः लिखना होता है। जबकि अखबार का रिपोर्टर पूरे दिन में केवल एक रिपोर्ट लिखता है। इलेक्ट्रॉनिक माध्यमों के समाचार बुलेटिनों में उनके पहले और अन्त में मुख्य समाचार भी प्रसारित होते हैं। मुख्य समाचारों की शुरुआत विश्वयुद्ध के दौरान बीबीसी ने की थी और यह आज भी प्रसारित होते हैं। मुख्य समाचारों के बिना तो किसी टीवी या रेडियो बुलेटिन की कल्पना ही नहीं हो सकती। बल्कि अब तो टीवी बुलेटिन के मध्य में भी ग्राफ़िक्स द्वारा मुख्य समाचार दर्शाये जाते हैं।

इलेक्ट्रॉनिक माध्यम के लेखन की एक ओर अहम बात है इसका 'लीनियर' आलेख। अखबार के मुखपृष्ठ पर अलग-अलग समाचार प्रकाशित होते हैं और यदि किसी समाचार से सम्बन्धित कोई अन्य खबर हो तो वह किसी अन्य पृष्ठ पर छपी होगी। परन्तु इलेक्ट्रॉनिक माध्यम में एक ही विषय से सम्बन्धित सभी समाचार एक साथ प्रस्तुत होते हैं; क्योंकि सरल भाषा में प्रसारित रेडियो-टीवी के समाचार व कार्यक्रम शिक्षित, अशिक्षित विभिन्न समूहों के विभिन्न दर्शकों/श्रोताओं के लिए होते हैं और यदि उनमें क्रमबद्धता न हो तो संचार अवरुद्ध हो जायेगा। इसलिए आलेख एक तर्कयुक्त क्रम में प्रस्तुत होता है। टेलीविजन के आलेखों में 'मूल पाठ' और संवादों के साथ-साथ दृश्यों के मंचन, संगीत व ध्वनि प्रभावों आदि का विवरण भी दिया जाता है। अतः विषयवस्तु की सूचना, कार्यक्रम की रूपरेखा, मूल पाठ, ध्वनि प्रभावों के संकेत, आलेख में शामिल रहते हैं। शाब्दिक और शब्द-रहित-सम्प्रेषण भाव प्रधान होता है। इस प्रकार संचार का तन्त्र ही सम्प्रेषण की भाषा बन जाता है।

(3) सिनेमा की भाषा

जिस प्रकार शब्दों के पारस्परिक मेल से एक वाक्य का अर्थ स्पष्ट होता है उसी प्रकार शॉटों (दृश्य के लघुतम रूप) के समन्वय से सिनेमाई भाषा का अर्थ व्यक्त होता है। ऐसा सरगेय आइजेंस्ताइन (Sergei Eisenstien) ने माना है। वे सिनेमा की भाषा का आधार मॉनताज (Montage) को मानते थे। ठीक उसी प्रकार, जिस प्रकार 'हाइअरग्लिफ़िक्स' लेखन प्रणाली में चित्र–प्रतीक होते हैं। मॉनताज में दो प्रतिनिधात्मक शॉटों का सामीप्य (Juxtaposition) होता है। दो प्रतिनिधात्मक छवियों के संगमन से एक ऐसे नये दृश्य का प्रतिनिधित्व होता है जिसे अन्य किसी कलाकृति द्वारा दर्शाया नहीं जा सकता। विभिन्न शॉटों को जोड़कर बनाये

गये मॉनताज की संरचना में शॉट एक लघुतम 'सेल' (Cell) के समान होता है। यह सेल द्वन्द्व उत्पन्न करती है। इसलिए मॉनताज द्वन्द्वात्मक होता है।* आइजेंस्ताइन के अनुसार द्वन्द्व शॉट में, तथ्य में, स्पेस में तथा शॉट के अंशों में होता है। साथ ही यह द्वन्द्व शॉट के 'फ्रेम' (फ़िल्म, एक सेकण्ड में 24 फ्रेम दर्शाती है) और वस्तु के बीच होता है। कला का काम ही है कि अन्तर्विरोध को प्रकट करे। फ़िल्म-कला में शॉट और मॉनताज इसके बुनियादी तत्त्व हो जाते हैं। लेकिन आन्द्रे बाज़ाँ (Andre Bazin) मॉनताज के साथ ही शॉट की गहराई (Depth of field) को विशेष महत्त्व देते रहे हैं। क्योंकि दृश्य में पात्रों और वस्तुओं के सम्बन्ध से उत्पन्न अर्थ को नज़रअन्दाज नहीं किया जा सकता है।

प्रारम्भिक वर्षों में आइजेंस्ताइन के साथ ही डेविड वार्क ग्रिफिथ ने शॉटों की रचना में कई प्रयोग किये। ग्रिफिथ ने पहली बार क्लोज-अप दिखाया और अपनी फ़िल्म 'बर्थ ऑफ नेशन' (1915) द्वारा सिनेमा की भाषा के मूलभूत तत्त्वों को निर्धारण किया। सिनेमा के क्षेत्र में अग्रणी ग्रिफिथ, जॉर्ज मेलीज़, तथा पोर्टर अपनी फ़िल्मों में दर्शन-विषयक अथवा प्रतीकात्मक सन्देशों के बजाय कथ्य पर ज्यादा ज़ोर देते थे। यही कारण है कि मेलीज़ ने अपनी कथा को प्रभावपूर्ण ढंग से कहने के लिए 'डबल एक्सपोजर', 'डिज़ाल्व', 'पैन-शॉट', तथा 'फैड-इन' का आविष्कार किया। नई कला विकसित हुई और सिनेमा ने भाषा के सहज गुण अपना लिए। विकसित हो रही सिनेमाई भाषा में आइजेंस्तान ने 'स्ट्राइक', 'इवान द टेरिबल' आदि फ़िल्में बनाईं और अपने मॉनताज के सिद्धान्त व तकनीक की व्याख्या भी की। उनके अनुसार, मॉनताज का द्वन्द्वात्मक तत्त्व दृश्य में गति पैदा करता है। पहला चित्र मन पर छाप छोड़ता है तो उसके बाद जो दूसरा चित्र उभर कर सामने आता है वह पहले चित्र के साथ द्वन्द्व के कारण गति की अनुभूति उत्पन्न करता है। सिनेमाई भाषा में इसको वे प्रतिरोधी-दृश्य मानते हैं। फ़िल्म की संरचना और अभिव्यक्ति में प्रतिरोधी-दृश्य नये रूपों का निर्धारण करते हैं। इस अभिव्यक्ति में रचना, मॉनताज, और शॉट में विरोधात्मकता का विश्लेषण करते हुए आइजेंस्ताइन ने कहा है कि—जिसका प्रतिपादन हो रहा होता है वह रचना है, जो आकृति बन रही होती है वह शॉट है और जो भाव की तीव्रता के कारण विकसित हो रहा है वह मॉनताज के शॉटों का द्वन्द्व है। फ़िल्म की इस भाषा को तर्कयुक्त बताते हुए वे रेखांकित करते हैं कि दो अलग-अलग छवियों के 'सूपरइम्पोज़िशन' द्वारा भी फ़िल्म में गति पैदा की जा सकती है।

* "Montage is conflict, conflict lies at the basis of every art (A unique figurative transformation of the dialectic) The shot is then a montage cell."[26]

मॉनताज पर टिप्पणी करते हुए गोदार्द (Jean-Luc Godard) अपनी पुस्तक 'सिनेमा' में लिखते हैं कि जिन कैमरा-कोणों का आइजेंस्ताइन ने आविष्कार किया और अपनी फ़िल्मों में प्रयोग किया वे अद्‌भुत हैं। उन 'एंगल-शॉटों' के कारण ही मॉनताज स्थापित हुआ था।* आइजेंस्ताइन ने जब तीन विभिन्न कोणों से शेर की प्रतिमा के तीन शॉट लेकर मॉनताज में जोड़ दिये थे तो शेर के खड़े होने का आभास होने लगा था। मॉनताज की तकनीक द्वारा ही दृश्यों को उनकी विषयवस्तु और नाटकीय तर्क के आधार पर छवियों में विभाजित किया जाता रहा है। दर्शक, इसी भाषा द्वारा निर्देशक के दृष्टिकोण को स्वीकार करता है। इस प्रकार जहाँ ग्रिफिथ ने दो विभिन्न स्थलों पर घट रही घटना को एक ही समय पर दिखा कर समानान्तर मॉनताज की रचना की वहीं आइजेंस्ताइन ने आकर्षी-मॉनताज को स्थापित किया, जिसमें एक छवि के प्रभाव को बढ़ाने के लिए दूसरी छवि के साथ मिला लिया जाता। मॉनताज की भाषा पर लिखते हुए आन्द्रे बाज़ाँ रेखांकित करते हैं कि अर्थ छवि में नहीं बल्कि मॉनताज की छवि के रहस्य में छिपा रहता है जो दर्शक को चेतनता के स्तर पर प्रभावित करता है।**

क्रिश्चियन मेत्ज़ (Christian Metz) का मानना है कि जिस प्रकार छन्द में सौन्दर्य की वृद्धि अलंकार से होती है उसी प्रकार फ़िल्म की भाषा में फ्रेमिंग, कैमरा की गति और प्रकाश-प्रभाव मुख्य अर्थ के साथ-साथ अन्य अर्थों का संकेत देते हैं।[29] साहित्य में अर्थ को प्रकट करने के लिए, लेखक, भाषा के महत्त्व को ध्यान में रखते हुए, विशेष शैली प्रयोग में लाता है। सिनेमा की भाषा में अर्थ को व्यक्त करने के लिए छवियों और ध्वनियों की शैली को प्रयोग में लाया जाता है। छवियों के महत्त्व को समझते हुए ही गोदार्द ने धीमे और लम्बे ट्रेक-शॉटों का सिनेमा में, पहली बार, प्रयोग किया था।***

---

* "There are incredible angles, as only Eisenstein could do them, not at all like Welles's angles, which are a function of thought and so a different thing together. In Eisentein they're formalist angles very like painting or something of that sort. It's easy to see that by putting two angles side by side you get an effect of true montage, which enabled me to say, afterwords, that Eisenstein discovered the angle after Degas and others in painting, and that having discovered the angle he discovered montage."[27]

* "The meaning is not in the image, it is in the shadow of the image projected by montage onto the field of consciousness of the spectator."[28]

*** "Godard's slow tracking shot that concertedly avoids and even eludes the impression of depth, to adhere to the single-point perspective of painting."[30]

जब मॉनताज स्थापित हो रहा था तब ऐसे भी निर्देशक हुए, जैसे—राबर्ट फ्लेर्टी (Robert Flaherty) जिन्होंने भाववादी मॉनताज के बजाय यथार्थ को फ़िल्माया। 'नानूक ऑफ द नार्थ' (Nanook of the North) में मॉनताज की तकनीक के प्रयोग से प्रतीक्षा का संकेत नहीं दिया गया बल्कि प्रतीक्षा की वास्तविक अवधि दर्शाई गई। इस प्रकार विभिन्न निर्देशकों ने सिनेमा की भाषा को विकसित करते हुए कई विधाओं को जन्म दिया। आन्द्रे बाज़ाँ 1930 से 1940 के बीच विकसित हुई सिनेमा की नयी विधाओं[31] को इस प्रकार बताते हैं–

(1) अमरीकन कॉमदी

(2) हास्य फ़िल्में

(3) नृत्य और 'वराइटी'

(4) अपराध और गैंगस्टर फ़िल्में

(5) मनोविज्ञान सम्बन्धी तथा सोशल ड्रामा

(6) हॉर्र अथवा फ़ैनटसी

(7) वेस्टर्न

दूसरे विश्वयुद्ध तक बोलती फ़िल्में प्रौढ़ता पा गयी थीं।[32] नैतिक व नाटकीय प्रसंगों को कलात्मकता और प्रभावपूर्ण ढंग से पेश किया जा रहा था और फ़िल्म ने उच्चस्तरीय कला का रूप प्राप्त किया था। अब तक सामान्य शॉट के साथ-साथ 'रिवर्स-शाट' भी दिखाया जाने लगा था और नये निर्देशकों ने नयी शैली में फ़िल्मों को प्रस्तुत करना आरम्भ किया था। जैसे ऑर्सन वेल्स (Orson Welles) ने 'सिटिजन केन' (Citizen Kane) में गहराई के शॉट की रचना कर के एक अद्‌भुत प्रयोग किया। छवियों के सामीप्य (Juxtaposition) की विधि से अलग एक नयी भाषा विकसित हुई थी। मॉनताज की भाषा भाववादी थी जबकि गहराई वाले शॉट (in-depth shot) विश्लेषणात्मक और नाटकीय थे। इनमें कार्य-व्यापार को विभिन्न छवियों में बाँटने के बाद सम्पादन द्वारा एक क्रम में प्रस्तुत करने के बजाय दृश्य को उसके सम्पूर्ण रूप में प्रस्तुत करने की नयी दृश्य-भाषा विकसित हुई थी। आन्द्रे बाज़ाँ मानते हैं कि यह भाषा आर्सन वेल्स की फ़िल्मों में 'कट' की प्रक्रिया से अधिक प्रभावपूर्ण साबित हुई थी।* ऐसी फ़िल्मों में पात्र और वस्तुएँ ऐसे सम्बद्ध रहते हैं कि दृश्य वर्णनात्मक हो जाते हैं। जिनमें छवि की सम्पूर्णता

---

* "It is quite evident that the sequence of shots used by Welles in the 'Magnificent Ambersons' is in no sense the purely passive recording of an action shot within the same framing. On the contrary, his refusal to break up the action, to analyze the dramatic field in time is a positive action the result of which are for superior to anything that could be achieved by the classical 'cut'."[33]

समय और स्थल के समन्वय से प्राप्त की जाती है। मगर इसके बावजूद भी यह मॉनताज को वर्जित नहीं करती। इस भाषा में भी लैंस की फोकसिंग द्वारा मॉनजात का अंश क़ायम रहता है। इस पद्धति ने न केवल सिनेमाई भाषा को प्रभावित किया बल्कि दर्शकों के चित पर छवियों के प्रभाव के कारण दृश्यों की व्याख्या का स्वरूप भी बदला। इसलिए आर्सन वेल्स की 'सिटिज़न केन' सिनेमाई भाषा में एक क्रान्तिकारी परिवर्तन लाती है।*

इटली के सिनेमा ने भी भावात्मकता को किसी हद तक नकारा और मॉनताज की तकनीक से अलग फ़िल्म के दृश्यों ने अनेकार्थता के तत्त्व को शामिल किया।[35] ऐसा रोज़िलीनी (Roberto Rosselini) जैसे निर्देशकों ने कर दिखाया। नव-यथार्थ के एक और महत्त्वपूर्ण निर्देशक लूचिनो (Luchino Visconti) ने तो अपनी पूरी फ़िल्म 'ला टेर्रा ट्रेमा' करीब-करीब एक ही शॉट में दर्शाई।[36] पूरी फ़िल्म गहराई वाले दृश्यों के साथ पैनिंग शॉटों में प्रस्तुत हुई।

इसी प्रकार गोदार्द ने एक नयी शैली विकसित कर दी। उन्होंने धीमे चलने वाले ट्रेक-शॉट को आरम्भ किया, जो सिनेमा में प्रयुक्त अब तक के शॉटों से भिन्न था। गोदार्द का कैमरा गहराई में जाने के बजाय बायें से दायें या दायें से बायें ट्रेक की पटरी पर दृश्य के समानान्तर चलता है। एक प्रकार की लय में।**

फेलिनी और गोदार्द के ट्रेक-शॉटों की तुलना करते हुए ब्राइन हेंडरसन लिखते हैं कि फेलिनी का कैमरा यथार्थ के साथ सम्बद्धता स्थापित करता है जबकि गोदार्द का कैमरा असम्बद्ध होकर यथार्थ को बाहर देखते हुए उसे दर्शाता है।[38] फेलिनी के ट्रेक-शॉट वैयक्तिक होते हैं और वे 'मीडियम क्लोज़' अथवा क्लोज़-अप (निकटतम शॉट) की श्रेणी में होते हैं। गोदार्द के ट्रेक-शॉट कभी भी वैयक्तिक नहीं होते और अक्सर 'लॉंग शॉट' में घटना को पूर्ण रूप से दिखाते हैं। फेलिनी पात्रों और वस्तुओं को विभिन्न धरातलों पर रख कर शॉट में गहराई पैदा करते हैं। गोदार्द शॉट की गहराई को त्यागते हैं और अपने पात्रों को एक ही धरातल पर रखकर दर्शाते हैं।[39] गोदार्द के शॉट में समय और स्थल की निरन्तरता है। उनका कैमरा धीरे-धीरे चलता है*** और कार्य-व्यापार को स्पष्ट रूप में दर्शक के सामने प्रस्तुत करता है।

---

* "Citizen cane is part of a general movement, of a vast stirring of the geological bed of cinema, confirming that every where upto a point there had been a revolution in the language of the screen."[34]

** "It is Cinema, in other words not like Literature which is more closely bound to meaning, in film there is rhythm, it is more like music."[37]

*** "A camera moves slowly, sideways to the scene it is filming. It tracks. But what is the result when its contents are projected on a screen? It is a bond of ribbon of reality that slowly unfolds itself. It is a moral or scroll that unrolls before the viewer and rolls up after him."[40]

सत्यजीत रे कैमरा ट्रेकिंग और पैनिंग (कैमरा की गति, दायें से बायें/बायें से दायें) को अभिव्यक्ति की शक्ति मानते हैं।* इसके लिए वे छायाकार और निर्देशक में सहभागिता को आवश्यक मानते हैं, जैसा कि गोदार्द और उनके कैमरामैन कायतार्द में थी। फ़िल्म-व्याकरण के नियमों को जिस प्रकार सत्यजीत रे, गोदार्द, फेलिनी, आइजाइंस्ताइन, ग्रिफिथ, रोज़िलीनी जैसे फ़िल्मकारों ने प्रयोग में लाया उससे कथ्य को प्रस्तुत करने का एक नया तरीका प्रकट हुआ और सिनेमाई भाषा सक्षम हुई।

क्रिश्चियन मेत्ज 'फिल्म लैंग्वेज' में लिखते हैं कि फ़िल्में कहानियाँ कहती हैं। कहानियाँ लिखित भाषा में भी कही जाती हैं, मगर सिनेमा कहानियों को अलग तरीके से कहता है।[42] इसलिए सिनेमा छवियों की कला है। छवियाँ एक भाषा बनाती हैं और उन्हीं के द्वारा अनगिनत श्रेष्ठ कहानियाँ कही गयी हैं।** परन्तु सिनेमा में छवियों से निर्मित दृश्यों की भाषा उस भाषा से भिन्न हैं जो हम बोलते हैं। फ़िल्म की भाषा चित्रात्मक है। मेत्ज़ मानते हैं कि ऐसी भाषा का जन्म सिनेमा के आने से पहले नहीं हुआ था। फिर भी छवियों की भाषा मौखिक भाषा जैसी है। यदि कोई व्यक्ति मौखिक भाषा द्वारा बात कहता है तो बात करते समय वह हाव-भाव भी प्रकट करता है और प्रदर्शन कलाओं (ओपेरा, बैले आदि) में ये उनके भीतर ही समाहित होते हैं। इसलिए सिनेमा की गतिविधि भाषा और कला के बीच की है। इसका दृश्य-सौन्दर्य कला और भाषाओं को अटूट बन्धन में बाँधता है।[44]

फ़िल्म से सम्बद्ध मॉनताज का मतलब है छवियों का चयन और उन छवियों को एक क्रम में जोड़ना। परन्तु उन छवियों (शॉटों) का निर्माण एक रचना है और वहीं से सिनेमाई भाषा का आरम्भ होता है।*** मेत्ज के अनुसार, छवि सिनेमा की भाषा का आधार है। शब्द, भाषा का अंश है मगर वाक्य सर्वोच्य है क्योंकि वह अर्थ

---

* New devices for tracking and paning-all these I feel are adding greatly to the expressive power of the cinema."[41]

** "The Cinema is language, above and beyond any particular effect of montage. It is not because the Cinema is language that it can tell such fine stories, but rather it has become language because it has told such fine stories."[43]

*** "The moment of ordering (montage) in film is somewhat important-linguistically at least-than the choosing of images (cutting), no doubt because the latter, being too open, is not a choice, but rather an act of decision, a kind of creation. That is why on the artistic level the content of each shot is of great importance. On the level of the visual subject, there is art, if anything. Art continues on the level of the sequence or of composed shot, and cinematographic language begins."[45]

प्रकट करता है। सिनेमा भी छवि को अभिव्यक्ति का साधन बनाता है। 'हेपेक्स' (अनन्य अर्थ प्रक्रिया) की भाँति।* वाक्य रचना में जिस प्रकार शब्द वाक्यांशों को जोड़ते हैं उसी प्रकार कैमरा की गति दर्शाये जा रहे व्यक्ति, स्थान अथवा वस्तु की ओर ध्यान आकर्षित कराती है। कैमरे द्वारा देखी गयी वस्तु दर्शक द्वारा देखी जाती है। ऐसे फ़िल्मांशों में जब व्यक्ति एवं वस्तु देखे जाने के लिए प्रस्तुत होते हैं तो वे विश्वसनीय हो जाते हैं।[47]

फ़िल्मों को आमतौर से सभी समझते हैं मगर सिनेमाई भाषा संस्कृति, समाज तथा दृश्यात्मकता की शैली से सम्बन्धित, कई अन्य अर्थों के, संयोग के साथ प्रस्तुत होती है। फ़िल्म की इस भाषा में विशिष्टता, यथार्थ चित्रण, गति, शॉट की गहराई और मॉनताज महत्त्वपूर्ण अंग बनकर उपस्थित होते हैं।

ग्रिफिथ के 'क्लोज-अप (निकटतम शॉट), आइज़ेंस्ताइन के 'मॉनताज', जॉर्ज मेलीज़ के 'डबल-एक्सपोजर', 'डिज़ाल्व', 'फैड-इन' व 'पैन शॉट' तथा अन्य निर्देशकों के तर्कयुक्त फ़िल्म सम्प्रेषण ने, दृश्यात्मक भाषा में प्रयोग करते हुए कई उत्कृष्ट रचनाएँ प्रस्तुत की हैं।

आधुनिक फ़िल्में दर्शकों द्वारा सराही जा रही हैं, देखी और समझी जा रही हैं। अधिकतर फ़िल्में साधारण दर्शकों के लिए बनती हैं मगर कुछ फ़िल्मों का पाठ अवाँगार्द रहता है। फिर भी दर्शक इन फ़िल्मों की दृश्य-भाषा से परिचित हैं। वे इन कृतियों को समझते हैं। दर्शक, सिनेमा के व्याकरण को जाने बिना भी इनसे आनन्द प्राप्त करता है। क्योंकि इस माध्यम द्वारा वे कहानी को पर्दे पर पढ़ते हैं। कैमरे को कोण, ट्रेक आदि को समझे बिना ही वे उन छवियों को देखते हैं जो स्वाभाविक रूप में कथ्य को प्रस्तुत करती हैं। ये छवियाँ महत्त्वपूर्ण हैं। छवि ही सिनेमाई-भाषा का आधार है और इन्हीं पर पुराना-सिनेमा, वर्णनात्मक-सिनेमा, भावात्मक-सिनेमा, आधुनिक-सिनेमा और उत्तर-आधुनिक सिनेमा आधारित हैं।

(4) टेलीविजन की सांकेतिक भाषा

टेलीविजन की टेक्स्ट विशेष ढंग से व्यवस्थित होती है। यह दृश्यात्मक संकेतों द्वारा अर्थ प्रकट करती है। संकेतों के भीतर भी संकेत समाविष्ट रहते हैं। ये संकेत मिश्रित होते हैं तथा ज्ञानेन्द्रियों द्वारा देखे और समझे जाते हैं। इस प्रक्रिया में संकेत, संकेतों के सन्दर्भ और उन संकेतों को पढ़ने वाले महत्त्वपूर्ण हो जाते हैं।

---

* "In one way the sentence is even the unit of language par excellence, since a language is a system that allows one to make senstences. As far as filmic image, which is only a sentence because of its function in discourse and not because of its internal structure, it does indeed remain a 'hapax' but it also is contained by larger units that are not hapaxes."[46]

सन्देश प्रेषक और प्राप्तकर्ता के बीच, यह संकेत-त्रयी, सम्प्रेषण को सम्भव बनाती है।

संकेत-शास्त्र के विश्लेषण के लिए दो व्यक्ति महत्त्वपूर्ण रहे हैं। भाषा विज्ञानी, फर्डीनांड सास्यूर (Ferdinand de Saussure) और चार्ल्स पीयर्स (Charles S. Peirce)। दोनों की व्याख्या, भाषा-विज्ञान के अध्ययन एवं परीक्षण हेतु प्रस्तुत हुई थी परन्तु संकेत-शास्त्रियों ने ये सिद्धान्त संचार के दूसरे रूपों—फ़िल्म, टेलीविजन तथा विज्ञापन के विश्लेषण के लिए भी प्रयुक्त किये।* सास्यूर अपनी पुस्तक, 'कोर्स इन जनरल लिंग्विस्टिक्स' (Course in General Linguistics) में लिखते हैं कि भाषा, संकेतों की एक व्यवस्था है जो विचारों की अभिव्यक्ति करती है।[49]

पीयर्स ने माना कि एक संकेत किसी वस्तु का उल्लेख करता है तथा किसी व्यक्ति द्वारा समझा जाता है। यह पढ़ने वाले के चित्त में प्रभाव बैठाता है। इसलिए किसी छवि या टेक्स्ट के अर्थ को समझने के लिए संकेत, वस्तु और संकेत पढ़ने वाले के बीच एक सम्पर्क स्थापित कराता है। तीनों की गहरी सह-सम्बन्धता रहती है जिसके बिना संकेत का अर्थ समझा नहीं जा सकता है।** परन्तु सास्यूर ने संकेत को ही सबसे महत्त्वपूर्ण माना है। उनके अनुसार, संकेत एक मूर्त पदार्थ है जिसमें अर्थ समाहित रहता है तथा 'संकेत', अभिव्यंजक (Signifier) और अर्थ-सूचक (Signified) का संयोजन होता है। 'अभिव्यंजना' वह छवि है जो देखी जाती है, 'अर्थ-सूचक' वह धारणा है जिसकी ओर इशारा होता है। ये 'सिग्निफाइर' और 'सिग्निफाइड' एक खास संस्कृति में पनपते हैं। संकेत, एक भाषाई-व्यवस्था का हिस्सा होते हैं और समाज के सदस्य विचारों और सूचनाओं के आदान-प्रदान के लिए इन संकेतों का इस्तेमाल करते हैं। ऐसे में अर्थ-सूचक तत्त्व सक्रिय रहते हैं। सन्देश और उसके प्राप्तकर्त्ता के बीच एक वार्ता होती है। इसलिए अर्थ, संकेत, उसे पढ़ने वाले और वस्तु के बीच एक गतिशील सम्बन्ध स्थापित होता है।

पीयर्स ने संकेत को छवि, सूचक और चिह्न में बाँटा है।[51] छवि, वस्तु के साथ एक साम्य रखती है। दृश्यात्मक संकेतों में तो यह स्पष्ट है परन्तु भाषा भी छव्यात्मक हो सकती है। जॉन फिस्क रेखांकित करते हैं कि बीथोवियन सिम्फनि

---

* "Not only can we study symbolic rites and military signals, we can also study television commercials, soap operas, situation comedies, and almost anything else as 'sign system' "[48]

** "A sign is something which stands to somebody for something in some respect or capacity. It addresses somebody, that is, creates in the mind of that person an equivalent sign, or perhaps a more developed sign. The sign which it creates I call the interpretant of the first sign. The sign stands for something, its object. (Peirce)"[50]

भी स्वरसंगति द्वारा संगीतात्मक छवियाँ उत्पन्न करती है।[52] सूचक, वस्तु के साथ सीधे सम्बन्ध रखता है। जैसे धुआँ, अग्नि का सूचक है और छींक, जुकाम की सूचक है।[53] किन्तु एक चिह्न, एक ऐसा संकेत है जिसका किसी वस्तु के साथ सम्बन्ध एक परम्परा के कारण होता है।

सास्यूर के अनुसार, प्रेरित करने वाले संकेत छव्यात्मक होते हैं लेकिन कुछ संकेत तर्क के स्थान पर व्यक्तिगत विचारों एवं अनुभवों पर आधारित रहते हैं। जैसे–किसी फोटोचित्र में छायाकार की प्रकाश-व्यवस्था, फ्रेमिंग, कैमरे का कोण आदि ऐसे तत्त्व पैदा करते हैं जो संकेत को प्रभावित करते हैं।

पीयर्स, संचार की परम्परा को भी अहम मानते हैं। यदि टेलीविजन पर धीमी गति (स्लो मोशन) का दृश्य दिखाया जाता है तो संचार-परम्परा में इसके दो अर्थ होते हैं। किसी व्यक्ति की निपुणता या कुशलता को बारीकी से दिखाना अथवा किसी की सुन्दरता की गुण-विवेचना। भारतीय फ़िल्मों और टेलीविजन पर ज्यादातर दूसरे अर्थ को ही प्रकट किया जाता रहा है।

सास्यूर ने परिभाषा दी है कि संकेत दो तरीकों से संकेत-व्यवस्था में संगठित रहते हैं। दृष्टान्त और संयोजित रूप में। टेलीविजन में 'कट', 'फैड', डिज़ाल्व', 'वाइप' आदि दृष्टान्त रूपों का चयन होने के बाद ही दृश्य (शॉट) संयोजित रूप में प्रस्तुत होता है। आर्थर असा बर्गर इस सांकेतिक भाषा को यूँ बताते हैं[54]:–

संकेत	माध्यम	अर्थ
1. क्लोज़-अप	(मुखाकृति)	निकटता
2. मीडियम-शॉट	(शरीर का अधिकांश भाग)	व्यक्तिगत-सम्बन्ध
3. फुल शॉट	(पूरा शरीर)	सामाजिक-सम्बन्ध
4. लाँग-शॉट	(पात्र और परिवेश)	प्रसंग
5. पैन-डाउन	(कैमरा नीचे की वस्तु दिखाता है)	प्रभुत्व
6. पैन-अप	(कैमरा ऊपर की वस्तु दिखाता है)	लघु
7. कट	(एक चित्र से दूसरे पर जाना)	उत्सुकता उभारना
8. फेड	(खाली स्क्रीन पर चित्र उभरने लगता है)	आरम्भ

टेलीविजन अपनी भाषा में संकेतों का प्रयोग करता है तो दर्शक उन संकेतों को पढ़कर मतलब निकालते हैं। संकेत-व्यवस्था, संचार और सामाजिक व्यवहार में उपयोगी रहती है। ये एक ऐसा टेक्स्ट बनाते हैं जिसमें छव्यात्मक और प्रतीकात्मक संकेत होते हैं। ऐसे संकेत, सूचक होते हैं और संचारकर्त्ता की मंशा व्यक्त करते हैं। आर्ग्यूली (Argyle) मानते हैं कि मानव शरीर भी संकेतों का सम्प्रेषण करता है। वे दस संकेत सुझाते हैं–

1. शारीरिक सम्पर्क (स्पर्श के माध्यम से सन्देश का सम्प्रेषण)
2. निकटता (व्यक्ति से व्यक्ति की समीपता)
3. रुचि (मुखातिब होने का रुझान)
4. बाहरी रूप (पहनावा आदि)
5. सिर हिलाना (एक-दूसरे से सहमति)
6. चेहरे के भाव (भाव सम्प्रेषण)
7. भंगिमा (बात करते समय हाथ हिलाना)
8. मुद्रा (बैठने का तरीका)
9. नज़र मिलाना (सुनने वाले के साथ नज़र मिलाकर बात करना)
10. शब्द-रहित सम्प्रेषण

जॉन फिस्क (John Fiske) और जॉन हार्टले (John Hartely) मीडिया के दृष्टान्त रूपों का विश्लेषण करते हुए लिखते हैं कि एक ही संकेत अलग-अलग मीडिया में अलग-अलग अर्थ प्रकट करता है। टेलीविजन की विभिन्न विधाओं में एक ही छवि अर्थ बदल-बदल कर अलग-अलग संकेत करती है।[56] यदि बच्चों के स्कूल से बाहर आने का शॉट दर्शाया जाना हो तो वृत्तचित्र, नाटक तथा प्रोपेगैंडा—फ़िल्म में इस, एक शॉट, के अलग-अलग अर्थ होंगे। इसलिए कई दृष्टान्त रूपों में से चयनित रूप का संयोजन अर्थपूर्ण होता है। संकेत की इस भाषा में कुछ तर्कयुक्त तो कुछ सौन्दर्यपरक होते हैं।

सौन्दर्य-विषयक संकेत छवियात्मक होते हैं। आमतौर से संकेत जितना पारम्परिक होता है, कलाकृति उतनी ही लोकप्रिय होती है। सौन्दर्यपरक संकेतों की प्रेरक प्रकृति 'सिग्निफाइर' और 'सिग्निफाइड' के बीच एक सम्बन्ध बनाती है। लेकिन टेलीविजन-निर्देशक के पास कोई फेर-बदल करने की स्वतन्त्रता नहीं होती। क्योंकि माध्यम ने पहले से ही प्रतिमान स्थापित किये होते हैं और एक निर्देशक अपने शॉटों का चयन उन्हीं में से करता है। टेलीविजन पर बोलने वाले विशेषज्ञों, समाचार वाचकों और अन्य कलाकारों की दृश्य-भाषा का नियम पहले से तय है और ये दृश्यात्मक संकेत कभी-कभी यथार्थ जीवन से कुछ भिन्न होते हैं।*

जब ऐसे संकेतों का अत्याधिक प्रयोग होता है तो ये घिसी-पिटी उक्तियाँ बन के रह जाती हैं और अपनी शक्ति खो देते हैं। जैसे, भारतीय फ़िल्मों में किसी पात्र के एक स्थान से दूसरे तक जाने के लिए जाती हुई रेलगाड़ी का शॉट या धारावाहिकों में किसी कार्यालय को स्थापित करने के लिए किसी भी ऊँची इमारत का शॉट। ऐसी सूरत में किसी संकेत को प्राप्त करने वाले, 'सिग्निफाइड' को

* "If a speaker is televised in half profile, the shot tends to be decoded as being of a more reliable and expart figure than if the same speaker is televised full face. Television normally shows 'expert' interviewes in half profile talking to an interviewer, whereas performers or newsreaders (who present other people's knowledge) are shot full face. This is a case where the televisual code deffers from that of real life."[57]

दृश्य-परम्परा के रूप में स्वीकार करते हैं। कोई नया अर्थ सम्प्रेषित नहीं होता। टेलीविजन लगातार ऐसे संकेत प्रयोग करता है जो 'कलीशे' बन गये होते हैं।

फिस्क और हार्टले संकेतों का विश्लेषण प्रस्तुत करते हुए लिखते हैं कि सामाजिक-यथार्थ भी एक संकेत व्यवस्था पर आधारित है।[58] इस यथार्थ का बोध सांस्कृतिक-संकेतों द्वारा होता है। टेलीविजन के संकेत सामान्य बोध की क्षमता रखते हैं। इसलिए टेलीचित्रों और वास्तविक जीवन में प्रयुक्त संकेतों का अन्तर अस्पष्ट रहता है किन्तु दोनों एक दूसरे को प्रभावित करते रहते हैं। संकेत, सामाजिक जीवन में, वेश-भूषा, हाव-भाव, चाल-ढाल आदि द्वारा सम्प्रेषित होते हैं। टेलीविजन संप्रेषण में तकनीकी संकेत पूरी टेक्स्ट को प्रभावित करते हैं। एक निर्देशक तकनीकी संकेतों द्वारा ही अपनी रचना को अर्थपूर्ण ढंग से प्रस्तुत कर पाता है।

तकनीकी संकेत, शॉट के आकार द्वारा सम्बन्ध व्यक्त करते हैं। क्लोज-अप, निकटता; मीडियम-शॉट, व्यक्तिगत सम्बन्ध; फुल-शॉट, सामाजिक सम्बन्ध तथा लाँग-शॉट प्रसंग व्यक्त करते हैं। इसी प्रकार कैमरे के कोण विभिन्न अर्थ दर्शाते हैं। जैसे, 'हाईएंगल शॉट' (ऊपर से लिया गया शॉट) दर्शक को अनुकूल स्थिति में रखते हुए व्यक्ति और वस्तु के लघु रूप को प्रदर्शित करते हैं। नज़र के बराबर वाले (आइ लेवल शॉट) में दर्शक को आभास होता है कि पात्र ठीक उसी के सामने, उसी से, बातचीत कर रहे हैं। नीची स्थिति के (लो एंगल) शॉट व्यक्ति और वस्तु को प्रभुत्व प्रदान करते हैं। इसी तरह लैंस का प्रयोग नाटकीयता, सामान्यता और आत्मीयता व्यक्त करते हैं। साथ ही दृश्य की रचना में शॉट की पृष्ठभूमि, अग्र-भाग तथा मध्य-भाग की 'स्पेस' के प्रयोग से अर्थ-सम्प्रेषण होता है। ऐसे दृश्यों में प्रकाश-व्यवस्था महत्त्वपूर्ण होती है। प्रकाश-संकेतों में 'हाई-की' प्रसन्नता का, 'लो-की' निराशा का, 'हाइ-कॉन्ट्रास्ट' नाटकीयता, तथा 'लो-कॉन्ट्रास्ट' यथार्थ का सम्प्रेषण करते हैं। कैमरा की गति (पैन तथा ट्रैक) प्रसंग का वर्णन प्रस्तुत करते हैं। दृश्यों में व्यक्ति, वस्तु, प्रसंग और स्थल के सांकेतिक सन्दर्भ आखिरकार दृष्टान्त और चयनित के सम्बन्ध व्यक्त करते हैं जो अभिव्यंजक को अर्थ-सूचक के साथ जोड़ते हैं।

रोलां बार्थ मानते हैं कि प्रत्येक संकेत अप्रत्यक्ष रूप से तीन सम्बन्ध सुझाता है।[59] आन्तरिक सम्बन्ध अभिव्यंजक और अर्थ-सूचक को जोड़ता, बाह्य सम्बन्ध, संकेत को स्थापित करता है तथा संकेत सूक्ष्मता के साथ निर्धारित अन्य संकेतों के समूह के साथ समाहित होता है।

वस्तुतः ये संकेत, टेलीविजन की भाषा द्वारा, दर्शकों को अपनी सामाजिक सत्ता पहचानने में सहायक होने के साथ ही उन्हें सांस्कृतिक संसक्ति में बाँधते हैं। इन संकेतों का प्रयोग सांस्कृतिक परम्पराओं और समाज में प्रचलित प्रतीकों के आधार पर ही होता है।

(5) विज्ञापन की भाषा

टैम मीडिया रिसर्च के 'रेडियो एडेक्स रिपोर्ट' द्वारा उपलब्ध कराये गये विश्लेषणात्मक-विवरण के अनुसार वर्ष 2005 में शैम्पू, मोबाइल आदि उत्पादों के साथ ही टेलीविजन-चैनलों के कार्यक्रमों का रेडियो से प्रसार बढ़ गया है। शोध में माना गया है कि एफ.एम.रेडियो की पहुँच तेज़ी से बढ़ने और इसकी विज्ञापन दरें कम होने के कारण कम्पनियाँ, रेडियो को विज्ञापन का श्रेष्ठ आधार मानने लगी हैं। वर्ष 2005 में रेडियो को कुल 317 करोड़ रुपये के विज्ञापन मिले थे। आकाशवाणी, दूरदर्शन तथा अन्य माध्यमों व निजी रेडियो और टी.वी. चैनलों पर विज्ञापन हेतु सालाना 13,200 करोड़ रुपये खर्च किए जाते हैं। वर्ष 2002-03 के लिए जहाँ आकाशवाणी ने रु. 132 करोड़ के विज्ञापन प्राप्त किये थे वहीं दूरदर्शन को वर्ष 2001-02 में रुपये 615.12 करोड़ के विज्ञापन मिले थे। निजी टेलीविजन चैनलों तथा निजी एफ.एम. रेडियो स्टेशनों की पूरी अर्थव्यवस्था विज्ञापनों पर टिकी हुई होती है। वस्तुतः इन माध्यमों की अद्‌भुत प्रसार क्षमता ने ही संचार-माध्यमों के विज्ञापन को विशिष्ट बनाया है। आज रेडियो और टेलीविजन के लिए निर्मित विज्ञापनों की एक अलग तकनीक विकसित है, एक नयी विज्ञापन-भाषा प्रचलित है।

विज्ञापन की इस सम्प्रेषण-कला में भले ही उत्पादक का सन्देश उपभोक्ता (ग्राहक) के लिए हो मगर उस एडवर्टाइज़मेन्ट को अनुपम वाक्यों में गढ़ने वाला व्यक्ति एक लेखक होता है। उसके ही रचे वाक्यों को करोड़ों लोग सुनते हैं। वे शब्द न केवल बच्चे बल्कि गृहणियाँ तक बोलने लगती हैं–'पप्पू पास हो गया... पप्पू पास हो गया।' विज्ञापन का पूरा ढाँचा ऐसे चन्द शब्दों पर टिका होता है। ऐसे विज्ञापनों के लेखकों को लोग जानते नहीं। वे अनजान होते हैं। कहानी, कविता और उपन्यास के लेखकों की तरह उनका नाम पुस्तक आवरण पर छपा नहीं होता है। फिर भी उनके शब्दों को लोग याद रखते हैं, बोलते हैं और गुनगुनाना पसन्द करते हैं; क्योंकि उनके वाक्य संवादात्मक भी होते हैं और काव्यात्मक भी...'ले चल मुझे वहाँ, हो सपनों का देश जहाँ'। विज्ञापन के लेखक (कॉपी राइटर) ऐसी भाषा लिखते हैं जिसे दर्शक आसानी से समझ लेते हैं। इन वाक्यों में ध्यान-आकर्षण की शक्ति होती है। लाइफबॉय है जहाँ, तन्दुरुस्ती है वहाँ'–यह विज्ञापन पिछले कई दशकों से इसी रूप में प्रस्तुत होता आ रहा है। यह आज से 20 वर्ष पहले भी लोकप्रिय विज्ञापन रहा था और आज भी लोग इस से परिचित हैं। इस विज्ञापन की सफलता इसकी संक्षिप्तता और ध्यान-आकर्षण की शक्ति में है। इसमें गीत की लय है, तुक है, उर्दू भाषा का शब्द है। इसकी विविध, मिश्रित-भाषा ही विज्ञापन की भाषा है।

टेलीविजन का दर्शक सप्ताह में करीब 800 विज्ञापन देखता है और रेडियो का श्रोता करीब 200 विज्ञापन सुनता है परन्तु वे केवल उन्हीं विज्ञापनों को याद रख पाते हैं जो अनुपम और सरल हों। ऐसी भाषा को लिखना और ऐसे वाक्यों को गढ़ना कोई आसान काम नहीं। 30 सेकण्ड के एक विज्ञापन में उत्पाद का नाम बताना होता है। उस विज्ञापन/वस्तु के लिए इच्छा जागृत करानी होती है। वस्तु की विशेषता बतानी होती है और पूरी कहानी एक दिलचस्प अन्दाज में कहनी होती है। इसलिए विज्ञापन के आलेख में कौतूहल, विश्वसनीयता, ध्यान-आकर्षण और स्मरणीय शक्ति जैसे कई गुणों का होना आवश्यक हो जाता है।

जहाँ मुद्रित माध्यम के लिए लिखे जाने वाले विज्ञापनों में शीर्षक, उप-शीर्षक, विज्ञापन-कॉपी, विज्ञापन का ले-आउट महत्त्वपूर्ण होता है वहीं इलेक्ट्रॉनिक माध्यमों के लिए कथ्य आवश्यक हो जाता है। मुद्रित माध्यम में विज्ञापन के शीर्षक और उप-शीर्षक के पश्चात् लेखक उत्पाद के बारे में विस्तार से बताते हुए पाठक की जिज्ञासा बढ़ाते हैं और विज्ञापन की कॉपी लिखते हैं। जैसे—

"डर्ट रिपेलेंट
जो दे अद्भुत सफेदी और चमक
सुगन्ध
जो दे ताज़गी
घड़ी डिटर्जेंट पाउडर
पहले इस्तेमाल करें
फिर विश्वास करें"

इस विज्ञापन में दावा करने वाली शीर्ष पंक्तियाँ हैं—'डर्ट रिपेलेंट, जो दे अद्भुत सफेदी और चमक'। उत्सुकतात्मक उप-शीर्षक—'सुगन्ध, जो दे ताजगी'। विज्ञापन कॉपी तथा उत्पाद—घड़ी डिटर्जेंट पाऊडर। अन्त में गीतात्मक उपसंहार—पहले इस्तेमाल करें फिर विश्वास करें। इस प्रकार मुद्रित माध्यम के लिए लिखे गये विज्ञापन की कई भागों में कल्पना होती है और इनके संयोजन के पश्चात् ही एक विज्ञापन समग्र रूप में किसी पत्र-पत्रिका में प्रकाशित होता है।

इसके विपरीत प्रसारण हेतु रेडियो के लिए लिखा गया विज्ञापन गीतात्मक (जिंगल्स), वाचन तथा नाटक के माध्यम से प्रस्तुत होता है। यह पढ़ा नहीं, सुना जाता है। इसमें शब्दों के साथ-साथ ध्वनि-प्रभाव और संगीत का भी प्रयोग होता है। यह कम से कम समय के लिए हो सकता है। दस सेकण्ड, 20 या 30 सेकण्ड। इसे अशिक्षित, बच्चे, बूढ़े, महिलायें आदि सभी सुन सकते हैं, जबकि मुद्रित माध्यम के विज्ञापन के लिए समय देकर उसे पढ़ना पड़ता है। रेडियो का विज्ञापन कोई भी कार्य करते समय सुना जा सकता है। कार चलाते समय या यात्रा करते समय सर्वाधिक विज्ञापन सुने जाते हैं।

टेलीविजन दृश्य माध्यम है। इस पर दर्शाये जाने वाले विज्ञापन को कार चलाते समय या चलते-फिरते नहीं देखा जा सकता। इसे ध्यान से देखने की ज़रूरत होती है। इसलिए इसके दृश्य में ध्यान-आकर्षण की शक्ति का होना आवश्यक हो जाता है। दृश्य प्रमुख होने के कारण इसमें प्रयुक्त शब्दों का चयन और भी चुनौतीपूर्ण हो जाता है। इस पर भी गीत, वाचन तथा नाटक के माध्यम से विज्ञापन प्रस्तुत होते हैं परन्तु दृश्य महत्त्वपूर्ण रहता है। इसीलिए कॉपी-राइटर (लेखक) द्वारा लिखे गये विचार को एक कला-निर्देशक, 'स्टोरी-बोर्ड' में परिवर्तित कराता है। यानी जो कुछ भी दृश्य में दिखाना हो उसका कागज पर एक रेखाचित्र तैयार होता है। सभी दृश्यों (शॉटों) का क्रम, उनके साथ चलने वाले संवाद, ध्वनि प्रभाव तथा संगीत के निर्देश 'स्टोरी-बोर्ड' में दिये होते हैं। यही कारण है कि टेलीविजन या फ़िल्म विज्ञापन के लिए लेखक के साथ-साथ कला-निर्देशक, निर्देशक, संगीत-निर्देशक, कास्टिंग-डायरेक्टर तथा अन्य तकनीशियनों की ज़रूरत होती है। यदि आलेख में लिखे नाटकीय संवादों को अभिनेता/अभिनेत्री द्वारा कहलवाना हो तो कास्टिंग-डायरेक्टर कलाकारों व फ़िल्म-स्टारों का चयन करता है। जैसे—'रीड एण्ड टेलर' के विज्ञापन के लिए अमिताभ बच्चन, 'लक्स' के लिए शाहरूख खान, रानी मुखर्जी आदि। दृश्य माध्यम के लिए निर्मित विज्ञापनों में जब स्टार-अभिनेता प्रकट होते हैं तो वे उत्पाद विश्वसनीय लगने लगते हैं। परन्तु इस सब के बावजूद शक्ति उस संवाद में होती है जो अभिनेता द्वारा बोला गया हो। दिसम्बर 2005 तक बाज़ार में कैडबरी-चॉकलेट का मार्किट-शेयर 75 प्रतिशत हो गया था जिसका कारण स्मरणीय 'ब्रैण्ड-कम्यूनिकेशन' को बताया जाता है। यानी 75 प्रतिशत की ऊँचाई को छूने को श्रेय एक वाक्य को जाता है—"कुछ बात है जिन्दगी में।" जब यह विज्ञापन 1994 में दूरदर्शन पर आया था तो धूम मच गयी थी। इसमें एक जिन्दादिल युवती को क्रिकेट के मैदान में दिखाया जाता है। जब उसका चहेता खिलाड़ी छक्का लगाता है तो वह चॉकलेट के साथ झूमने-नाचने लगती है। 'कुछ बात है जिन्दगी में' के उपसंहार वाली पंक्ति के साथ आये इस विज्ञापन ने न केवल चॉकलेट को लोकप्रिय बनाया बल्कि उस युवती (प्रीती जिन्ता) को भी लोकप्रियता प्रदान की। अब इसी 'ब्राण्ड' का एक नया विज्ञापन 'पप्पू पास हो गया' आया है। यह विज्ञापन न केवल वयस्क व्यक्तियों से सम्बोधित है बल्कि यह भी बताता है कि पास होने के समय रसगुल्ले, बर्फी के बजाय चॉकलेट भी बाँटा जा सकता है। परन्तु यह सब बतलाने के लिए सभी दृश्यों और स्टार-कलाकार के साथ ये स्मरणीय शब्द महत्त्वपूर्ण हैं जो कोई भी याद रख सकता है—'पप्पू पास हो गया'। दृश्य तो महत्त्वपूर्ण है ही मगर शब्द की शक्ति अपार है।

आज के युग में बिना विज्ञापन के किसी भी व्यवसाय की कल्पना नहीं की

जा सकती है प्रत्येक उत्पाद का एक उपभोक्ता है और वही विज्ञापन का 'टार्गेट ऑडियंस' (लक्ष्य दर्शक) बनता है। उसी को ध्यान में रखकर विज्ञापन ऐसी भाषा में लिखा जाता है कि वह उसे समझ पाये। 'डाइपर' के विज्ञापन का दर्शक/श्रोता अलग होगा और '555-बीड़ी' का 'टार्गेट-ऑडियंस' अलग होगा। इस कारण दोनों की भाषा भी भिन्न होगी। डाइपर के जिंगल्स में जहाँ हिन्दी-अंग्रेजी के शब्दों की मिश्रित भाषा हिंगलिश का प्रयोग हुआ है वहीं बीड़ी के विज्ञापन में वर्ग-विशेष की बोली सुनाई पड़ती है; क्योंकि विज्ञापन की भाषा का निर्धारण उपभोक्ता के सामाजिक परिवेश, उसकी संस्कृति और उसके मूल्यों को ध्यान में रखकर ही होता है। टेलीविजन हो या रेडियो, लेखक माध्यम की तकनीक का ज्ञान रखते हुए दर्शक की संस्कृति की जानकारी के साथ ही उसके मनोविज्ञान का भी अध्ययन करता है। तभी वह आकर्षक पंक्तियाँ लिख पाता है। रेडियो का एक विज्ञापन जो संवादात्मक शैली में लिखा गया है मध्यवर्ग को 'टार्गेट-ऑडियंस' बनाता है :–

पुत्री : पापा! यह पेंशन-प्लान क्या है?
पिता : मुझे बताओ, मैं तुम्हारी फीस क्यों भरता हूँ...
पुत्री : ताकि मैं पढ़-लिख कर अपने पैरों पर खड़ी हो सकूँ।
पिता : मैं भी अपने पैरों पर खड़े रहना चाहता हूँ।
(संगीत)
पार्श्व-स्वर : रहिये आत्मनिर्भर
जीवन भर
एल.आई.सी. पेंशन-प्लान
(संगीत)

इस प्रकार विज्ञापन (उत्पादक) उपभोक्ता (दर्शक अथवा श्रोता) तक किसी एजेंसी (विज्ञापन संस्थान) द्वारा तैयार किया जाता है और लोगों में उस उत्पाद के लिए कौतूहल पैदा किया जाता है। यानी विशेष प्रकार की इस लेखन कला द्वारा दर्शकों और श्रोताओं को प्रेरित किया जाता है। अतः विज्ञापन द्वारा न केवल उत्पाद की साख बढ़ाई जाती है बल्कि समाज के विभिन्न वर्गों को अनेक विषयों की जानकारी भी दी जाती है। आजकल कई सन्देश जनहित में प्रसारित हो रहे हैं। ऐसी सृजनात्मक रचनाओं में विचार, फ़िल्म अथवा ऑडियो द्वारा, उपभोक्ता तक पहुँचाये जाते हैं और एक जनमत तैयार किया जाता है। यथा–

'भविष्य में उसी देश का सितारा बुलंद होगा
जिसके पास पानी होगा'

इस वाक्य का प्रयोग वीडियो-फ़िल्म में भी हुआ है और रेडियो पर भी। विज्ञापन-लेखन के विशेषज्ञ लारा रीस और एल रीस मानते हैं कि ऐसे सृजनात्मक लेखन में सन्देश की संक्षिप्तता और ब्रैण्ड को रेखांकित करना आवश्यक हो जाता

है। वे मानते हैं कि ऐसी लेखन कला और ब्रैण्डिंग के कारण ही लिप्टन चाय विश्व भर में लोकप्रिय हुई और भारत में दार्जिलिंग-चाय के लिए भी ऐसी सम्भावनाएँ हैं। दरकार है एक सृजनात्मक विज्ञापन की। यानी किसी सृजनात्मक कॉपी पर ही कोई जिंगल, संवादात्मक फ़िल्म अथवा ऑडियो आधारित हो सकता है। ऐसी कॉपी की रचना के लिए विज्ञापन-लेखक को न केवल संक्षिप्तता बल्कि नाटकीयता, भाषागत सरलता, रोचकता और विश्वसनीयता का ख्याल भी रखना होता है। एक ऐसा आलेख लिखना होता है जिसमें कौतूहल, सुझाव और ध्यानाकर्षण की शक्ति हो।

सन्दर्भ

1. Roland Barthes, 'A Roland Barthes Reader, Vintage Classics, London, 2000, (Edited by Susan Sontag), p. 300
2. *Ibid.,* p. 299
3. *Ibid.*
4. Noam Chomsky & Edward S. Herman, 'Manufacturing Consent-The political Economy of the Mass Media', Vintage, Great Britain, 1994, Page-1
5. G.S. Bhargava, 'The Press in India-An overview', National Book Trust, New Delhi, 2005, p. III.
6. *Ibid.*
7. जगदीश्वर चतुर्वेदी, 'हिन्दी पत्रकारिता के इतिहास की भूमिका', अनामिका पब्लिशर्स एण्ड डिस्ट्रीब्यूटर्स, दिल्ली, 1997, पृ. 85
8. वही, पृ. 207
9. वही, पृ. 210
10. वही, पृ. 211
11. वही, पृ. 213
12. G.S. Bhargava. 'The Press in India-An Overview', National Book Trust, New Delhi, 2005, p. 175
13. नवभारत टाइम्स, 16 मई, 1999
14. हिन्दुस्तान, 1 जुलाई, 1936
15. हिन्दुस्तान, 30 जून, 2006 (पृ. 5)
16. सुधीश पचौरी, 'जनसंचार माध्यम : भाषा और साहित्य', श्री नटराज प्रकाशन, दिल्ली, 2002 पृ. 127
17. David Page & William Crawley, 'Satellites over South Asia', Sage Publications, New Delhi/London, 2001, p. 195

18. Fred liglis, 'Media Theory, An Introduction', Basil Blackwell, Oxford, 1990, p. 96
20. Umberto Eco, 'Travels in Hyper-reality', Picador, London, 1986, p. 234
21. John Fiske, 'Introduction to Communications Studies', 2nd Edition, 2001, Routledge, London, p. 73
22. रमेश नारायण त्रिपाठी (सम्पादन), रेडियो नाटक संग्रह, भाग-2, प्रकाशन विभाग, सूचना और प्रसारण मन्त्रालय, नई दिल्ली, पृ. 129
23. Raymond Williams, 'Television', Routledge, London, 2004, p. 43-44.
24. John Fiske, 'Introduction to Communication Studies', 2nd Edition, 2001, Routledge, London, p. 75
25. SERGEI EISENSTEIN, (Film Form), Beyond the shot (The Cinematographic Principle and the ideogram)-Film Theory and Criticism, Edited by Leo Braudy & Marshal Cohen, Oxford, New York, 2004, p. 19
26. JAN-LUC GODARD & YOURSSEF ISHAGHPOUR, 'CINEMA', Berg-Oxford, New York, 2005, pp. 15-16
27. ANDRE BAZIN (What is cinema), The Evolution of the Language of Cinema-Film Theory & Criticism, Edited by Leo Brandy & Marshal Cohen, Oxford, New York, 2004, p. 44
28. CHRISTIAN METZ (Film Language), Some points in the Semiotics of the Cinema-Film Theory & Criticism, Edited by Leo Braudy & Marshal Cohen, Oxford, New York, 2004, p. 68
29. LEO BRAUDY & MARSHAL COHEN (Film Language), Film Theory and Criticism, Oxford, New York, 2004, p. 3
30. ANDRE BAZIN (What is cinema), The Evolution of the Language of Cinema-Film Theory & Criticism, Edited by Leo Braudy & Marshal Cohen, Oxford, New York, 2004, p. 45
31. *Ibid.*
32. *Ibid.*, p. 49
33. *Ibid.*, p. 50
34. *Ibid.*, p. 52
35. *Ibid.*

36. JEANS-LUC GODARD & YOUSSEF ISHAGHPOUR, 'CINEMA', Berg-Oxford, New York, 2005, p. 24
37. BRIAN HENDERSON, Towards Non-Bourgeois Camera Style-Film Theory & Criticism, Edited by Leo Braudy & Marshal Cohen, Oxford, New York, 2004, p. 55
38. *Ibid.*
39. *Ibid.*, p. 56
40. SATYAJIT RAY, Our films-their films, Orient Longman Limited, New Delhi, 1976, p. 69
41. CHRISTIAN METZ, FILM LANGUAGE-A Semiotics of the Cinema, Oxford university press, New York, 1974, p. 44
42. *Ibid.*, p. 47
43. *Ibid.*, p. 49
44. *Ibid.*, p. 68
45. *Ibid.*, p. 69
46. *Ibid.*, p. 72
47. ARTHURASA BERGER, Semiotics and TV-UNDERSTANDING TELEVISION, (Ed. Richard P Adler), NY, 1981; pp. 94-95
48. *Ibid.*, p. 94
49. C.S. PEIRCE as quoted in 'Introduction to Communication Studies', John Fiske, Routledge, London, 2nd edition, 2001, p. 42
50. *Ibid.*, p. 47
51. John Fiske, 'Introduction to Communication Studies', Routledge, 2nd Edition, London, 2001, p. 47
52. *Ibid.*, p. 48
53. ARTHURASA BERGER, Semiotics and TV-UNTERSTANDING TELEVISION, (Ed. Richard P Adler), NY, 1981, p. 110
54. ARGYLE as quoted in 'Introduction to Communication Studies', John Fiske, Routledge, 2nd edition, 2001, p. 68
55. John Fiske and John Hartley, 'Reading Television', Routledge, 2nd edition, London, 2003, p. 36
56. *Ibid.*, p. 44
57. *Ibid.*, p. 47
58. Roland Barthes, 'A Roland Barthes Reader', Edited by Susan Sontage, Vintage, London, 2000, p. 211

हिन्दी साहित्य और टेलीविजन

(1) कविता

शब्दों का जादू। शब्दों से गुँथे शब्द। अक्षर-समूहों का आकर्षण और उन शब्दों की लय, कविता में एक अलग तरह का सौन्दर्य पैदा करती है। ये शब्द और अक्षर समूह देश काल के अन्तर के बावजूद मानव मन के भावों का साक्षात्कार कराते हैं। कवि, आलोचक और भाषाविद् एजरा पॉउंड (EZRA POUND) ने ज़ोर देकर कहा कि नयी-अनुभूति का गुण कविता में अनिवार्य है। इसके साथ ही उन्होंने कविता के शब्दों की लय-ताल को भी महत्त्वपूर्ण माना।* भारतीय परम्परा में काव्य, सभी कलाओं में, श्रेष्ठ है। रससूत्र पर चर्चा करते हुए अभिनवगुप्त लिखते हैं कि सौन्दर्य की अनुभूति पाँच अवस्थाओं में होती है—ज्ञानेन्द्रिय अवस्था, कल्पना की अवस्था, मनोभाव उभारने वाली अवस्था, भाव शुद्धिकरण की अवस्था और आनन्दप्रद अवस्था।[2] जब आनन्द प्राप्त होने लगता है तो भाव और विचार का अन्तर्विरोध भी समाप्त होने लगता है। टी.एस. इलियट (T.S. ELIOT) के अनुसार कवि अपनी संवेदनाओं की अभिव्यक्ति के लिए चिह्नों का प्रयोग करता है। ये प्रतीक वैसी ही भावनायें जाग्रत करते हैं जैसी कवि के मन में जाग्रत हुई होती हैं। ऐसी 'आब्जेक्टिव कोरिलेटिवटी' (Objective Correlative)** में विभाव और भाव में एकरूपता नज़र आती है। राष्ट्र कवि मैथिलीशरण गुप्त ने कवि की अन्तःपरिस्थितियों को ही रचना का आधार माना है। गुप्त जी ने अपने एक साक्षात्कार में कहा है 'मेरी अनुभूतियों ने ही मुझे कवि बना दिया'[4], उनकी प्रबन्धात्मक कृति 'साकेत' 1931 में प्रकाशित हुई थी। जयशंकर प्रसाद का महाकाव्य 1936 में आया तथा मुक्तिबोध का 'चाँद का मुँह टेढ़ा है' जैसा काव्य संग्रह 1964 में प्रकाशित हो सका था। निराला, अज्ञेय, पन्त और अवाँगार्द कवियों की कविताओं में प्रस्तुत प्रतीकों का अनुनाद हमारे विचार उत्तेजित करता है। इन चिन्हों में कई अर्थ छिपे रहते हैं। कविता में प्रस्तुत प्रतीक किसी खास बात की

---

* "Poetry withers and dries out when it leaves music, or at least imagined music, too far behind it. Poets who are not interested in music are, or become, bad poets."[1]

** "The only way of expressing emotion in the form of art is by finding an objective correlative."[3]

ओर संकेत करते हैं।* विषय-वस्तु की दृष्टि से कविताओं का फलक अत्यन्त विस्तृत होने के बावजूद इनमें जीवन के विभिन्न पक्षों की ओर संकेत होता है। हिन्दी के छायावादी, उत्तर छायावादी, प्रगतिवादी तथा प्रयोगवादी नयी कविता के कवि, वस्तुतः मानव संस्कृति और मानवता के ही प्रवक्ता रहे हैं।

पत्रिकाओं, गोष्ठियों तथा काव्य संकलनों द्वारा कविता का प्रसार होता रहा है। परन्तु रेडियो के कारण इसकी लोकप्रियता बढ़ने लगी। बाद में टेलीविजन आया तो न केवल कवि सम्मेलन आयोजित होने लगे बल्कि महादेवी वर्मा, नीरज, रघुवीर सहाय और नागार्जुन जैसे कवियों पर वृत्तचित्र भी बनने लगे।** टी. एस. इलियट ने गीत-नाट्य को पुनः प्रचलित किया था इसलिए पश्चिम में रेडियो के लिए भी काव्य की रचना होने लगी। आकाशवाणी से भी धर्मवीर भारती का पद्यनाटक 'सृष्टि का आखिरी आदमी' तथा जयशंकर प्रसाद की 'कामायनी' व 'यशोधरा' जैसी साहित्यिक कृतियाँ प्रसारित होने लगीं। परन्तु प्रसारण से पूर्व कुछ रचनायें पुस्तक रूप में प्रकाशित हो चुकी थीं। टेलीविजन से भी काव्य का प्रसारण होने लगा मगर वह मंचीय कविता से प्रभावित था। 'दूरदर्शन ने एक माध्यम के रूप में कविता से कोई सम्बन्ध नहीं बनाया बल्कि मंच से सम्बन्ध बनाया। मंच लाल किले और चौक-चौराहे से उठकर दूरदर्शन में आ गया। माध्यम की ऐसी निष्क्रियता ने एक ऐसे कवि-व्यक्तित्व को पॉपुलर बनाया जो मूलतः पद्यकार और तुकबन्दीकार था, जहाँ जीवन और समाज की चिन्तायें नहीं थीं।[6]

शब्द का प्रारम्भिक रूप मौखिक था तथा रेडियो व टेलीविजन पर भी काव्य साहित्य मौखिक रूप से ही प्रस्तुत होता है। ऐसी काव्य-भाषा में लय, रूपक, बिम्ब तथा प्रतीकों का नियोजन होता है। आकाशवाणी ने निराला,*** हरिवंशराय बच्चन, अज्ञेय तथा अन्य महत्त्वपूर्ण कवियों को, उनकी ही वाणी में, मौखिक-काव्य प्रसारण द्वारा श्रोताओं तक पहुँचाया परन्तु टेलीविजन के कार्यक्रमों के लिए ऐसे प्रारूप निर्मित हुए जिनमें दर्शकों को भी शामिल किया जाता रहा। आमन्त्रित दर्शकों के सामने काव्य-पाठ कराने से न केवल काव्य के प्रसार में बाधा आने लगी बल्कि कवि और श्रोता के बीच बन रहे सन्बम्ध में भी व्यवधान पड़ा; क्योंकि ये दर्शक ऐसे होते हैं जिनमें न तो कविता सुनने की इच्छा और न ही काव्य की समझ होती है।

---

* An image so loaded with significance that it is not simply leteral, and it does not simply stand for something else; it is both itself and something else that it richly suggests, a kind of manifestation of something too complex or too elusive to be otherwise revealed."[5]

** प्रस्तुतकर्त्ता कुबेर दत्त (दूरदर्शन अभिलेखागार)

*** आकाशवाणी-अभिलेखागार में यह रिकॉर्डिंग सुरक्षित रखी हुई है।

प्रारम्भ से ही कवियों ने एक अलग भाषा-शैली में विचारों को व्यक्त करने का प्रयास किया है। वर्ड्सवर्थ (Wordsworth) कविता में आम लोगों की भाषा* (Language of the Common man) पर बल देते रहे। ठीक उसी प्रकार, जिस प्रकार कबीर आदि भक्ति-आन्दोलन के कवियों ने अनौपचारिक भाषा में काव्य रचना की। रेडियो पर ऐसी कविताओं के प्रसार को बढ़ावा मिलने लगी। इसके बरअक्स, टेलीविजन पर हास्य कवि सम्मेलनों को तरजीह मिलने लगी। 'वाह-वाह'** जैसे हास्य कवि सम्मेलन कोई अच्छी परम्परा स्थापित नहीं कर सके। हिन्दी अकादमियों की तरह ही दूरदर्शन भी 15 अगस्त, 26 जनवरी तथा अन्य अवसरों पर कवि सम्मेलन आयोजित करता रहा। मगर ऐसे कार्यक्रम काव्य बोध के विकास में सहायक सिद्ध नहीं हो सके हैं। 'इस क्रम में जिस कविता का फैलाव हुआ वह हिन्दी की वास्तविक परम्परा से कोई सम्बन्ध नहीं रखती है मगर लगातार के प्रसारण से वही हिन्दी का परिचय बनती रही है। हिन्दी भाषी क्षेत्रों में जहाँ दूसरी तरह की कविता की सीधी पहुँच बन सकी वहाँ से आगे अखिल भारतीय स्तर पर जाने वाले कवियों में नागार्जुन, त्रिलोचन, शमशेर या रघुवीर सहाय का नाम नहीं आता बल्कि कुछ तुकबाज़ों का नाम आता है।'[8] लेकिन सतही कविता प्रसारणों के बावजूद कुछ ऐसे कार्यक्रमों का भी निर्माण हुआ जो काव्य बोध कराने में सफल रहे। जैसे—'कविता का फ़िलहाल'।*** यह आधुनिक हिन्दी कविता के महत्त्व, श्रेष्ठ कवियों के काव्य, उनकी रचना प्रक्रिया और कवियों के वैचारिक संघर्ष का परिचय दिलाती एक सीरीज़ थी जो 20 किस्तों में प्रसारित हुई।****

'दूरदर्शन पर आये कवि सम्मेलनों, काव्य पाठों ने सबसे अच्छा काम यह किया कि कविता को लिखित से वाचिक बना दिया। निरक्षर या अल्पसाक्षर समाज में महँगी किताब हरेक को नसीब नहीं होती किन्तु डेढ़-दो हजार का एक

---

* "I wandered lonely as a cloud
That floats on high over vales and hills,
When all at one I saw a crowd,
A host, of golden daffodils,
Beside the lake, beneath the trees,
Fluttering and dancing in the breeze"

** "सोनी—सब टीवी से प्रसारित"

*** दूरदर्शन से प्रसारित (प्रस्तुतकर्त्ता कुबेर दत्त)

**** "मैं उनका ही होता, जिनसे मैंने रूप-भाव पाये हैं। वे मेरे ही हिये बँधे हैं, जो मर्यादा लाये हैं। मेरे शब्द, भाव उनके हैं, मेरे पैर और पथ मेरा, मेरा अन्त और अथ मेरा, ऐसे किन्तु चाव उनके हैं। मैं ऊँचा होता चलता हूँ, उनके ओछेपन से गिर-गिर उनके छिछलेपन से खुद-खुद, मैं गहरा होता चलता हूँ।" (गजानन माधव मुक्तिबोध)

डिब्बा सब कुछ बताता है। इसलिए कविता उनके पास तक पहुँचने लगी है जो अभी तक पढ़ नहीं सके हैं। एक अर्थ में तो यह कविता का प्रसार है। उसकी मुक्तावस्था है'।[9]

आम धारणा यह है कि टेलीविजन केवल मनोरंजन प्रदान करता है। परन्तु मुद्रित साहित्य की तरह ही प्रसारित-साहित्य भी भावान्तर करा सकता है। कविता में यह क्षमता होती है कि वह श्रोताओं के साथ सीधा सम्बन्ध बना लेती है। अनुभूतियों की सहज अभिव्यक्ति यदि लिखित-पाठ द्वारा भाव-चेतना जाग्रत कर सकती है तो वाचिक द्वारा क्यों नहीं।

टेलीविजन पर कविताओं का विजुअलाइज़ेशन भी हुआ है। परन्तु वह चित्रांकन प्रायः शब्दों के अनुकूल नहीं हो सका है इसलिए विफल ही रहा है। ऐसे चित्र भले ही गीतों की भावभूमि तैयार कर सकें परन्तु भावोद्बोधक शक्ति गीत की लय-ताल में होती है। जिसका सबसे सुन्दर रूप 'मिले सुर मेरा तुम्हारा'* में देखने को मिला था। दूरदर्शन ने निराला, नागार्जुन जैसे कवियों के साथ ही ज्यां पॉल सार्त्र, ओलिवर टॉड और तोल्सताय जैसे रचनाकारों पर वृत्तचित्र बनाये हैं। ग़ालिब के जीवन और शायरी पर तो पूरा धारावाहिक ही प्रसारित हुआ है। ऐसा नहीं कि बहुत अच्छे कार्यक्रम नहीं हो सकते हैं किन्तु उन्हें किस रूप में प्रस्तुत किया जाये यह ज़रूरी है। इयान फ्लेमिंग ने अपने एक साक्षात्कार में कहा था कि थ्रिलर्स साहित्य की तरह पढ़े जाने के लिए भी रचे जा सकते हैं। ठीक उसी प्रकार काव्य भी टेलीविजन से सुने-देखे जाने के लिए रचा जा सकता है।

(2) कहानी

जो बात कविता द्वारा न कही जा सके उसकी अभिव्यक्ति कहानी द्वारा होती है। कहानी, किसी घटना का वर्णन करती है, परन्तु जब टेलीविजन पर दर्शाई जाती है तो इसका नाट्यकरण हो जाता है। कहानी का लेखक, कवि की तरह तुकान्त, अतुकान्त अथवा अनुप्रास का प्रयोग नहीं करता बल्कि वह कहानी में एक सम्पूर्ण प्रभाव पैदा करते हुए अपने दृष्टिकोण को पात्रों के माध्यम से प्रस्तुत करता है। उनकी सर्वज्ञता, उनके कार्य और विचार द्वारा प्रकट होती है। पात्रों का बाहरी और भीतरी, चेतन-अचेतन, सभी पक्ष उजागर होते हैं। उन के मन में चल रहा द्वन्द्व और उद्विग्नता प्रकट होती है। कहानी, काल्पनिक घटनाओं और व्यक्तियों को लेकर रचा गया साहित्य है किन्तु पाठक ऐसे पढ़ता है जैसे किसी सत्य घटना का विवरण प्राप्त कर रहा हो। इसलिए इसमें ऐसी स्थितियों का होना आवश्यक हो जाता है जो सत्यता की भ्रान्ति बरकरार रख सकें। इसके साथ ही एक ऐसी शैली

---

* यह विजुआलाइज़्ड गीत दूरदर्शन से पहली बार 1987 में प्रसारित हुआ था और अब तक इसकी लोकप्रियता में कोई कमी नहीं आयी है।

जो वर्णनात्मकता को अर्थपूर्ण बनाती है। इस प्रकार कहानी ऊपरी बनावट द्वारा भीतरी भाव प्रस्तुत करती है। दृश्य और अदृश्य का संयोजन। प्रतीकात्मकता का भी सहारा लिया जाता है। प्रतीकात्मक छवियों का एक निश्चित अर्थ होता है। लेकिन टेलीविजन ने प्रारम्भ से ही ऐसी कहानियाँ दिखानी शुरू की जो यथार्थोन्मुख हों। धर्मवीर भारती की कहानी 'बन्द गली का आखिरी मकान' तथा अन्य कहानियाँ रूपान्तरित होकर पटकथा द्वारा प्रस्तुत हुई हैं। दूरदर्शन ने न केवल हिन्दी में लिखी कहानियाँ पेश की बल्कि विश्व-साहित्य की अनेक चर्चित कहानियाँ 'कथा-सागर' तथा 'दर्पण' जैसी शृंखलाओं के अन्तर्गत दिखाईं। निजी चैनल स्टार भी 'स्टार बेस्ट सेलर' द्वारा कहानियों का टेलीरूपान्तर प्रस्तुत करता था, परन्तु विज्ञापन के स्तर इस पर कार्यक्रम को सफलता नहीं मिली। इसलिए बन्द हो गया। इसी प्रकार ज़ी टीवी पर क्षेत्रीय भाषाओं की कहानियों को हिन्दी में दर्शाने वाला कार्यक्रम भी वाणिज्य सम्बन्धी कठिनाइयों के कारण रोक दिया गया। लेकिन इधर कथा-साहित्य पर आधारित दो नये कार्यक्रम दूरदर्शन पर शुरू हुए हैं—'कथा सरिता' तथा 'और एक कहानी'।

टेलीविजन पर कहानी को दर्शाना एक रूपान्तरण प्रक्रिया है। जब-जब भी किसी साहित्यिक-कथा को टीवी पर दिखाया गया तब-तब हल्ला मचा। आलोचक उन रूपान्तरित टेली-कथाओं को संशय की दृष्टि से देखने लगे और उनमें अनुकरण, रेचन आदि सिद्धान्त तलाशने लगे। जबकि टेली-कथा उन असंख्य दर्शकों के लिए बनती है जिनमें शिक्षितों के साथ अर्द्धशिक्षित और अशिक्षित भी शामिल होते हैं। टैम (TAM) के 2005 के एक सर्वेक्षण में जब प्रतिक्रियायें एकत्र हो रही थीं तो पाया गया कि अधिकतर दर्शकों को लेखकों और रूपान्तरकारों के नाम स्मरण नहीं थे लेकिन उन्हें कहानी और कहानियों के पात्र याद थे।

साठ के दशक में जब दूरदर्शन से कहानियों पर आधारित नाटकों का सिलसिला चल पड़ा तो उनमें रंगमंचीय यथार्थ का प्रभाव साफतौर से नज़र आता था। कोई मान्य शैली नहीं बन पायी थी। रूपान्तरकार नये 'फॉर्म' को समझने की कोशिश में थे मगर कोई पक्का ढाँचा नहीं बन पा रहा था। यह अस्त-व्यस्तता शुरुआती दौर में करीब दो दशक तक बनी रही। 80 के दशक में जब पटकथा लेखन में दक्षता प्राप्त करने वाले रचनाकार सामने आये तो 'बन्द गली का आखिरी मकान' (धर्मवीर भारती), 'नमक का दारोगा' (प्रेमचन्द), 'सब की इज्जत' (यशपाल), 'डिप्टी कलेक्टर' (अमरकान्त), 'अकेली' (मन्नू भण्डारी), 'नशा' (प्रेमचन्द), 'आखिरी इम्तहान' 'मान-अपमान' (शरतूचन्द्र) जैसी कहानियों का शैलेन्द्र, विष्णु प्रभाकर, मन्नू भण्डारी, देवेन्द्रराज अंकुर और डॉ. मोहम्मद हसन द्वारा रूपान्तर हुआ। उसके बाद श्याम बेनेगल ने कुछ कहानियों को टेलीविजन पर दिखाया तथा मंजू सिंह ने कहानियों पर आधारित एक शृंखला तैयार कर दी, लेकिन सभी

निर्देशकों ने कहानी में कथ्य और चित्रात्मकता के गुण को ध्यान में रखते हुए ही रचना को चुना। अधिकतर कहानियों में सामाजिक अभिवृत्ति और उसमें निहित संघर्ष को दर्शाया गया। 1985-86 में 'दर्पण' के अन्तर्गत चौदह विभिन्न भारतीय भाषाओं की कहानियों को दूरदर्शन पर बासू चटर्जी के निर्देशन में दिखाया गया। इन कथाओं की पटकथा मन्नू भण्डारी ने लिखी थी। कहानियों के चुनाव के बारे में वे बताती हैं कि 'इन पट-कथाओं के लिए...कोशिश तो यही की कि ऐसी कहानियाँ चुनूँ जो दृश्य-माध्यम के अधिक अनुकूल हों यानी कि जिनमें संवेदना को स्पर्श करने वाले कुछ मार्मिक प्रसंग हों। घटित होती कुछ घटनायें (एक्शन) हों...कहानी को चरम की ओर ले जाने वाली द्वन्द्वात्मक स्थितियाँ हों...सहज ही तादात्म्य स्थापित कर सकने वाले चरित्र हों'[10] इसी आधार पर 'यादें' के अन्तर्गत महादेवी वर्मा के संस्मरण भी पटकथाओं के रूप में रूपान्तरित हुए थे। 'सामान्य कहानी की तरह संस्मरण मात्र कल्पना पर आधारित नहीं होता वरन् किसी न किसी रूप में वह लेखक के जीवन की हक़ीकत होती है, उसका अपना अनुभव होता है इसलिए पटकथा लिखते समय आप लेखक को अलग करके कहानी के दूसरे पात्रों के संवादों से उसकी भूमिका अदा नहीं करवा सकते (जैसी कहानी में करते हैं) बल्कि इसकी पटकथा में लेखक भी रचना का एक पात्र ही होता है... प्रमुख पात्र।'[11] इसलिए पटकथा लेखक की सृजनात्मकता कुछ नये पात्रों (काल्पनिक) व संवादात्मक स्थितियों को जन्म देती है और कौतूहल उभारते हुए दृश्य से दृश्य की 'ट्रांज़िशन' द्वारा रोचक घटना तक ले जाती है। ऐसी रचनाओं में द्वन्द्व न केवल बाह्य होता है बल्कि भावों और विचारों के टकराव से अन्तर्द्वन्द्व उभरता है। क्रिया (एक्शन) के माध्यम से घटनाओं की शृंखला और संवादों में गति-परिवर्तन होता है। जब ये दृश्य, निरन्तर, छोटे पर्दे पर, आते हैं तो गति की अनुभूति प्रत्यक्ष हो जाती है। इस प्रकार कहानी व्यक्तिगत से नयी वास्तविक कृति में परिवर्तित होती है।

90 के दशक में एक महत्त्वपूर्ण बात यह हुई कि लेखक स्वयं ही अपनी कथा की पटकथा लिखने लगे। इस दौर में रेवती सरन शर्मा, मुद्राराक्षस, के. के. नैयर तथा अनवर अज़ीम ने कई पटकथायें लिखीं। उधर दूरदर्शन का मेट्रो चैनल शुरू हो गया था। यह एक मनोरंजन-चैनल था। कई नये धारावाहिक आने लगे थे। सैटलाइट चैनल भी शुरू हो गये थे। विज्ञापनदाताओं की शक्ति बढ़ने लगी और चमक-दमक वाले धारावाहिकों के बीच कथा टेलीविजन अपने दर्शक खो बैठा। हालाँकि 'एक कहानी', 'दर्पण' जैसी कथा-शृंखलायें आती रहीं मगर दर्शकों की संख्या प्रायोजित-धारावाहिकों से कम ही रही। 2006 में 'और एक कहानी' के अन्तर्गत यू. आर. अनन्तमूर्ति की कहानी 'सूरज का घोड़ा' प्रसारित हुई, जो परम्परा और आधुनिकता का द्वन्द्व दिखाती है।

टेलीविजन का दर्शक कहानी को किसी रंगशाला में न देखकर अपने परिवार के साथ देखता है। इसलिए वह ऐसी कहानियाँ तलाशता है जो अनूठी हों। जिनमें उसके समाज का प्रतिनिधित्व हो। ऐसी टेली-कथाओं की एक अच्छी बात यह है कि सम्पूर्ण कहानी एक ही प्रसारण में देखी जा सकती है। आरम्भ से अन्त तक। यदि आज भी कथा-शृंखलाएँ दूरदर्शन, चैनल-4 तथा बीबीसी से दर्शाई जाती हैं तो इसलिए कि कुछ दर्शक लम्बे खींचे जाने वाले धारावाहिकों के बजाय एक पूरी कहानी एक ही प्रसारण में, देखना पसन्द करते हैं।

पश्चिम में चर्चित कहानियों के बजाय टेलीविजन के लिए शुरू से ही, मौलिक कथाओं को तरजीह दी जाती रही।* पैडी चेयव्सकी (Paddy Chayefsky) तथा अन्य टेली-कथाकारों ने नयी कहानियाँ और नाटक लिखे। जिस कारण एक नयी विद्या 'टेली-कथा' लोकप्रिय हुई। लेखकों ने नयी कथाओं में मनोविज्ञान सम्बन्धी प्रसंगों तथा जटिल कथानकों को निष्कृत किया। इन कहानियों के विषय साधारण होते थे। इनमें लम्बे-लम्बे एकालाप भी नहीं होते। स्पष्ट संवाद के साथ एक सहज कथा प्रस्तुत होती।

दरअसल, टेली-कथा की अपनी एक गति और लय होती है। ऐसी कथाओं में प्रस्तुत घटनाओं और सम्भावित घटनाओं का एक क्रम होता है जो द्वि-आयामी स्पेस पर उभरकर सामने आता है। यहाँ अदृश्य पात्र भी अन्य पात्रों के साथ घूमते-फिरते नज़र आते हैं। कहानीकार अपने अनुभवों के आधार पर जो लिखता है, टेलीविजन उसका दृश्यान्तरण करता है। 'नए जनसंचार माध्यमों खासकर टीवी की संचार प्रविधि साहित्य को उसी तरह अपने अनुकूल करती है, बदलती है जिस तरह प्रिंट मीडिया ने कभी साहित्य को बदला था। वह साहित्य को उसकी निजता, स्थानीयता और वैचारिकता से मुक्त कर उसे सार्वजनिक, भूमण्डलीय और तात्कालिक शुद्ध प्रभाव केन्द्रित बनाती है। वह छवि और ध्वनियों को अतिरिक्त सक्रिय करती है और साहित्य को अनिवार्यतया 'दृश्य' में बदलती है।'[13]

मौलिक, टेलीकथा का अपना एक अलग विधान होता है। इसमें भाव-प्रबलता होती है। भावनायें ही पात्रों का निर्धारण करती हैं। ऐसी कहानी टीवी पर दर्शकों की परम्पराओं के साथ प्रस्तुत होती रही हैं।

---

* "Actually, the material to be adapted is rarely of any use to the adapter. It is usually in the shape of a novel or a short story, two literary forms that do not lend themselves comfortably to dramatic exploitation. The convenient interospection of the prose style is difficult to capture in dialogue and action, and the adapter usually winds up picking a kernel of story from his material and improvising his own characters and insights."[12]

(3) उपन्यास

उपन्यास में सामाजिक अवस्थाओं की अभिव्यक्ति होती रही है। जीवन की वास्तविकता और समाज के भौतिक अस्तित्व, जिसको मार्क्स ने यथार्थ माना, का चित्रण प्रेमचन्द के उपन्यासों में खासतौर से नज़र आता है। किसान, शोषित वर्ग, दुर्बल, मज़दूर, असहाय नारी, शोषण करने वाले लोग आदि अनेक वर्गों का चित्रण उनके उपन्यासों में मिलता है। प्रेमचन्द का 'गोदान' रूपान्तरित होकर दूरदर्शन पर 2005 में प्रसारित हुआ। यह हिन्दी उपन्यास 1936 में प्रकाशित हुआ था मगर आज भी भारत का किसान हैरान-परेशान है। महाराष्ट्र, आन्ध्र, उड़ीसा जैसे राज्यों से किसानों की आत्महत्या के समाचार रोज ही आते हैं। ऐसे में 'गोदान' का प्रसारण प्रासंगिक ही नहीं बल्कि भारतीय किसान की दयनीय दशा का वास्तविक चित्रण भी करता, मगर इस उपन्यास का फिल्मीकृत टेली-रूप एक असफल प्रसारण था। उपन्यास पाठक को सामाजिक यथार्थ का साक्षात्कार कराता है तो उसका टेली रूपान्तरण पूर्ण वास्तविकता दिखलाता है, पुनर्व्याख्या करता है। यदि यह चित्रण अवास्तविक लगने लगे तो कृति अपना अर्थ खो देती है। कई वर्ष पहले प्रेमचन्द के एक ओर उपन्यास 'निर्मला' पर आधारित एक धारावाहिक बना था। किन्तु वह बेहतर था। भीष्म साहनी के उपन्यास 'तमस' पर भी गोविन्द निहलानी ने दूरदर्शन के लिए धारावाहिक बनाया था। वह उत्कृष्ट था।

साहित्यिक कृतियों का, टेलीविजन पर, विचारपूर्ण ढंग से निर्माण हुआ है, लेकिन प्रायोजित कार्यक्रमों के अन्तर्गत दिखाये जाने वाले उपन्यास अक्सर विज्ञापनदाताओं के दबाव में निर्मित हुए हैं। यही कारण है कि बीबीसी, पहले, अपने नाट्य आधारित कार्यक्रमों/उपन्यासों को छोटे-पर्दे पर लाने के लिए स्वयं ही धन उपलब्ध कराता था। किसी प्रायोजक के हस्तक्षेप के बिना। एनबीसी भी इसी नीति का अनुसरण करता था। यही कारण है कि पश्चिम के टेलीविजन पर 'क्राइम एण्ड पनिशमेंट' जैसी कृति को दिखलाया जा सका।

भारतीय टेलीविजन पर 'मैला आँचल', 'तमस' जैसी कालजयी कृतियों की पुनर्व्याख्या हुई है। इसी प्रकार, 'चरित्रहीन' 'मालगुडी डेज', 'मुझे चाँद चाहिए' तथा 'नीम का पेड़' एक अतिरिक्त आयाम प्रस्तुत करने में सफल रहे हैं। लेकिन 'चन्द्रकान्ता संतति', 'राग दरबारी', 'बसंती' तथा 'साहब बीवी और गुलाम' जैसे उपन्यास आधारित धारावाहिक अपनी प्रस्तुतियों में कोई नया डाइमेन्शन पेश नहीं कर सके। जब साहित्यिक कृति टीवी पर प्रस्तुत होती है तो उसमें भाव प्रदर्शित करने वाली क्रिया, संवाद, रंग और गति जैसे तत्त्व जुड़ जाते हैं। एक 'स्पोकन एक्शन (Spoken Action) प्रस्तुत होता है। जीवन-जगत के व्यक्तियों की कथा

विस्तृत विवरणों के साथ प्रस्तुत होती है। जिसके सूत्र उपन्यास में उपलब्ध होते हैं।*

टेलीविजन साहित्य को लोकप्रिय बनाता है। दूरदर्शन पर 'तमस' के प्रसारण के बाद पुस्तक की माँग इतनी बढ़ी कि कुछ ही दिनों में हजारों प्रतियाँ बिकी थीं। 'तमस' आने के बाद पुस्तक के कई संस्करण बिके। उससे पहले नहीं बिके। तो, एक अनुभव यदि यह है कि टीवी लिखित साहित्य की ओर से हमारा ध्यान 'दृश्य' की ओर खींचता है तो यह भी है कि वह फिर से लिखित-छपित की ओर लौटाता भी है।"[15] वर्ष 2006 के साहित्य के नोबेल पुरस्कार विजेता के रूप में ओरहान पामुक की घोषणा के बाद उनकी तस्वीरें और साक्षात्कार टीवी पर आने लगे। टेलीविजन साक्षात्कार के दूसरे दिन ही उनके उपन्यास 'स्नो' को बुक स्टोरों में खोजा जाने लगा। इसी प्रकार बाप्सी सिध्वा के 'आइस कैन्डी मैन' पर बनी फ़िल्म लोकप्रिय हुई तो पुस्तक की माँग बढ़ गयी। कुछ ही महीनों में इस अंग्रेजी उपन्यास का हिन्दी अनुवाद 'बर्फ का गोला (2003) प्रकाशित हुआ। किरण देसाई के उपन्यास 'द इनहेरिटेन्स ऑफ लॉस' (The Inheritance of Loss) तथा जॉन अपडाइक के कथा-संकलन 'द अर्ली स्टोरीज़' (The Early Stories) पर 2006 के बुकर तथा रिया पुरस्कारों की घोषणाओं व टीवी साक्षात्कारों के बाद किताबों की बिक्री खूब बढ़ी और हिन्दी अनुवाद की योजनाओं के प्रस्ताव अनुवादकों के पास आने लगे।

साहित्यिक कृतियों पर आधारित, धारावाहिक जब लोकप्रिय हो जाते हैं तो नये संस्करणों के मुखपृष्ठों पर अभिनेता-अभिनेत्रियों के चित्र छपने लगते हैं। 'साहब बीवी और गुलाम' के सहारा चेनल पर प्रसारण के बाद विमल मित्र की कालजयी कृति पर रवीना टंडन की तस्वीर छापी गयी। दूरदर्शन पर प्रसारित 'गोदान' के टेलीकास्ट के पश्चात् प्रेमचन्द के उपन्यास को दोबारा प्रकाशित किया गया और उस पर पंकज कपूर का चित्र छापा गया। इसी प्रकार 'परिणीता', 'देवदास', 'सारा आकाश' आदि कृतियों पर भी हीरो-हीरोइन की तस्वीरें दी गयीं। बीबीसी के 'येस मिनिस्टर' का रिमेक जब 'जी मन्त्री जी' के नाम से प्रसारित हुआ तो कुछ ही दिनों बाद धारावाहिक हिन्दी में प्रकाशित होकर बिकने लगा।

इन दिनों शिवानी की कृति 'कृष्णकली' पर दूरदर्शन एक धारावाहिक बनवा रहा है। इसका निर्देशन अमोल पालेकर कर रहे हैं। इसका वीडियो सम्पादन होने के बाद इस सीरियल के प्रसारित होने की सम्भावना है। पिछले वर्ष अज्ञेय के

* "Portraiture is what the novelist gives us. Intent on revealing the world of real men and women going about their daily work and play, he does not simplify his characters into representatives of thoughtful moral, but gives abundant detail."[14]

उपन्यास 'शेखर : एक जीवनी' पर दूरदर्शन ने श्याम बेनेगल को धारावाहिक बनाने की पेशकश की थी मगर यह योजना विवादों में उलझ गयी। जैनेन्द्र के उपन्यास 'त्यागपत्र' पर भी धारावाहिक बनाने का प्रस्ताव है।

उपन्यास का आयाम विस्तृत होता है। इसमें नगर, उप-नगर, गाँव, बाज़ार, हवेली, नदी, नदी का किनारा आदि कई स्थल होते हैं। उन पर विचरते अनेक चरित्र नज़र आते हैं जिनके माध्यम से कहानी बयान होती है। इ.एम. फास्टर के अनुसार यह विस्तार प्रभावी होता है और तालस्ताय के 'वार एण्ड पीस' की खासियत भी यही 'स्पेस' की कल्पना और विस्तार है।[16] इसी खूबी ने फ़िल्मकारों को उपन्यासों पर आधारित फ़िल्में बनाने के लिए प्रेरित किया है। हेमिंग्वे के उपन्यास, जिनके दृश्य प्रभावपूर्ण होते हैं, निर्देशकों को आकर्षित करते रहे हैं। सत्यजीत रे, अकीरा कुर्सोवा, दीपा मेहता आदि कई निर्देशकों ने उपन्यासों पर आधारित फ़िल्में बनाई हैं।

उपन्यासों पर आधारित टेलीविजन-धारावाहिकों से पहले इनकी शुरुआत रेडियो से हुई थी। बीबीसी ने 1930 में जॉर्ज-एलियट, डिकिनस तथा जेन ऑस्टिन की रचनाओं का रेडियो रूपान्तरण प्रस्तुत करना प्रारम्भ किया था। टेलीविजन ने इस परम्परा का अनुसरण किया और 90 के दशक तक आते-आते नाट्य आधारित कार्यक्रमों का 40 प्रतिशत हिस्सा उपन्यासों से रूपान्तरित धारावाहिकों का हो गया।

भारतीय टेलीविजन के प्रारम्भिक वर्षों में चर्चित उपन्यासों को नाटकों में परिवर्तित किया गया था। कुछ ही वर्षों में, दर्शकों की सन्तोषजनक प्रतिक्रिया के फलस्वरूप, इन्हें धारावाहिकों के रूप में भी प्रस्तुत किया जाने लगा जैसे—टैगोर का 'आँख की किरकिरी', प्रेमचन्द का 'गोदान', शरत् के उपन्यासों पर आधारित 'परिणीता', 'छोटी बहू व मँझली बहू', उदयशंकर भट्ट का 'सागर लहरें और मनुष्य'[17] आदि।

एक उपन्यास को धारावाहिक में प्रस्तुत करने की प्रक्रिया में माध्यम की भिन्नता नये रूप का निर्धारण करती है। टेलीविजन धारावाहिक शब्दों, दृश्यों और संगीत के संयोजन से संचरण करता है। गद्य साहित्य व्यक्तिगत है जबकि टेलीविजन और फ़िल्म समन्वयकारी माध्यम हैं। यहाँ प्रोड्यूसर, निर्देशक, छायाकार, अभिनेता, प्रकाश एवं ध्वनि संचालक, तथा फिल्म-सम्पादक की भी आवश्यकता होती है। इन सबके समन्वित प्रयास से ही कलाकृति आकार लेती है। अतः पुस्तक के पृष्ठों से टेलीविजन के पर्दे तक विकसित होने की प्रक्रिया में सौन्दर्यपरक तथा व्यावहारिक पक्ष धारावाहिक के रूप का निर्धारण करते हैं। पटकथा लेखक, पात्रों के बीच का वैचारिक टकराव नाटकीय अन्दाज़ में स्थापित करता है। घटनाओं की रफ़्तार बढ़ाकर कथा को शब्दों, कार्य-व्यापार और दृश्यों में प्रस्तुत करते हुए उसे प्रसारण की अवधि के अनुसार खण्डों में विभाजित करता है। कुछ

नये दृश्य, आन्तरिक एकालाप और फ़्लैश-बैक जोड़ता है। इस प्रकार उपन्यास का सारतत्त्व दर्शक तक नये अन्दाज में सम्प्रेषित होता है।

20वीं सदी के पूर्वार्द्ध में उपन्यासों पर आधारित फ़िल्मों का चलन बढ़ा तो फ़िल्मकार नयी-नयी कथाओं से प्रेरित होते रहे। उपन्यासकार भी फ़िल्मों से प्रभावित होते गये। फ़िल्म-मॉनताज का आविष्कार करने वाले सिने-मनीषी सरगेय आइज़ेनस्टाइन (Sergei Eisenstiein) मोपांसा की रचनाओं को मॉनताज के समानान्तर मानने लगे।* लेकिन आन्द्रे बाजां (Andre Bazin) के अनुसार निर्देशक उपन्यासों से अपनी फ़िल्मों के लिए चरित्र एवं कथावस्तु तो ढूँढते हैं मगर वे उपन्यासकार के मूल पाठ को विकृत करते हैं।** उसे बदलते हैं। बहुत कम निर्देशक ऐसे होते हैं जो उपन्यास को उसके सही रूप में, पर्दे पर, प्रस्तुत कर पाते हैं। डेविड लीन (David Lean) ने डिकिन्स के उपन्यास पर आधारित 'ग्रेट एक्सपेक्टेशन्स' (Great Expectations) 1946 में बनायी थी। इसके रूपान्तरण क़ो खूब सराहा गया। मगर सभी निर्देशक ऐसा नहीं कर पाते हैं। दरअसल, साहित्यिक कृतियों का रूपान्तरण एक दोहरी प्रक्रिया है। एक कृति के गुणों को बरकरार रखते हुए नये माध्यम में उसकी पुनर्रचना।

दर्शक और पाठक रचना का भावार्थ अलग-अलग तरीके से ग्रहण करते हैं। पाठक लेखक के सन्देश को 'डिकोड' करता है तो दर्शक प्रदर्शन के संकेतों को ग्रहण कर अर्थ को समझता है। दर्शक, अभिनेता द्वारा कहे गये शब्दों को सुनता है। उसका कार्य-व्यापार होता है। उसके पास विवरणात्मक गद्य नहीं होता। आमतौर से वह मूल पाठ से अनभिज्ञ होता है। इसलिए यदि उपन्यास में उठाये गये मुद्दों का महत्त्व घटाया भी गया होता वह बेखबर रहता है। टेलीविजन का निर्माता/निर्देशक धारावाहिक की टी.आर.पी. के मद्देनज़र गतिशील दृश्य,

---

* Maupassant offers his readers one montage treatment of striking clocks. He knows that this structure will not only evoke in the minds information of the hour of the night but will make the readers appreciate the significance of the hour of midnight. Each reader hears the same chimes. But each forms his own image, his own idea of midnight and its significance. All these images and ideas are individual, different, and yet the matically identical. And for each reader-spectator each image of midnight is simultaneously the authors and his own-living and intimate.[18]

** Film makers likewise go to novelists for character, a plot... liberties can not be taken with authors text... But when Robert Bresson Says, before making 'Le Joural D'un Cure' de Campagne' into a film, that he is going to follow the book page by page, even phrase by phrase, it is clearly a question of something quite different and new values are involved.[19]

चमक-दमक वाले सेट, बढ़िया पोशाकें और जाने-पहचाने चेहरे प्रस्तुत करता है। ऐसे में कृति के महत्त्व के घटने का खतरा रहता है और दृश्यों के निर्माण में यथार्थता नज़रअन्दाज़ होती है। ऐसा 'गोदान', 'बसंती' तथा 'रागदरबारी' जैसी कृतियों की टेली-प्रस्तुतियों में देखा गया है।

साहित्यिक कृतियों पर आधारित धारावाहिकों ('राग दरबारी', 'प्रथम प्रतिश्रुति', 'पचपन खम्भे लाल दीवारें' आदि) के साथ ही पौराणिक तथा ऐतिहासिक कथाओं पर आधारित 'रामायण', 'महाभारत' तथा 'भारत एक खोज' जैसे सीरियल बने। 'हालाँकि दूरदर्शन का पहला धारावाहिक ऐसा भी होता है' (104 कड़ियाँ) 1966-68 में प्रसारित हुआ था मगर 1984 में बने 'हमलोग' ने धारावाहिक को एक लोकप्रिय विधा के रूप में स्थापित किया। 90 के दशक तक आते-आते कई उल्लेखनीय धारावाहिक बन चुके थे। 1986-90 तक दिखाये गये कुल धारावाहिकों में कुछ भारतीय दूरदर्शन के मनोरंजन के इतिहास में मील का पत्थर कहे जा सकते हैं। इन्हीं ने धारावाहिक विधा को लोकप्रिय बनाया। हमलोग कई अर्थों में इनमें प्रमुख हैं।...इसकी कुल 512 किस्तें प्रसारित की गयीं। इसे हिन्दी के प्रख्यात लेखक मनोहर श्याम जोशी ने लिखा था और उन्होंने मैक्सिको के विकास मूलक (परिवार नियोजन की शिक्षा देने वाले) धारावाहिकों से प्रेरणा लेकर इसका कथानक गढ़ा था, जो कालान्तर में छोड़ दिया गया था और एक पारिवारिक ड्रामा रूप में वह विकसित हुआ था। इस धारावाहिक ने लोगों में एक खास ढंग की संस्कृति विकसित करने में मदद दी। लगभग डेढ़ वर्ष तक इसे (आरम्भ में सप्ताह में दो बार और बाद में एक बार) करोड़ों लोगों ने देखा।'[20]

दूरदर्शन के लिए मूल रूप से लिखे धारावाहिकों में, 'बुनियाद', 'खानदान', 'हमराही', 'उड़ान', 'करमचंद', 'रजनी', 'नुक्कड़', 'यह जो है जिन्दगी', 'ज़बान सँभाल के', 'देख भाई देख' आदि, उस दौर में, दिखाये गये थे।

'बड़े धारावाहिकों के अलावा कुछ अच्छे और ऐसे धारावाहिक भी प्रसारित किए, जो श्रेष्ठ साहित्यिक कृतियों पर आधारित थे तथा जो किसी हद तक उनके प्रति न्याय भी करते थे। शानी के 'कालाजल' रेणु के 'मैला आँचल', सुनील गंगोपाध्याय के उपन्यास पर आधारित 'युगान्तर' ऐसे ही धारावाहिक हैं। मनोहर श्याम जोशी का 'कक्का जी कहिन' भी दूरदर्शन का एक अच्छा धारावाहिक रहा'[21] मगर फिर भी महत्त्वपूर्ण कृतियाँ छूट गयी हैं। हिन्दी उपन्यास ने जिन समस्याओं को उठाया है, जिस यातना का चित्रण किया है, जो सार्थक प्रश्न उठाये हैं, जिस बेबस, बेचैन और व्याकुल इंसान की बात की है उसका निरूपण ठीक से नहीं हो सका है।

उपन्यास का स्वरूप बदलने लगा है। कुछ दिनों पहले 332 पृष्ठ का एक ऐसा उपन्यास अंग्रेजी में प्रकाशित हुआ जो एसएमएस सन्देशों द्वारा पूरी कथा

कहता है। 'द लास्ट मेसेज' (The last Message) नाम का यह उपन्यास फिनलैण्ड के लेखक हानू लुन्तियाला ने रचा है। एसोसियेटेड प्रेस को दिये अपने वक्तव्य में उन्होंने बताया कि एसएमएस सन्देश एक व्यक्ति के रहस्य खोलते हैं। धारावाहिकों की संरचना में भी बदलाव आ रहा है। वस्तुतः एक उपन्यास पर आधारित टेली-धारावाहिक एक नयी 'टेक्स्ट' की संरचना करता है। परिवर्तन इसे नया बनाता है। यह नये प्रारूप के साथ तादात्म्य स्थापित करता है। यह परिवर्तन केवल रूपान्तरण नहीं बल्कि एकरूपता की एक प्रक्रिया भी है। इसलिए पटकथा लेखक एवं निर्देशक एक नयी टेलीविजन टेक्स्ट की रचना करते हैं। वे नाटक की परम्परा, दर्शकों की रुचि तथा साहित्यिक कृति के गुणों को बरकरार रखते हुए जाने-माने अभिनेता/अभिनेत्रियों द्वारा धारावाहिक प्रस्तुत करते हैं। जब नया नाट्य विभिन्न कैमरा कोणों, निकट शॉट (क्लोज़-अप) और रंग परम्परा के साथ छोटे पर्दे पर आता है तो मूल-पाठ की स्फूर्ति नज़र आने लगती है। 'तमस' को गोविन्द निहलानी ने दृश्य-रूपक द्वारा ही पुस्तक की भाषा से परे एक नयी भाषा में प्रस्तुत किया है। पुस्तक से टेली-कृति के रूपान्तरण में फ़िल्म निर्देशकों ने कई अनिश्चित अन्त वाले उपन्यासों को निश्चित अन्त पर समाप्त किया है। जैसे डी.एच. लारेंस का उपन्यास 'वूमन इन लव' (Women in Love), मूल उपन्यास में नायिका का अनिश्चित संवाद लिखा गया है परन्तु फ़िल्म के अन्त में नायिका की प्रतिक्रिया वाला शॉट (Reaction shot) आता है। कोई संवाद नहीं। निकट शॉट से नायिका के मन की बात और उत्पीडन प्रकट होता है। इसके विपरीत जब 'गॉन विद द विंड' (Gone with the wind) का रूपान्तरण हुआ तो उपन्यास के निश्चित अन्त को ठीक उसी प्रकार दर्शाया गया जिस प्रकार पुस्तक में लिखित था। इसकी लोकप्रिय का कारण था, आत्मीय सम्बन्धों का यथार्थ चित्रण। इसी प्रकार स्टीवन स्पेलबर्ग (Steven Spielberg) की फ़िल्म 'द कलर पर्पल' (The colour purple) मूल उपन्यास से भी ज्यादा लोकप्रिय हुई।* जबार पटेल की 'सुबह' (पटकथा—विजय तेंडुलकर) भी मूल उपन्यास से आगे निकल गयी थी क्योंकि पाठक ने जो छवियाँ मन में सँजोए रखी थी रूपान्तरण में वे बरकरार रहीं। इसमें अभिनेता/अभिनेत्री (गिरीश कार्नाड-स्मिता पाटिल) लेखक एवं निर्देशक ने मिलकर एक नया विजुअल टेक्स्ट प्रस्तुत किया।

जब मूल पाठ रूपान्तरित होता है तो उसमें शॉट और प्रदर्शन-क्रियायें जुड़ती

---

* "I thought 'The colour purple' had a very low concept. I didn't think anybody would go to see that movie, which made over $ 100,000,000 in America. And I thought that was my art film. I thought, 'My God it's got an all black cast and all-black films have never really been that successful except a couple of pictures,' and so that surprised me."[22]

हैं। यानी उसका बाह्य रूप बदल जाता है। उपन्यास में वर्णित पात्र की दशा/मनोदशा की अभिव्यक्ति गतिशील शॉट द्वारा होती हैं। यह, पार्श्व, दृश्य से शुरू होकर धीरे-धीरे अभिनेता/अभिनेत्री के सामने आकर उसके चेहरे के भाव, कार्यव्यापार और परिवेश स्थापित करता है। शाब्दिक, छवियात्मक हो जाता है। 'तमस', 'निर्मला', 'नीम का पेड़' जैसे उपन्यासों के शाब्दिक दृश्य छवियात्मक रूप में प्रस्तुत हुए हैं। ऐसे परिवर्तित बाह्य रूपों में अनेक बिम्ब मिलकर एक घटना का निरूपण करते हैं और इस प्रकार एक धारावाहिक, घटना के भीतर छिपी घटना को भी दर्शाता है।

धारावाहिक और पटकथा लेखन की व्यावहारिक कठिनाइयों की ओर संकेत करते हुए मनोहर श्याम जोशी कहते हैं—"साहित्य लिखते-लिखते आपको पूरी तरह शब्दों पर आश्रित रहने की आदत पड़ जाती है जबकि सिनेमा और टेलीविजन में बिम्बों का भी उतना ही महत्त्व होता है जितना कि शब्दों का।"[23] प्रमुख पटकथा लेखक कमलेश्वर मानते हैं कि पटकथा लेखन एक 'टेक्निकल राइटिंग' है तथा फ़िल्मों की गतिशीलता टेलीविजन से भी तेज़ होती है। इसलिए वहाँ धारावाहिक जैसा स्पेस उपलब्ध नहीं होता। कमलेश्वर कहते हैं, "टेलीविजन के धारावाहिक लेखन में एक सबसे बड़ी और सबसे महत्त्वपूर्ण बात यह है कि इसमें साहित्य से आप बहुत अधिक जुड़े रह सकते हैं। बल्कि साहित्य ही इसका मूल आधार बन जाता है।"[24]

(4) नाटक-रंगमंच

भारतीय रंगमंच के लिए 60 तथा 70 के दशक महत्त्वपूर्ण रहे हैं। 'अन्धा युग', 'आषाढ़ का एक दिन', 'आधे-अधूरे', 'हयवदन', 'तुगलक', 'घासीराम कोतवाल', 'खामोश अदालत जारी है' जैसे नाटक इस दौर में लिखे गये और मंचित हुए। तब 'एक नवीन रंग-चेतना, नाट्य लेखन की जटिलता मौलिकता के साथ, समसामयिक सन्दर्भों और युगबोध के साथ, अन्तर्मन के द्वन्द्व, चरित्रों की नयी अवधारणा के साथ नाट्य भाषा की विलक्षण शक्ति के साथ सामने आयी'[25]। जिस भावानुकरण की परम्परा आचार्य भरत से चली आ रही है उसने नयी नाट्य रचनाओं द्वारा यथार्थ का परिचय कराया।

फ़िल्मों की लोकप्रियता ने पारसी रंगमंच को पीछे धकेल दिया था मगर 'इप्टा' और 'पृथ्वी थियेटर' ने, 40 के दशक में, व्यावसायिक रंगमंच की शुरुआत कर दी थी। प्रगतिवादी आन्दोलन के उस दौर के साहित्यकारों, नाटककारों और रंगकर्मियों की संगठित शक्ति ही नये रंगान्दोलन का आधार बनी। इसी प्रभाव में हिन्दी के नाटकों का रूप विकसित हुआ। क्षेत्रीय रंग-परम्परा ने भी हिन्दी रंगमंच को प्रभावित किया। मराठी-बंगाली रंगमंच पर एक ऐसी परम्परा स्थापित हो चुकी थी

जिसने लोक नाट्य और शास्त्रीय के तत्त्वों को समाहित कर गीत-नाट्य को लोकप्रिय बनाया था। मराठी रंगमंच पर किर्लोस्कर ने जिस संगीत-नाटक की शुरुआत की थी बालगन्धर्व ने अपनी गायन और अभिनय कला से उसको नयी बुलंदियाँ प्रदान की थीं। बंगला के महत्त्वपूर्ण नाट्य-साहित्य का हिन्दी में अनुवाद हो चुका था। यह परम्परा भारतेन्दु हरिश्चन्द्र ने 'विद्यासुन्दर' के अनुवाद से प्रारम्भ की थी जिसे रामचन्द्र प्रभास, रूपनारायण पाण्डेय एवं अन्य अनुवादक-साहित्यकारों ने आगे बढ़ाया। बीसवीं सदी के प्रारम्भिक दशकों में प्रमुख संस्कृत नाटकों जैसे—'शकुन्तला', 'मालविकाग्निमित्र' 'उत्तररामचरित', 'मृच्छकटिक', 'मालती माधव', आदि का अनुवाद हिन्दी में हो चुका था लेकिन नाटक लिखने की नयी परम्परा को भारतेन्दु हरिश्चन्द्र ने ही स्थापित किया। 'भारतेन्दु ने भारतीय एवं पाश्चात्य नाट्य तन्त्र से रुच्यानुकूल एवं परिस्थिति अनुकूल उपयोगी तत्त्वों को ग्रहण कर नवीनता और प्राचीनता की संहिता द्वारा हिन्दी में नये ढंग के नाटक लिखने का उपक्रम कर हिन्दी नाट्य साहित्य के विषयवस्तु और रूप-विन्यास में क्रान्तिकारी परिवर्तन से नूतन क्षितिज के द्वार उन्मुक्त किये'[26]। 'प्रवास', 'सत्य हरिश्चन्द्र', 'भारत दुर्दशा', 'नील देवी', 'अँधेर नगरी' जैसे मौलिक नाटकों की रचना करके भारतेन्दु ने इतिहास और पुराण से कथानक चुनकर समसामयिक कुव्यवस्था का चित्रण किया। मिथक, रेमण्ड विलियम्स के अनुसार, एक अलग प्रकार के यथार्थ का प्रतिनिधित्व करते हैं।* भारतेन्दु ने भी समसामयिक प्रसंगों को परिचित पौराणिक-कथाओं द्वारा प्रस्तुत किया ताकि मिथक का यथार्थ नये यथार्थ की ओर ध्यान आकर्षित करा सके। ऐसी नाट्य भाषा उस सत्य की ओर ले जाती है जिसके द्वारा मनुष्य अपना और अपने समाज का परिचय पाता है।

भारतेन्दु के बाद, विद्रोह, द्वन्द्व और यथार्थवाद जयशंकर प्रसाद के ऐतिहासिक नाटकों में नज़र आया। प्रसाद और मोहन राकेश के बीच जो नाटककार आये उन्होंने अपनी सृजनात्मक प्रतिभा से हिन्दी नाट्य शिल्प को प्रौढ़ता प्रदान की। 'इनमें उल्लेखनीय हैं—हरिकृष्ण प्रेमी, लक्ष्मी नारायण मिश्र, उदयशंकर भट्ट, गोविन्द वल्लभ पन्त, विष्णु प्रभाकर तथा जगदीशचन्द्र माथुर।

जिस प्रकार, पेरिस में, लगभग 115 वर्ष पूर्व 'थियेटर डि आर्ट' (Theatre d'Art) ने प्रतीकवादी रंगमंच की स्थापना कर रंगमंचीय यथार्थ के बजाय चरित्रों की आत्मा का प्रतिनिधित्व किया उसी प्रकार हिन्दी के कुछ नाटककारों ने सांकेतिकता, एब्सर्डिटी, और अस्तित्ववाद को अपने नाटकों द्वारा प्रस्तुत किया। ऐसे नाटककारों में ज्ञानदेव अग्निहोत्री, मुद्राराक्षस, बलराज पण्डित, लक्ष्मीनारायण लाल, ब्रजमोहन शाह, शरद जोशी, लक्ष्मीकान्त वर्मा जैसे कलमकारों का शुमार किया जा सकता है। इन रचनाकारों ने बेहूदा संसार में मतलब ढूँढने का प्रयास

---

* "Representation of a different kind of reality.'[27]

करते हुए नये अर्थ की तलाश की क्योंकि वे सामाजिक ढाँचे जो खड़े किये गये थे और जो स्वप्न देखे गये थे वे टूटने लगे थे।

'सातवें आठवें, नवें दशक में रंगमंच की विविधता और प्रयोगधर्मिता इतनी बढ़ी कि हिन्दी के मौलिक नाटक से सम्बन्ध क्रमशः छूटता गया। रंगमंच की लोकधर्मी दृष्टि ने भी भ्रमित किया। जब हमारा नाटक और रंगमंच अनुवादों, रूपान्तरणों, प्रयोगों, सम्भावनाओं की खोज में व्यस्त-उत्साहित-संलग्न था, उस समय भी मृणालपाण्डे, मृदुला गर्ग, रामेश्वर प्रेम, गिरिराज किशोर, सुरेन्द्र वर्मा आदि निरन्तर लिख रहे थे, पर अधिकांशतः उनकी नाट्य रचनाएँ, फुटकर प्रदर्शनों के अतिरिक्त, पड़ी रहीं। नाटककार और रंगमंच, नाटककार और निर्देशक-दर्शक-समीक्षक का आपसी सम्बन्ध नहीं बन पाया।'[28]

समकालीन नाटकों की प्रस्तुति में आकर्षण और रंगमंचीय 'स्पेक्टकल' की कमी महसूस की गयी है। ऐसे में यदि कोई अच्छा नाटक प्रस्तुत होता भी है तो उसकी ओर सबका ध्यान नहीं जाता।

टेलीविजन पर, हिन्दी नाटकों की शुरुआत 60 के दशक में हुई। इसके अभिनेता और दर्शक, रंग-नाटक की तरह एक ही स्पेस नहीं बाँटते थे, परन्तु अभिनय और संवाद साथ-साथ चलता, रंगमंच के नाटक की ही तरह। दोनों मंचों पर नाटककार और अभिनेता का सृजन एकाकार होकर अनुभूति कराता है तो सम्प्रेषण शारीरिक मुद्राओं द्वारा होता है। जिसका सटीक और सूक्ष्म विवरण भरतमुनि के 'नाट्यशास्त्र' में मिलता है। इस ग्रन्थ में आंगिक अभिनय के सन्दर्भ में सिर, हाथ, बगल, छाती, कमर तथा पाँवों और उपांगों के अन्तर्गत नेत्र, भौंह, कपोल, अधर, नाक तथा ठोढ़ी का वर्णन है।[29] भरत, 'नाट्य' को अभिनय का एक तत्त्व मानते हैं तथा अभिनय की अवस्था में भाव विषय से जोड़ देता है। 'सर्वप्रथम ये भाव लेखक के मन में उस समय अद्भुत होते हैं, जब वह किसी कृति की रचना के समय मानसिक मनोभाव, जो उसके अन्तर्जगत में था, शब्दों के रूप में व्यक्त होकर स्थायित्व प्राप्त कर लेता है। अभिनेता भूमिका करते समय लेखक की मानसिकता तक पहुँचने का प्रयत्न करता है और इस प्रक्रिया द्वारा वह रचना के मूलभाव से तादात्म्य स्थापित करता है। इस प्रक्रिया में लेखक द्वारा रचित स्थायी भाव अभिनेता के हृदय में स्थानान्तरित होकर, अभिनेता को स्थायी भाव में डुबो देता है। अभिनेता प्रदर्शन-काल में विभाव, अनुभाव, व्यभिचारी भाव तथा सात्त्विक भावों के संयोग से उस भाव को व्यंजित करता है और तब वह मूल स्थायी भाव दर्शक के मानस तक पहुँचने में सक्षम होता है; उससे अभिभूत होकर दर्शक उस स्थायी भाव के रस का मानसिक अस्वादन करने लगता है।'[30] यानी अभिनय ही रसाभिव्यक्ति का मूल कारण बन जाता है। नटकीय रचना का अनुभव अभिनेताओं के बोलने की रीति, क्रिया और मुद्राओं द्वारा प्रस्तुत किया

जाता है। यही मुद्रा-प्रदर्शन टेलीविजन पर महत्त्वपूर्ण हो जाता है।

प्रारम्भ के वर्षों में रंगमंच के नाटक ही टेलीविजन पर कुछ फेर-बदल के साथ प्रसारित होते। अन्य कार्यक्रमों की तरह ही स्टूडियो से सजीव प्रसारण होता। परन्तु 1961-62 में वीडियो टेपरिकॉर्डिंग मशीन आने के साथ ही कार्यक्रम रिकॉर्ड किये जाने लगे। टीवी के पहले ड्रामा-प्रोड्यूसर पी.एल. देशपाण्डे थे।[31] जो स्वयं एक अच्छे नाटककार भी थे। उन्होंने टेलीविजन नाटक की बारीकियों के बारे में जानकारी विदेश से अर्जित की थी। वे सिनेमा और रंगमंच से भी जुड़े थे। इसलिए प्रत्येक नाटक के कैमरा-रिहर्सल के दौरान वे रंगनाटक को कैमरा की तकनीक और नये माध्यम के अनुरूप शॉट-ग्रुपिंग में ढाल देते थे। टीवी को सिनेमा के निकट मानते हुए वे प्रसारित होने वाले नाटकों में आवश्यक सुधार करते। कैमरा-पूर्वाभ्यास के दौरान ही रिकॉर्ड होने वाले नाटक का स्वरूप निर्धारित होता। आलेख और संवाद में ज़रूरी परिवर्तन होते और अभिनेता को बताया जाता कि शूटिंग के समय कौन-सा कैमरा, सम्प्रेषित मुद्राओं का, किस कोण से रिकॉर्डिंग करेगा। मगर इस सब के बावजूद रंग नाटक के मूल ढाँचे में ज्यादा परिवर्तन नहीं हो पाता था। इसलिए टेलीविजन-नाटक के लिए नये 'ड्रामाटिक स्ट्रक्चर' की योजना प्रारम्भ हुई। पी.एल. देशपाण्डे के साथ, बीबीसी टीवी सेवा से आये, शिर्वेन्द्र सिन्हा[32] तथा प्रस्तुतकर्त्ता गंगाधर शुक्ल ने मिलकर टीवी नाटक के संरचनात्मक पहलू को ध्यान में रखते हुए नाटकों का संयोजन किया। उधर बीबीसी टीवी पर संचयन-नाटकों का विकास बड़ी सफलता के साथ हुआ था। अमरीका और ब्रिटिश टेलीविजन पर वृत्तचित्रात्मक-नाटकों का दौर शुरू हो गया था। नये नाट्य प्रारूप प्रस्तुत होने के साथ ही, पश्चिम में, टेलीविजन का व्याकरण लिखा जा चुका था। रंगनाटक के ढंग के टेलीविजन नाटकों में लेखकों-निर्देशकों ने बदलाव लाया जो इस प्रकार है—

1. रंगमंच की अवास्तविकता को यथार्थता में बदल दिया गया।
2. रंगमंच नाटक के काव्यात्मक संवादों को अस्वीकार करते हुए उन्हें बातचीत की शैली में प्रस्तुत किया जाने लगा।
3. प्रसंग महत्त्वपूर्ण करार दिया गया।
4. पात्रों का कार्य-व्यापार सामाजिक व्यवस्था के अन्तर्गत दिखाया जाने लगा।
5. नाटक में आम जीवन से जुड़ी घटनाओं को दिखाया जाने लगा।
6. 'कार्डबोर्ड'—पात्रों को बदलकर उन्हें मानव प्रकृति के अनुरूप भावनाओं के साथ प्रस्तुत किया जाने लगा।
7. विकृत संसार के चित्रण को खारिज कर दिया गया।
8. दृश्यों को तर्कयुक्त क्रम में दिखाया जाने लगा।

9. सुख और दुख की स्थितियों को मिला-जुला कर पेश किया जाने लगा।
10. रंगमंच की नकली वेशभूषा को असली में बदल दिया गया।
11. रंगमंचीय प्रभावों को अवांछित करार दिया गया।

इस प्रकार रंगनाटक की अतिनाटकीयता प्रभावित हुई और टेलीविजन नाटक की संरचना, आलेख (प्रसंग, कथानक, दृश्य कल्पना, पात्र, संवाद) अभिनय (हाव-भाव, शारीरिक मुद्रायें, अभिव्यक्ति का लहजा) तथा प्रस्तुति (यथार्थ मंच सज्जा, दृश्यों का निर्माण, कैमरे के कोण, कैमरे की गति, कैमरे के फ्रेम, प्रकाश व्यवस्था, ध्वनि, ध्वनि-प्रभाव, संगीत, सम्पादन) पर आधारित होकर नयी कृतियों को गढ़ने लगी।

टेलीविजन नाटक

(आलेख)	(अभिनय)	(प्रस्तुति)
प्रसंग कथानक दृश्य-कल्पना पात्र संवाद	हाव-भाव, शारीरिक मुद्रायें, अभिव्यक्ति का लहजा	यथार्थ मंच सज्जा, दृश्यों का निर्माण, वेश भूषा, रूप सज्जा, कैमरे के कोण, कैमरे की गति, कैमरे के फ्रेम (composition) प्रकाश व्यवस्था, ध्वनि, ध्वनि प्रभाव, सम्पादन

बीबीसी नाटक के प्रमुख सिडनी न्यूमैन (Sydney Newman) ने नयी संरचना के अनुसार मौलिक टीवी नाटकों के लेखन को प्रोत्साहित किया। टीवी ड्रामा की श्रेष्ठता नयी टेली कथाओं के रूप में प्रकट होने लगी। केन लोच द्वारा निर्देशित नाटक 'कैथी केम होम' (Cathy came Home) लोकप्रियता की ऊँचाइयाँ छूने लगा। लगातार कई नाटकों की लोकप्रियता के बावजूद कुछ रंग-निर्देशकों ने प्रदर्शन के तरीके की आलोचना की, लेकिन दर्शकों की स्वीकार्यता के कारण अधिकतर नाटककार और निर्देशक उत्साहित थे। रोलां बार्थ (Roland Barthes) किसी प्रदर्शन के लिए दर्शकों की स्वीकार्यता को महत्व देते हैं। अपने सुप्रसिद्ध लेख 'द वर्ल्ड ऑफ रेस्लिंग' (The World of Wrestling) में वे रेखांकित करते हैं कि दर्शक जो देखता है, जो पसन्द करता है, वही महत्त्वपूर्ण हो जाता है। दर्शक यह नहीं देखता कि 'स्पेकटक्ल' कैसे रचा गया है, उसे तो बस प्रदर्शन देखने से मतलब है।*

* "The public is completely uninterested in knowing whether the contest is rigged or not, and rightly so; it abandons itself to the primary virtue of the spectale, which is to abolish all motives and all consequencess: what matters is not what it thinks but what it sees."[33]

टेलीविजन-नाटक एक समवेत कला है। इसके दृश्य प्रभावोत्पादक होते हैं। खासकर तब, जब अभिनेताओं की अभिनय कला रसानुभूति कराती है। टेलीविजन के असाधारण विस्तार के कारण ये कलाकार अधिक-से-अधिक दर्शकों तक प्रभावपूर्ण ढंग से पहुँच पाये हैं। जॉन गिलगाड जैसे महान अभिनेता ने भी टेलीनाटक की शक्ति को पहचानते हुए 'टेल्स ऑफ द अनएक्सपेक्टिड' (Tales of the unexpected) आदि नाटकों में काम करना पसन्द किया था।[34] भारतीय टेलीविजन पर भी ओमपुरी (तमस), रोशन सेठ (भारत एक खोज), शाहरूख खान (फोजी) आदि अभिनेताओं को चुनौतीपूर्ण चरित्र निभाने पर अपार लोकप्रियता और सम्मान मिला।

टेलीविजन सेन्टर, दिल्ली द्वार लघु-नाटकों के प्रसारण के बाद जब नियमित नाटकों का निर्माण होने लगा तो कई चर्चित कृतियों का रूपान्तर प्रारम्भ हुआ। उन्हीं दिनों एक धारावाहिक की भी योजना बनी और पहला हिन्दी धारावाहिक 'ऐसा भी होता है' (निर्देशक, गंगाधर शुक्ल), 1966-68 के दौरान प्रसारित हुआ। यह हर सोमवार को दिखाया जाता था तथा इसकी कुल 104 किस्तें थीं। 70 और 80 के दशकों में, 'सन्ध्या छाया', (लेखक, जयंत दलवी) 'अंजू दीदी' (उपेन्द्रनाथ अश्क), 'सब की इज्जत' (यशपाल), 'बड़ी बुआजी' (बादल सरकार), त्रिशंकु (मन्नू भण्डारी), 'आषाढ़ का एक दिन' (मोहन राकेश), 'उदास चबूतरा' (राही मासूम रज़ा), 'बॉबी की कहानी' (भीष्म साहनी), 'नेक परवीन' (आग़ा हश्र कश्मीरी), 'मोहताज' (सत्येन्द्र शरत) जैसे नाटक प्रसारित हुए। अधिकतर नाटक कहानियों और रंग-नाटकों पर आधारित हो पुनः रचे गये थे, परन्तु 90 के दशक में मौलिक टेलीविजन-नाटकों की रचना की कोशिशें फिर शुरू हुई तथा नाटककार कहानी के रूपान्तरण के बजाय सीधे पटकथा लिखने लगे। कई पटकथायें लिखी गयीं। जैसे 'खण्डहर' (अनवर अज़ीम), 'अनुभूति' (मृदुला बिहारी), 'भीगी धूप' (के. के. नैयर), 'बन्धन' (हरिकृष्ण कौल), 'फरार' (केवल सूरी) आदि। ऐसे मौलिक टेली-नाटकों की स्वीकार्यता के कारण इनकी लोकप्रियता बढ़ी, परन्तु जब सैटलाइट चैनलों का आगमन हुआ और प्रायोजित सोप-ऑपेरा आने लगे तब एकल नाटकों का निर्माण लगभग बन्द हो गया।

नया सोप-ऑपेरा उस मास-ड्रामा का हिस्सा बन गया जो अतिशयोक्तिपूर्ण था। ड्रामा, मेलाड्रामा में परिवर्तित हुआ। जिस प्रकार Melodrame, पेरिस में, लगभग 200 वर्ष पूर्व, दर्शकों का मनोरंजन करने लगा था उसी प्रकार हिन्दी सोप-ऑपेरा, संवाद और संगीत के संयोजन से नया नाटक रचने लगा। जिसमें संवाद संगीत के साथ-साथ चलने लगे। जैसे 'ड्रेम' में भावाभिव्यक्ति की प्रधानता थी वैसे ही इस नयी विधा में भावुकतापूर्ण दृश्य लाये गये। 'मेलो' (संगीत) तथा अति भावुक संवाद, सोप-ऑपेरा के महत्त्वपूर्ण तत्त्व बन गये। यानी एक ऐसा

नाटक जो संवेदनात्मक घटनाओं और उग्र मनोभावों के साथ प्रस्तुत हो।* इस फॉर्मूला पर निर्मित नाटकों का केन्द्र मुम्बई बना। इन नाटकों में अत्यधिक संघर्ष और तीव्र निश्चयात्मक स्थितियाँ प्रस्तुत की जाने लगीं।** जैसे हत्या, आत्म हत्या, मरने-मारने की साज़िश, आदि। इस प्रकार की घटनाओं की निश्चित समाप्ति दिखाई जाने लगी क्योंकि ऐसी संरचना दर्शकों को भावात्मक सुख प्रदान करती है। विजयोल्लास, निराशा और प्रतिवाद मेलोड्रामा के मूल भाव बने। ऐसे नाटकों की समस्या का समाधान जटिल होता है। नायक/नायिका कभी विजयी होते हैं तो कभी निराश। समकालीन सोप-ऑपेरा 'कसौटी जिन्दगी की' में प्रधान-पात्र (प्रेरणा), जब भी हालात को वश में करने की कोशिश करती है तो कभी सफल और कभी असफल होती है। एक ऐसा प्रारूप जिसमें मुख्य-पात्र हालात की मार सहता है और द्वन्द्व की स्थिति से निकलने के लिए उग्र समाधान ढूँढता है। इस प्रकार की संरचना एकल-नाटक के मुकाबले तुच्छ लगती है मगर ये नाटक दिन-प्रतिदिन की प्रतिकूलता की ओर संकेत करते हैं। मेलोड्रामा के अंश गम्भीर नाटक में भी विद्यमान रहते हैं।*** पीटर ब्रुक (Peter Brook) के अनुसार, मेलोड्रामा लोकप्रिय विधा के रूप में, दुखद नाटक के समान भावानुभाव, साधारण तरीके से, व्यक्त करता है।[37] उन मानवीय स्थितियों की व्यंजना करता है जिन्हें हम जीते हैं। ऐसे में टेलीविजन का दृश्यात्मक यथार्थ इसके लिए उपयुक्त परिवेश प्रस्तुत करता है। अभिनेताओं की न्यूनोक्तियाँ भावावेश उत्पन्न करती हैं। संगीत, उन निःशब्द क्षणों में तनाव बढ़ाता है और दर्शकों को भावमय जगत में ले जाता है।

सभी कला-रूपों की अपनी-अपनी सीमायें होती हैं। नये नाटकों की लोकप्रियता के बीच कुछ ऐसे कार्यक्रम भी आये जिनमें सतही अदाकारी, अव्यवस्थित कार्य-व्यापार और खराब आलेख थे। इसलिए परामर्शियों के दबाव में कुछ साहित्यिक कृतियों

---

* "Melodrama is a form of dramatic composition in prose partaking of the nature of tragedy, comedy, pantomime and spectacle, and intended for a popular audience...It is conventionally moral and humanitarian in point of view and sentimental and optimistic in temper, concluding its fable happily with virtue rewarded after many trials and vice punished. Characteristically it offers elaborate scenic accessories and miscellaneous divertissements and introduces music freely, typically to underscore dramatic effect"[35]

** 'भाभी' (स्टार प्लस) में प्रदान पात्र स्वयं को मारने का प्रयास करता है। 'सात फेरे' (ज़ी टीवी) प्रदान पात्र, अपनी बहन को ज़हर देकर मारने की कोशिश करता है। कसौटी जिन्दगी की (स्टार) प्रधान पात्र (बजाज) की बेटी का अपहरण।

*** "The fact that most of the serious plays ever written have been melodramas and not tragedies points to a second and more important fact; that we see most of the serious conflicts and crisis of our everyday lives in melodramatic, rather than tragic, terms."[36]

पर आधारित हिन्दी शृंखलायें बनने लगीं, मगर इनमें सार्त्र के 'रोडस टु फ्रीडम' (13 किस्त, बीबीसी), 'वार एण्ड पीस' (20 किस्त, बीबीसी), तथा जॉन गाल्सवरदी के 'फारसाइट सागा' (26 किस्त, बीबीसी) जैसी प्रस्तुतियों के ऊँचे स्तर की कमी रही। ब्रिटेन की नाट्यमालाओं का एक निश्चिन्त अन्त होता है, पात्रों का स्वाभाविक विकास होता है और ज्यों ही उद्देश्य की पूर्ति होती है तो नाटक समाप्त होता है। यही कारण है कि ये नाट्य-कृतियाँ अन्तर्राष्ट्रीय सफलता प्राप्त कर चुकी हैं। भारतीय टेलीविजन पर दिखाये जाने वाले विकसित होते कथानकों के बजाय ब्रिटेन की निश्चित अन्त वाली नाट्यमालायें सार्थक स्थितियों को दिखाने में अधिक सफल रही हैं। नाट्य शृंखला 'अग्निपरीक्षा' (13 किस्त, डीडी-1) जहाँ एक सप्ताह प्रतिष्ठित लेखक की कहानी दिखा लेती तो दूसरे सप्ताह शैली और गुण में एकदम परिवर्तन ले आती। ऐसे 'कमीशन्ड' कार्यक्रमों से प्रतिष्ठिता का क्षय तो हुआ ही साथ ही टेलीविजन नाटक के सम्पूर्ण विकास में ऐसी प्रस्तुतियों ने बाधा पहुँचाई।

नाटक क्षुद्र मनोरंजन मात्र नहीं। यह अपने युग की व्याख्या करता है। मगर वर्तमान में एकनाटकीय शृंखलायें लुप्त हो गयी हैं। दरअसल धमा-चौकड़ी के बजाय ज़रूरत है एक अच्छी कहानी की, जो सहज-सरल तरीके से दर्शाई जाये। जो रंगमंच की 'स्टाइलाइज़्ड' शैली से मुक्त हो और जिसकी प्रस्तुति सृजनात्मक हो।

(5) टीवी सीरियल और टेलीफ़िल्म

आज का टीवी सीरियल 80-90 के दशकों के निश्चित अन्त वाले धारावाहिकों के बजाय अनिश्चित सोप ऑपेराओं के रूप में प्रदर्शित हो रहा है। अब एक लेखक की रचना को पटकथा में बदलनें की प्रक्रिया का चलन कुछ कम हुआ है। अब लेखकों का एक दल कॉन्सेप्ट के आधार पर धारावाहिक के दृश्यों को लिखता है। 'खानदान' और 'बुनियाद' जैसी एक-लेखकीय रचनाओं के बजाय लगातार चलने वाले 'बा बहू और बेबी', 'कुलवधू', 'थोड़ी खुशी थोड़ा ग़म', 'कहानी घर-घर की', 'क्योंकि सास भी कभी बहू थी', 'कुछ अपने कुछ पराये' जैसे सोप ऑपेरा लिखे जा रहे हैं, जो बहुलेखकीय हैं। इनकी टीआरपी भी अब पहले से कम होने लगी है मगर मध्यम वर्ग के महिला दर्शकों में ये ख़ास लोकप्रिय हैं। भारतीय टेलीविजन का पहला डेली सोप 'शान्ति' था जिसने मज़बूत औरत की तरह जीने की बात कही थी। इसी प्रकार समाज में जागरूकता पैदा करने वाली 'रजनी' ने लोगों को अपने अधिकारों के लिए लड़ना सिखाया था। 'उड़ान', जो किरण बेदी से प्रेरित था, ने बहुत-सी लड़कियों को पुलिस की नौकरी की प्रेरणा दी थी। परन्तु आज के सोप भव्यता और तकनीकी कौशल पर ही ज्यादा निर्भर करते हैं। निर्माता-निर्देशक

रमन कुमार कहते हैं—"आज भी दूरदर्शन पर स्तरीय सीरियलों का प्रसारण होता है, मगर ऐसे सीरियलों में दर्शकों की भागीदारी का अभाव होता है। परिणामस्वरूप समय से पहले सीरियल दम तोड़ देता है। दरअसल कुछ लोग भव्यता का सहारा तभी लेते हैं, जब उनके पास मूल कहानी खत्म हो जाती है। नये कॉन्सेप्ट, नयी सोच के अभाव में उनके सामने सीरियल को आगे खींचने के अलावा दूसरा रास्ता नहीं बचता।"[37] दरअसल, दर्शक बँट गये हैं। वेल्स विश्वविद्यालय में हुए शोध ने साबित कर दिया है कि महिलायें सोप देखना पसन्द करती हैं जबकि ज्यादातर पुरुष समाचार देखते हैं। शोधकर्त्ता अनीता हुम्मेल अपने 2002 के शोध प्रबन्ध में लिखती हैं कि पुरुष सोप ऑपेरा को अवास्तविक मानते हुए अस्वीकार करते हैं।* एक अन्य शोध में ब्रिटेन की शोधकर्त्ता कैथरीन लैंगान ने तथ्यों का विवरण देते हुए कहा है कि एक ही परिवार के सदस्यों में अलग-अलग कार्यक्रमों को देखने की प्रवृत्ति देखी गयी है। कैथरीन लिखती हैं कि आमतौर से पुरुष सूचना आधारित कार्यक्रम जैसे वृत्तचित्र, राष्ट्रीय समाचार, खेल कार्यक्रम, एक्शन फ़िल्में आदि देखते हैं जबकि महिलायें सोप और स्थानीय समाचार देखना पसन्द करती हैं।**

दर्शकों की पसन्द बदल रही है। धारावाहिक का स्वरूप बदल रहा है। बहुचैनल प्रतिस्पर्धा, दर्शकों का बँटाव तथा निर्माण के खर्चों में बढ़ोत्तरी ने टेलीफ़िल्मों को प्रभावित किया है। जब 16 एमएम तथा 35 एमएम फ़िल्म फॉर्मेट पर टीवी फ़िल्मों की शूटिंग होती थी तो नामी कलाकारों तथा बड़े पटकथा लेखकों को अनुबन्धित किया जाता था। परन्तु बहुचैनल टेलीविजन की आर्थिक व्यवस्था ने एकल-कहानियों के निर्माण को हतोत्साहित किया। निर्माताओं और प्रायोजकों को लगातार चलने वाले सीरियल बनाने ज्यादा फायदेमन्द लगे। दर्शक भी धारावाहिक-कथा में रुचि लेने लगे जो एकल-कथा के आदि, मध्य और अन्त से रहित होती है।***

---

* "Men reject soaps as stupid and unrealistic while their own world of heroism in sports, war on the news and their associated discourse of stardom and nationalism may seem important and real to them and help them gain respectability in their spheres."[38]

** "In general men prefer factual programmes: documentaries, national news, sports programmes and action films as these programmes minimise dialogue and provide a flow of masculine images that permit the viewer to live his life vicariously. Apart from soaps, woman watch local news rather than national news."[39]

*** "Serialized narratives are prominent in television systems around the world, and the use of segmented, regularized time, no matter the economic underpinning, fosters this narrative mode. As a result, one Aristotelian dictum that stories have beginnings, middles and ends can be shattered"[40]

प्राइम-टाइम ड्रामा प्रायोजकों पर निर्भर होने लगा। हालाँकि आज के टेलीविजन सोप तर्कसंगत नहीं लगते मगर फिर भी इन्हें एक बड़ा दर्शक वर्ग उपलब्ध हो रहा है। जब श्याम बेनेगल का 'यात्रा' प्रसारित हो रहा था तो यह निश्चित था कि एक स्तरीय प्रस्तुति प्रदर्शित हो रही है। लेकिन जब दोपहर के प्रसारण में गृहणियों के लिए 'डेली-सोप' दिखाये जाने लगे तो वे बड़ी मात्रा में उत्पादित एक 'कमॉडिटी' बनने लगे। ऐसा बदलाव न केवल टीवी सीरियल बल्कि टेलीफ़िल्म को भी प्रभावित करता रहा। सामाजिक मुद्दों पर आधारित कथानकों के बजाय ऐसी कथायें रची जाने लगीं जिनमें कल्पना और वास्तविकता की बेतुकी प्रस्तुति नज़र आने लगी। यही कारण है कि शुरुआती दौर के सीरियलों की माँग फिर से होने लगी। 80 और 90 के दशक में बने 'बुनियाद' और 'विरासत' आदि फिर से प्रसारित हो रहे हैं। ठीक उसी तरह जिस तरह पश्चिम के टेलीविजन नेटवर्कों पर 60 के दशक का 'जनरल हॉस्पिटल' तथा 70 और 80 के दशक में निर्मित 'डाइनास्टी' और 'डलस' फिर से दिखाये जा रहे हैं। लेकिन ऐसे सीरियल भी निर्मित हुए हैं और हो रहे हैं जिनकी 'रिपीट-वैल्यू' बहुत कम है। दरअसल, निर्माता-निर्देशक, कथा और दर्शक के जिस तिकोन को शुरुआती दौर में सीरियल की सफलता का आधार माना जाता था वह अब टूट रहा है। दर्शकों का बँटाव तथा चैनलों की प्रतिस्पर्धा विषय वस्तु को प्रभावित कर रही है। जब 'हमलोग' प्रसारित होता था तो उसके 9 प्रमुख पात्र परिवार के उन सदस्यों की कहानी कहते थे जिनका वे प्रतिनिधित्व करते थे। आज युवाओं, गृहणियों, पुरुषों आदि के लिए अलग-अलग सीरियल आते हैं। जिनके पुनः प्रसारण की गुंजाइश कम ही रहती है।

धारावाहिकों के एपिसोड 'आगे क्या होगा' वाली परिस्थिति पर समाप्त होते हैं जबकि टेलीफ़िल्म एक निश्चित अन्त पर कहानी को समाप्त करती है। टेलीफ़िल्मों की एक विशिष्ट दृश्य योजना होती है। इन्हें क्लासिकी वर्णनात्मक सिनेमा के जैसा माना गया है। जब राष्ट्रीय प्रसारण में इनका प्रदर्शन होता था तब ऐसी टेलीफ़िल्मों को एक समर्पित दर्शक वर्ग उपलब्ध था। मगर अब स्थिति भिन्न है। टेलीविजन-नाटक का स्वरूप बदला है। विज्ञापनों पर निर्भर सीरियल के लिए यह ज़रूरी हो गया है कि वह निश्चित अन्त वाले नाटक के बजाय अनिश्चित अन्त वाला एपिसोड दिखाये जो दर्शक को अगली किस्त देखने को विवश करे और दृश्यों के बीच प्रयोजकों के विज्ञापन निरन्तर चलते रहे। 'निर्मला', 'नीम का पेड़' और 'कथा सागर' जैसे आलेखों के लिए न अब प्रायोजक और न नेटवर्क ही तैयार हैं। साथ ही 'रियल्टी-शो' तथा 'कॉमेडी-शो' जैसे कार्यक्रमों की लोकप्रियता बढ़ी है, इसलिए सीरियलों के दर्शकों का दायरा सिमटने लगा है। गम्भीर नाटक (ड्रामा सीरीज़) के लिए भी कोशिशें नहीं हो रही हैं। पश्चिमी टेलीविजन पर निश्चित

अवधि की निश्चित अन्त वाली, एक घण्टे की ड्रामा सीरीज', जब 1994 में फिर से शुरू की गयी तो यह अत्यन्त, लोकप्रिय रही। ऐसे नेटवर्कों पर टेलीफ़िल्मों की लोकप्रियता भी बढ़ी है।

राजा-रानियों, देवी-देवताओं, महात्माओं तथा साधारण व्यक्तियों की कहानियाँ प्राचीन काल से दिखाई जाती रही हैं। डायनसिस की कहानी हो या कालिदास की कहानी, अभिनेताओं-अभिनेत्रियों के अभिनय द्वारा भावों की अभिव्यक्ति होती रही है। किन्तु प्रदर्शन के बने-बनाये ढाँचे टूटने लगे जब हिचकॉक, ग्रिफिथ आदि निर्देशकों द्वारा कहानी, सिनेमा के माध्यम से, दिखाई जाने लगी। यह माध्यम न केवल लोकप्रिय होने लगा बल्कि कथा को प्रभावपूर्ण ढंग से कहने लगा। चलचित्र के माध्यम से प्रदर्शन की सीमायें और दर्शकों की संख्या बढ़ी और कहानी नये रूप में प्रस्तुत होने लगी।* जब टेलीविजन आया तो विख्यात फ़िल्मकारों ने टेलीविजन के लिए फिल्में बनायीं। फेल्लिनी (Fellini), रोज़ोलीनी (Rosselini), फासबिंडर (Fassbinder), तथा बर्गमेन (Ingmar Bergman) ने कई टेलीफ़िल्मों का निर्देशक किया।

हिन्दी की प्रथम टेलीफ़िल्म 'सद्‍गति' दूरदर्शन से 1982-83 में दिखाई गयी थी। इसके निर्देशक सत्यजीत रे थे। इस रचना में निर्देशक ने दृश्यान्तरण के लिए सभी ज़रूरी फेर-बदल किये थे। रे ने इसकी पटकथा स्वयं अंग्रेजी में लिखी तथा हिन्दी अनुवाद प्रेमचन्द के ही बेटे से करवाया। कहानी की चित्ताकर्षकता और कथ्य की चित्रात्मकता के कारण ही उन्होंने इस कहानी का चुनाव किया था।** 'सद्‍गति' के प्रसारण ने इस तथ्य की भी पुष्टि कर दी कि रूपान्तरित होने वाली कहानी का चुनाव महत्त्वपूर्ण होता है। टेलीविजन के लिए 'सद्‍गति' बनाने से पहले वे 'पाथेर पांचाली', 'अपराजितो', 'अपूर संसार', 'देवी', 'अभिज्ञान' व 'कंचनजंगा' जैसी फ़िल्में बड़े पर्दे के लिए बना चुके थे। 'पाथेर पांचाली' को अन्तर्राष्ट्रीय कान समारोह (1956) में सर्वोत्तम मानवीय दस्तावेज़ का सम्मान प्रदान किया गया था तथा अपराजिता को अन्तर्राष्ट्रीय वेनिस (Venice) समारोह (1957) में 'गोल्डन लाइन ऑफ सेंट मार्क' (Golden Lion of St. Mark) का पुरस्कार मिला था। इसलिए इससे अच्छा क्या हो सकता था कि पहली टेलीफ़िल्म 'सद्‍गति' सत्यजीत

---

* "The largest audiance for drama, in our own world, is in the cinema and on Television, and in many countries these are explicitily popular forms where the threatre is self-consciously, even willigly a minority form. It is then very important that many of the developments we have observed, in dramatic forms and conventions, have been, in a deep way, towards these new media."[41]

** "Had the story been less gripping or less cinematic, I would not have considered it, although it might have been telling about poor people."[42]

रे द्वारा निर्देशित होकर प्रस्तुत हो। फिर श्याम बेनेगल द्वारा निर्देशित 'गर्म कोट' जैसी फ़िल्में बनी। किन्तु जिस नयी विधा के ऐसे मार्ग-प्रवर्तक रहे उसको आगे बढ़ाने वाले उन जैसे न मिले। कुछ इनी-गिनी टेलीफ़िल्में ही अच्छी बन पायीं।

दूरदर्शन से टेलीफ़िल्म का प्रारम्भ ठीक उसी उद्देश्य से हुआ था जिस उद्देश्य से कई दशक पहले (1966 में) विश्व की पहली टेलीफ़िल्म 'फेम इज द नेम ऑफ गेम' (Fame is the name of game) का हुआ था। उद्देश्य था सिनेमा की बड़ी बजट की फ़िल्मों से अलग एक कम लागत वाली फ़िल्म का निर्माण जो बड़े पर्दे के फार्मूला-कथाचित्र से भिन्न हो। जिसमें सिनेमा की चमक-दमक के बजाय एक अच्छी कहानी हो। जो किसी अच्छी कृति पर आधारित हो। पात्रों का अच्छा विकास हो, निकट-शॉट हों, अधिकांश स्थल भीतरी हों। बहुत बड़े 'फिल्म-स्टार' के बजाय संवेदनशील अभिनेता/अभिनेत्रियाँ हों। फ़िल्म आलोचक डेविड बेडिवेल ने ऐसी फ़िल्मों को क्लासिकी वर्णनात्मक सिनेमा जैसा माना है।

भीष्म साहनी की कहानी 'चीफ़ की दावत' और निर्मल वर्मा की 'बीच बहस में' पर आधारित टेलीविजन-फ़िल्मों का जब 11-11-2003 को, राष्ट्रीय नाट्य विद्यालय के अभिमंच सभागार में प्रदर्शन हुआ तो उपस्थित दर्शकों व आलोचकों ने यह जानने की कोशिश की कि निर्देशक द्वारा कितनी छूट ली गयी है। साहित्यिक कृतियों पर आधारित कहानियों को दृश्य-रूप में प्रस्तुत करने में सीमायें भी होती हैं और पेचीदगियाँ भी। लिखित, दृश्य-रूप में प्रस्तुत होगा तो रचना नये रंग-ढंग में ही प्रस्तुत होगी। परिवर्तित रूप नाट्य कल्पना का ऐसा प्रारूप होता है जिसमें दृश्य और संवाद महत्त्वपूर्ण बन जाते हैं। रेमण्ड विलियम्स नाट्य प्रारूपों के सन्दर्भ में लिखते हैं कि नाट्य-कल्पना, अभिनय के माध्यम से, नयी चेतना पैदा करती है।* दृश्य रूप में, अभिनेताओं के माध्यम से, कथाओं को प्रस्तुत करने में सीमायें और संरचना की समस्याएँ प्रारम्भ से ही रही हैं। रंगमंच पर भी जब कथा को प्रस्तुत करने का सवाल आया तो अलग से 'कथा-रंगमंच' का आन्दोलन चल पड़ा। यह सृजनात्मक प्रयास, दर्शक के सामने नया 'फॉर्म' प्रस्तुत करने की कोशिश नहीं बल्कि पुनर्रचना थी। एक नयी परम्परा स्थापित करने की ओर एक नया कदम था। जब रेमण्ड विलियम्स यथार्थदर्शित प्रस्तुतियों में भाव-चेतना

---

* "The crisis of performance,...itself affected by the new means of dramatic performance in the Cinema, in Radio and in Television, has made the continuing problem of dramatic form especially acute. Certain orthodoxies have hardened, and many damaging gaps have appeared and continued to appear. But also, through and within these difficulties, the energy and power of dramatic imagination have continued to create some of the essential consciousness of our world."[43]

और परम्परा की बात करते हैं तो ज़ोर देते हैं कि पुरानी परम्पराओं को तोड़ते हुए जो नये प्रारूप प्रस्तुत होते हैं वे समकालीन रीतियों के अनुरूप मानवीय दृष्टिकोण की अभिव्यक्ति और अनुभूति होते हैं। इसलिए नया नाट्य रूप अपने वास्तविक परिवेश में प्रस्तुत होता है।* टेलीविजन की कहानी (टेलीफ़िल्म) का जो प्रारूप सामने आता है वह भी यथार्थोन्मुख ही होता है।

बी.बी.सी. के क्षेत्रीय नाट्य-मण्डल अध्यक्ष डेविड रोज़ (David Rose) ने जब चैनल-चार (Channel-four) के लिए फ़िल्मों का निर्माण प्रारम्भ करवाया और उनको टेलीविजन पर सफलता प्राप्त हुई तो उन्हें 1987 में कान (Cannes) में विशेष पुरस्कार से सम्मानित किया गया।[45] टेलीविजन पर चैनल-चार की फ़िल्मों के एक प्रदर्शन को कम-से-कम 30 लाख दर्शक देखते थे।

टेलीफ़िल्मों की शुरुआत का एक और कारण था माध्यम की लोकप्रियता। अमरीका में टेलीविजन की लोकप्रियता ने टेलीविजन-नेटवर्क पर सोप-ऑपेरा, नाट्य-शृंखलाओं आदि के अतिरिक्त कुछ नये कार्यक्रम प्रस्तुत करने के लिए कार्यकारी-अधिकारियों को बाध्य किया था। परिणाम यह हुआ कि, 1961 में, शनिवार रात को हॉलीवुड की फ़िल्में एक नेटवर्क (एन.बी.सी.) से प्रदर्शित होने लगीं। दूसरे नेटवर्क (ए.बी.सी.) ने, 1962 में, रविवार रात को हॉलीवुड की फ़िल्में दिखानी प्रारम्भ की। उसके पश्चात् तीसरे नेटवर्क (सी.बी.सी.) ने भी, 1965 में, हॉलीवुड की फ़िल्में दिखानी शुरू कीं। जब टेलीविजन पर फिल्मों की माँग बढ़ने लगी तो फ़िल्म-निर्माताओं ने भी प्रदर्शन-राशि को बढ़ा दिया। उधर फ़िल्में भी कम होती जा रही थीं। एक ही फ़िल्म कई-कई बार दिखाई जाने लगी। नेटवर्कों के कार्यकारी-अधिकारियों ने एक बैठक बुलाई। अनुमान लगाया गया कि फ़िल्म के प्रदर्शन के लिए दी जाने वाली राशि से कहीं कम में एक अच्छी टेलीविजन फ़िल्म बनायी जा सकती थी जो माध्यम की अपनी विशेषताओं के अनुरूप होती। सभी सहमत हुए। कुछ ही दिनों में टेलीफ़िल्मों की शुरुआत हुई जिनकी निर्माण-राशि बहुत को कम होती (फ़ीचर-फ़िल्म की टेलीकास्ट-राशि के 1/4 के बराबर)। ये फ़िल्में डेढ़ घण्टे की अवधि के लिए बनने लगीं और पहली टेलीफ़िल्म, 26 नवम्बर 1966 को, अमरीका में प्रसारित हुई।

डेढ़ घण्टे की इन टेलीफ़िल्मों में कथा के उत्कर्ष तक पहुँचने की छः अवस्थायें होतीं। प्रत्येक अवस्था का एक चरम-बिन्दु होता। उस चरम-बिन्दु को छूने के

---

* "It is one of the great revolutions, in human consciousness, to confront the human drama in its immidiate setting, without reference to outside forces and powers."[44]

पश्चात् विज्ञापन दिखाये जाते और तब 15 मिनट की अवधि का एक दूसरा चरण प्रारम्भ होता। प्रत्येक चरण अपने में सम्पूर्ण होता तथा कथा को आगे बढ़ाता। 'टेकनीक ऑफ स्क्रीनप्ले राइटिंग' (Technique of screen play writing) में टेलीविजन पर दिखाई जाने वाली फ़िल्म का उल्लेख करते हुए यूजीन वेल (Eugene vale) लिखते हैं कि आरम्भ से अन्त तक कहानी का परिपूर्ण विकास तब होता है जब कथा का उत्कर्ष उसकी समाप्ति (अन्त) के साथ सम्पातित होता हो। यदि यह पहले आने लगे तो कथा का ऐसा अन्त अलक्षित लगता है। यूजीन वेल फ़िल्म में कथा की प्रगति के चरण अपनी तालिका में यों प्रस्तुत करते हैं–

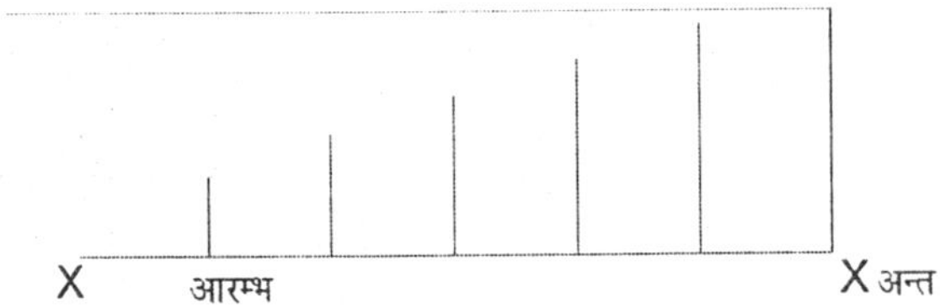

अब तक की सफल टेलीफ़िल्मों में यही तकनीक अपनाई गयी है। 1971-72 में दर्शाई गयी सर्वाधिक लोकप्रिय टेलीविजन फ़िल्म 'ब्राइनस साँग' (Brian's song) का आरूप भी ऐसा ही था। यह पहली टेलीफ़िल्म थी जिस पाँच 'एमी-पुरस्कार' प्रदान किये गये थे और फ़िल्म के निर्देशक बज़्ज़ कुलिक को 'डाइरेक्टर्स गिल्ड ऑफ अमरीका' ने विशेष पुरस्कार से सम्मानित किया था। 'ब्राइनस साँग' एक सच्ची कहानी पर आधारित टेलीफ़िल्म थी।

ब्राइन पिकालो एक फुटबाल खिलाड़ी था। 1965 में उसकी मित्रता एक अन्य खिलाड़ी गेल के साथ, एक ट्रेनिंग कैम्प में, होती है। दोनों गहरे मित्र बन जाते हैं। परन्तु 1970 में, कैंसर के कारण, ब्राइन की मृत्यु हो जाती है। यह खबर उस समय लगभग सभी ने अखबारों में पढ़ी थी। सभी इस घटना से परिचित थे और इसको चित्रित करना एक चुनौतीपूर्ण कार्य था। आलोचक डगलस गोमेरी (Douglas Gomery) 1983 के, अपने लेख में लिखते हैं कि 'ब्राइनस साँग' के दो मुख्य पात्र विलक्षण चरित्र-चित्रण प्रस्तुत करते हैं।*

'ब्राइनस साँग' की सफलता के बाद विश्व की अधिकतर टेलीफ़िल्में परिचित घटनाओं पर आधारित होने लगीं जो समसामयिक होती और जिनमें सामाजिक

* "Brian's song's two central characters presented a vivid contrast. One was talented; the other tried hard. One was black; the other white. When both made team and they became friends, another enigma was needed. A clear villian emerged...cancer. But Brian Piccalo did not die in vein...when his family and friends think of him it is not how he died they remember but rather how he lived..."[46]

यथार्थ होता। 16 एम. एम. फ़िल्म पर बनीं ये टेलीफ़िल्में लोकप्रिय हुईं और इनमें कला एवं टलीविजन-तकनीक का संगम देखने को मिला। लेखक व निर्देशक इन फ़िल्मों की कल्पना करते तो टेलीविजन नेटवर्क इन फ़िल्मों के लिए धन उपलब्ध कराते।

वस्तुतः टेलीफ़िल्म एक मिनीफ़िल्म, यानी बड़े-पर्दे की छोटी फ़िल्म के समान है, जिसमें नाटक के तीन अंकों का विधान लागू होता है। एक आदि, मध्य और अन्त होता है। पहले अंक में पात्रों का परिचय मिलता है, कोई घटना घटती है अथवा संघर्ष आरम्भ होता है तथा दूसरे अंक में संघर्ष को समाप्त करने के लिए पात्रों के प्रयास व कार्य-व्यापार चलता रहता है तथा तीसरे अंक में, उत्कर्ष पर पहुँचकर समाधान प्राप्त होता है।

यदि 1966 में टेलीफ़िल्मों के लिए निरूपित छः अवस्थाओं की तुलना तीन अंकों वाले टेलीविजन के एकल नाटक से करें तो कोई अन्तर नहीं। पहली दो अवस्थाएँ, प्रथम अंक; दूसरी दो अवस्थाएँ, द्वितीय अंक; तथा तीसरी दो अवस्थाएँ तीसरे अंक के समान प्रस्तुत होती हैं।

हिन्दी में निर्मित टेलीफ़िल्मों का जहाँ दूरदर्शन से वहीं व्यापारिक टेलीविजन से प्रसारण होता रहा है और अब लम्बे अन्तराल के बाद एक नयी शुरुआत हुई है। टेलीफ़िल्मों के माध्यम से चिर-प्रतिष्ठित साहित्य दर्शकों तक पहुँचाने के उद्देश्य से दूरदर्शन ने कथा-सरिता का प्रसारण 20-1-2005 से, प्रारंभ किया। अब तक कई अच्छी टेलीफ़िल्में प्रसारित हुई हैं। सम्भवतः आने वाले दिनों में सोप-ऑपेरा की तरह ही इसके प्रेक्षकों की संख्या भी बढ़े।

सन्दर्भ

1. EZRA POUND, ('An Immorality')' An introduction to literature' edited by Barnet, Berman and Burto, Little Brown and Company, Canada, 1981, p. 457
2. Abhinav Gupta, G.T. Deshpande, Sahitya Akademi, 1992, p. 85
3. T.S. Eliot, in his essay on Hamlet, first published in 1919
4. मैथिलीशरण गुप्त, 'भारतीय साहित्यकारों से साक्षात्कार', डॉ. रणवीर रांग्रा, भारतीय ज्ञानपीठ प्रकाशन, 1988, पृ. 4
5. Barnet, Berman and Burto (Editors), An introduction to literature (Imagery and symbolism), Little Brown and Company, Canada, 1981, p. 439
6. सुधीश पचौरी, 'जनसंचार माध्यम-भाषा और साहित्य', श्री नटराज प्रकाशन, दिल्ली-2002, पृ. 98

7. William wordsworth, (I wandered Lonely as a cloud) An introduction to literature, edited by Barnet, Berman and Burto, Little Brown and company, Canada, 1981, p. 482
8. सुधीश पचौरी, 'जनसंचार माध्यम-भाषा और साहित्य', श्री नटराज प्रकाशन, दिल्ली, 2002, पृ. 98
9. सुधीश पचौरी, 'जनसंचार माध्यम-भाषा और साहित्य', श्री नटराज प्रकाशन, दिल्ली, 2002, पृ. 103
10. मन्नू भण्डारी, 'कथा-पटकथा', वाणी प्रकाशन, नई दिल्ली, 2004, पृ. 14
11. वही, पृ. 20
12. Paddy Chayefsky-Simon and Schuster, Sixth edition, p. 35
13. सुधीश पचौरी, 'जनसंचार माध्यम-भाषा और साहित्य', श्री नटराज प्रकाशन, दिल्ली, 2002, पृ. 113
14. Bernet, Berman and Burto (Editors) "An introduction to literature (Observations on the Novel), Little Brown and company, Canada, 1981, p. 370
15. सुधीश पचौरी, 'जनसंचार माध्यम-भाषा और साहित्य', श्री नटराज प्रकाशन, दिल्ली, 2002, पृ. 114
16. E.M. FORSTER, 'ASPECTS OF THE NOVEL', Penguin, England, 1985, p. 51
17. गंगाधर शुक्ल, 'वक़्त गुज़रता है—आकाशवाणी और दूरदर्शन के साठ साल' सारांश प्रकाशन, दिल्ली 2005, पृ. 204
18. SERGEI ISENSTEIN, 'Notes of a Film Director', (Mezhdunarodnaya Moscow) Reprinted by Sindhu Publications, Bombay, 1970, p. 77.
19. ANDRE BAZIN, 'WHAT IS CINEMA', University of California Press, London, p. 53-54
20. सुधीश पचौरी, 'दूरदर्शन दशा और दिशा' प्रकाशन विभाग, नई दिल्ली, 1994, पृ. 120
21. वही, पृ. 70
22. STEVEN SPIELBERG, as quoted in 'From the Verbal to the visual' by Somdatta Mandal (Film & Fiction), Rawat Publications, Jaipur, 2005, p. 319
23. असगर वजाहत-प्रभात रंजन, 'टेलीविजन-लेखन' राधाकृष्ण प्रकाशन प्राइवेट लिमिटेड, दिल्ली, 2003, पृ. 74
24. वही, पृ. 70

25. गिरीश रस्तोगी, लेख–'बीसवीं सदी का हिन्दी नाटक और रंगमंच', 'बीसवीं सदी का हिन्दी साहित्य'–सम्पादक; डॉ. विश्वनाथ प्रसाद तिवारी, भारतीय ज्ञानपीठ, 2005, पृ. 145
26. डॉ. लक्ष्मीनारायण भारद्वाज, 'नाटक परम्परा-परिवेश', के. एल. पचौरी प्रकाशन, दिल्ली, 1988, पृ. 26
27. RAYMOND WILLIAMS, 'DRAMA FROM IBSEN TO BRECHT', Penguin Books, England, Reprint-1983, p. 248
28. गिरीश रस्तोगी, लेख–'बीसवीं सदी का हिन्दी नाटक और रंगमंच', 'बीसवीं सदी का हिन्दी साहित्य'–सम्पादक; डॉ. विश्वनाथ प्रसाद तिवारी, भारतीय ज्ञानपीठ, 2005, पृ. 157
29. डॉ. ब्रजवल्लभ मिश्र, 'रस भाव दर्शन', क्लेरिय बुक्स–हिन्दी पॉकेट बुक्स, दिल्ली, 1997, पृ. 260
30. वही, पृ. 258
31. गंगाधर शुक्ल, 'वक़्त गुज़रता है–आकाशवाणी और दूरदर्शन के साठ साल', सारांश प्रकाशन, दिल्ली, 2005, पृ. 180
32. वही, पृ. 183, 185
33. Roland Barthes, (The world of wrestling) 'A Roland Barthes Reader' Edited by Susan Sontag, Vintage, London, 2000, p. 19.
34. John Gielgud, 'An Actor And His Time' Pan Books, London, 1996, p. 220
35. FRANK RAHILL (The World of Melodrama), as quoted by James L. Smith in 'Melodrama', Methuen & Co Ltd. London, 1973, p. 5
36. JAMES L. SMITH, 'Melodrama', Methuen & Co Ltd. London, 1973, p. 10
37. रमन कुमार (वक्तव्य) दैनिक हिन्दुस्तान, 20.9.2006
38. ANITA HUMMEL (Research) qnoted in "Why men watch News and women soaps, an article by Priya Pathiyan, Published in Times of India, 15.10.2006
39. *Ibid.*
40. Horace Newcomb, Reflections on TV: The most popular art, included in thinking outside The Box edited by Gary R. Edgerton and Brian G. Rose, The university press of Kentucky, USA, 2005, p. 31

41. RAYMOND WILLIAMS, 'DRAMA FROM IBSEN TO BRECHT', Penguin Books, England, Reprint-1983, p. 399
42. SATYAJIT RAY in ANDREW ROBINSON'S Satyajit Ray, The Inner Eye', Rupa and Co. New Delhi, Sixth impression 1997, p. 261
43. RAYMOND WILLIAMS, 'DRAMA FROM IBSEN TO BRECHT', Penguin Books, England, Reprint-1983, p. 1
44. *Ibid.*, p. 385
45. Horace Newcomb, ENCYCLOPEDIA OF TELEVISION (Vol.-1) Fitzory Dearborn Publishers, London, 1997
46. DOUGLAS GOMARY, Brian's Song: 'The Movie made for Television' included in 'Television The Critical view' edited by Horace Newcomb, Oxford university press, 1987, p. 209

टेलीविजन का उत्तर-आधुनिक स्वरूप

(1) नयी कलाओं का समावेश

'वर्चुअल रियलिटी' तथा कम्प्यूटर तकनीक ने एक नयी वास्तविकता का अनुभव कराया है। 'टर्मिनेटर', 'मैट्रिक्स', तथा 'बैक टु फ्यूचर' जैसी फ़िल्मों ने समय और काल के नये अस्तित्व को प्रस्तुत किया है। कथा वर्तमान की जगह भविष्य में चलती है। अनदेखे, अनजाने व अनबूझे स्थल तथा दृश्य उभरकर सामने आते हैं। उत्कृष्ट वर्णनात्मक कथाओं के साथ लोकप्रिय साहित्य व संस्कृति मिलकर एक नयी प्रतिकृति बनाने लगती है। फिलिप रैनर, 'मीडिया स्टडीज' में डी. स्ट्रीनाती के 'पोस्टमॉडर्नइज़्म एण्ड पॉपुलर कल्चर' को उद्धृत करते हुए लिखते हैं कि समाज मास मीडिया में शामिल हो गया है।* यानी एक नयी वास्तविकता पैदा हुई है जो मीडिया के प्रतिमान से परे है। ऐसे में वास्तविक और काल्पनिक के बीच नयी कलाओं का समावेश हुआ है और नये आरूप (रूप) उभरकर सामने आये हैं।

एनिमेशन, कम्प्यूटर आधारित मीडिया, रीमिक्स तथा संगीत वीडियो का प्रसारण टेलीविजन चैनलों पर बढ़ गया है। नये डिजिटल दृश्य निर्मित हो रहे हैं। 2-डी तथा 3-डी एनिमेशन, चित्रकला, फोटोग्राफी तथा डिजिटल-तकनीक के एक साथ प्रयोग के कारण 'वर्चुअल' दृश्यों की रचना हो रही है। ये दृश्य वास्तविकता का बोध कराने लगते हैं। कला और मशीन के समन्वय से नये टेलीविजन बिम्ब रचे जा रहे हैं।

कम्प्यूटर रचित ये डिजिटल बिम्ब आज के टेलीविजन पर प्रमुख रूप से उपस्थित हैं। इनका प्रयोग, अब विज्ञापनों में भी होने लगा है। इस नये रूप को

---

* "Popular cultural signs and media images increasingly dominate our sense of reality, and the way we define ourselves and the world around us. It tries to come to terms with, and understand, a media-saturated society. The mass media, for example, were once thought of as holding up a mirror to, and there by reflecting, a wider social reality. Now reality can only be defined by the surface reflections of this mirror."[1]

अन्ना एविरेट ने 'डिजिटेक्सचुएलिटी' (Digitextuality) का नाम दिया है।* नयी 'डिजिटेक्सचुएलिटी' द्वारा न केवल कार्यक्रमों को पहले से बेहतर बनाया गया है, बल्कि विश्वविख्यात सोप ऑपेराओं में गुणवत्ता नज़र आने लगी है।**

'डिजिटेक्सचुएलिटी' के सन्दर्भ में ल्योतार की पुस्तक 'द इनह्यूमन' का हवाला देते हुए अन्ना लिखती हैं कि कुछ देखने और 'हाइपरटेक्स्ट' ढूँढने की प्रक्रिया में व्यक्ति इंटरनेट व टेलीविजन कार्यक्रमों के लिए चैनल बदलने का काम 'क्लिक' (click) के माध्यम से करता है। ल्योतार इसे 'उच्च प्रक्रिया' मानते हैं क्योंकि व्यक्ति 'साइबर स्पेस' में अपने प्रश्नों के उत्तर ढूँढता है।[4] डिजिटल रूप में दृश्य-श्रव्य, पर्दे पर, नया टेक्स्ट रचता है जो सन्देश भेजने की व्यवस्था को तात्कालिकता प्रदान करता है।***

नये परिदृश्य में, अन्ना के अनुसार, जब बिम्ब, पाठ और ध्वनि समाहित वेबसाइट और समकालीन टेलीविजन-कार्यक्रम साथ मिलकर इंटरनेट में समीकृत होकर दूसरे डिजिटल माध्यमों पर भी उपलब्ध हो रहे हैं तो यह रूप 'डिजिटेक्सचुएल' हो जाता है।[6] ल्योतार इस प्रकार की संचार व्यवस्था, एक वाक्य से दूसरे वाक्य के साथ बिना तर्क, नीति या सौन्दर्य सिद्धान्त के जुड़ने जैसा मानते हैं। लेकिन डिजिटल मीडिया की 'हाइपरटेक्स्ट' और 'डिजिटेक्सचुएलिटी' हमारी इन्द्रियों को जकड़े रहती है, आकर्षित करती है।****

---

* "Digitetuality's visual aesthetic and technological virtuosity are most recognizable on television in special effects-driven texts such as (1) commercials...(2) music videos...(3) science fiction shows like The X-files and outerlimits. What they all share is computerized textual production and image manipulation using high-end digital editing, two and three dimensional painting and compositing software compatible with both film & video."[2]

** "Successful global soap operas like CBS's The Bold & Beautiful and The young and the restless now simulcast in HDTV, and effects driven prime time shows...often hold their own against the digitally enhanced high production values of high income-generating commercials."[3]

*** "The new visual and rural representations that define digital texts, such as websites, CD-ROMS, DVDs and computer games...construct new epistemologies of the screen that instantiate their own reading stratigies, encodings deciphering practices, and reception contexts."[5]

**** "Digital media texts are capable of simultaneously engaging our senses of sight, sound, touch, and now thought in heightened manner that is different in degree, if not in kind, from more traditional media texts."[7]

नये मीडिया ने पुराने कलारूप सिनेमा को नयी डिजिटल सम्पादन की सुविधा उपलब्ध कराई है तो साथ ही कलाकारों के नये समुदायों व टेक्नो-संस्कृति को जन्म दिया है। अन्ना, आन्द्रे बाजां (Andre Bazine) के 'टोटल सिनेमा' (Total cinema) का उल्लेख करती हैं जिसमें बाजां ने कहा था कि असली सिनेमा अभी गढ़ा ही नहीं गया है। (The cinema has not yet been invented). किन्तु, अन्ना के अनुसार, डिजिटल मीडिया की नयी कला ने आखिर सिनेमा को गढ़ा है, जिसे डिजिटल तकनीक के जादू से रचा गया है।

डिजिटल तकनीक में कला और टेक्नोलॉजी के पारस्परिक संयोग से एक चित्रकार, जो कभी केवल टाइटल लिखता था, अब डिजि-कलाकार हो गया है। पहले उसके हाथ में तूलिका होती थी, अब माउस। वह नये चित्र बनाने के लिए डिजिटल तकनीक को प्रयोग में लाता है। टेलीजिवन-निर्देशक के साथ मिलकर वह काल्पनिक जगत की रचना करता है। नयी कला द्वारा कार्यक्रम की सौन्दर्यपरकता बढ़ाना सम्भव हो गया है। पहले केवल द्विआयामी दृश्य होते थे किन्तु अब त्रि-आयामी दृश्य भी रचे जाने लगे हैं। टेलीविजन कार्यक्रमों की 'कलर-टोन' से लेकर ऐतिहासिक चित्रों की पुनर्रचना में डिजिटल तकनीक ने अभूतपूर्व सफलता पायी है।*

एनिमेशन कला में चित्रों के प्रत्येक फ्रेम को कैमरा में उतारने के बजाय डिजिटल-संचालन द्वारा दृश्यों में गति पैदा की जाती है। इस प्रकार पारम्परिक चित्रकला नयी टेक्नोलॉजी द्वारा नये रूप में प्रस्तुत होने लगी है। टेक्नोलॉजी ने कला को प्रेरित किया है। एनिमेशन द्वारा विश्व की पहली फ़िल्म 'टॉय स्टोरी' पश्चिम में बनी तो भारत में 'हनुमान' की एनिमेटिड-कृति तैयार हो गयी। डिजिटल तकनीक पर आधारित 'नान लीनियर' सम्पादन कला ने, टेलीविजन-नाटकों, धारावाहिकों तथा वृत्तचित्रों के साथ ही अन्य टी.वी. कार्यक्रमों का बाह्य आकार बदल डाला है।

टेलीविजन, वास्तविकता की ओर ध्यान आकर्षित कराता है, वास्तविक घटनाओं पर आधारित कार्यक्रम दिखाता है। किन्तु टेलीविजन की वास्तविकता भिन्न होती है। यह, वास्तविकता का केवल वही रूप दिखाता है जो यह दिखाना चाहता है जबकि वास्तव में कुछ और भी घट चुका होता है। काल्पनिक सोप-ऑपेरा, जो टेलीविजन-नाटक की सर्वाधिक लोकप्रिय विधा है, उसकी कथा में भी घटना और पात्रों के बीच अवास्तविक सम्बन्ध पैदा किया जाता है। दिन-प्रतिदिन देखे जाने वाले अनेक अंकों (एपिसोड) में वास्तव में कुछ नहीं घटता। पात्र वहीं के वहीं रहते हैं। वे अपनी गलतियों को या तो कबूल करते हैं या फिर पछतावा प्रकट करते हैं।

---

* 'मुगल-ए-आज़म' के प्रत्येक फ्रेम को डिजिटल तकनीक द्वारा रंगीन चित्र में बदल दिया गया है।

वे अपनी समस्याओं को सुलझाने की कोशिश वैसे ही करते हैं जैसे वे पिछले वर्ष के किसी एपिसोड में कर रहे थे। इनमें रंगमंच के गम्भीर नाटकों की तरह मुख्य-पात्र की वेदना 'कथारसिस' की स्थिति में नहीं ले जाती। फिर भी ये नाटक लगातार देखे जाते हैं। कारण? कलाकारों की अभिनय शक्ति।

टेलीविजन प्रदर्शन व्यावहारिक कला है। अभिनेताओं/अभिनेत्रियों के अनुकरण का तरीका बदल गया है। नये टेलीविजन-नाटक ने दृश्यात्मक-एकालाप को जन्म दिया है। विचारों और भावनाओं की अभिव्यक्ति में हाव-भाव की मुद्रा प्रमुख हो गयी है जिसमें शारीरिक-भाषा द्वारा अनुपम संचार होने लगा है। अभिनय कला का यह नया रूप प्रारम्भ के नाटकों से भिन्न है जहाँ अभिनेता रंगमंचीय तौर-तरीके अपनाते हुए टेलीविजन पर अभिनय करते थे। ऐसे अभिनेताओं को टेलीविजन ने बेकार समझकर अलग कर दिया है। अब एक अनुशासित अभिनेता/अभिनेत्री भावुकतापूर्ण नाटकों में भी नियन्त्रित प्रदर्शन करता हुआ नज़र आता है। जब, 1981 में, सत्यजीत रे ने दूरदर्शन की टेलीफिल्म 'सद्‌गति' का निर्देशन किया तो उन्होंने कहानी में दुखिया की भूमिका के लिए ओमपुरी तथा झुरिया के लिए स्मिता पाटिल का चयन किया ताकि कहानी के पात्रों की मनोदशा की उपयुक्त ढंग से अभिव्यक्त हो।* उस प्रकार का अभिनय टेलीविजन पर देखने को अब तो नहीं मिलता परन्तु राष्ट्रीय नाट्य विद्यालय और फ़िल्म तथा टेलीविजन संस्थान से प्रशिक्षित कुछ कलाकार जो आजकल विशेष भूमिकाओं में नजर आते हैं, कामुक रूप से सुन्दर मॉडलों के सतही अभिनय के बजाय, यथार्थवादी चित्र प्रस्तुत करते हैं। अभिनय की इस यथार्थदर्शिता में टेलीविजन का काल्पनिक नाटक वास्तविक जीवन के दर्पण जैसे लगने लगता है। मिथक की जगह वास्तविक-घटनाओं के प्रतिनिधित्व का आभास होने लगता है। परन्तु फिर भी समकालीन के साथ-साथ पारम्परिक को प्रस्तुत किया जा रहा है। यहाँ एक होनहार लड़की (जस्सी) के साथ अन्याय, पारम्परिक मूल्यों की रक्षा करने वाली दादी (बेबे), तथा रूमानी युवा, जो ग्लोबल अर्थव्यवस्था में अपनी कम्पनी को स्थापित करना चाहता है (अरमान) जैसे पात्र नज़र आ रहे हैं। इस प्रकार के नाटकों में परम्परा, पॉपुलर कल्चर और समकालीनता एक साथ देखने को मिलते हैं।

रंगमंच के 'स्पेक्टक्ल' का भी टेलीविजन में समावेश हुआ है। प्रारम्भ से ही रंगमंच की दृश्य-कला टेलीविजन को प्रभावित करती रही है। भव्य ऑपेरा की तरह ही आज के सोप-नाटकों में विशाल सेट और भड़कीले वस्त्र नज़र आते हैं। आकृष्ट

---

* "Neither of them has a conventionally attractive face-in fact Om Puri's has led him to be cast mainly as a man of violance-but both have the rare capacity of tranforming their appearance according to mood."[8]

करने वाले इन भव्य सेटों के सामने ही कलाकारों का चलता-फिरता रूप नज़र आता है। यह नया 'स्पेक्टक्ल' (दृश्य-विधान) दर्शकों को एक नया दृश्य-अनुभव प्रदान कराता है।

संगीत-वीडियो में भी परम्परा और लोकप्रिय संस्कृति का संयोजन नज़र आने लगा है। सर्वप्रथम एम.टी.वी. एशिया ने दूरदर्शन पर, 1994 में, म्यूज़िक-वीडियो पर आधारित कार्यक्रम दिखाना प्रारम्भ किया। यह एक घण्टे की अवधि का होता था। परन्तु कुछ ही वर्षों में स्टार-म्यूज़िक और फिर चैनल-वी के रूप में संगीत-वीडियो लगातार आने लगे। यह उत्तर-आधुनिक टेलीविजन का प्रथम परिचय था।

दिलेर मेंहदी के टेलीविजन-वीडियो-तर्र-र्र-रा...पंजाब के लोकगीत और नृत्य संगीत पर आधारित था। अभिनय, नृत्य, संगीत, तथा सम्पादन के नये तरीके ने इस वीडियो को लोकप्रिय बनाया। इसी प्रकार अलीशा चैनई के 'मेड इन इंडिया-प्यारा इंडिया' वीडियो में विशेष दृश्य प्रभावों, नृत्य, संगीत, पारम्परिक वाद्य तथा सम्पादन का संयोजन देखने को मिला था। 1994-95 में इसके प्रसारण ने युवा वर्ग के दर्शकों को स्वाभाविक रूप से प्रभावित किया। इस नवीन प्रस्तुति ने वर्षों तक दर्शकों का मनोरंजन किया तथा इस वीडियो की सफलता के कारण इसका निर्देशक, केन घोष, जो अनजान था, एक बड़े निर्देशक के रूप में स्थापित हो गया। दर्शकों को यह प्रयोग क्रान्तिकारी लगा।

समकालीन संगीत वीडियो में वर्तमान के साथ भूत के दृश्य शामिल होते हैं। पुराने महल, पहाड़, झरने, गाँव, नये शहरों के व्यस्त चौराहे आदि दर्शाये जाते हैं। जहाँ वीणा, तबला, सारंगी जैसे पारम्परिक वाद्य बजाते हैं वहीं पियानो, गिटार, तथा वायलिन का फ्यूजन प्रस्तुत होता है। चूड़ियाँ, बिंदिया, जोगी, जोगिया जैसे शब्दों के साथ ही my love जैसे शब्दों का प्रयोग होता है। इन म्यूजिक-वीडियो में कलाकार कभी पारम्परिक साड़ी, कुर्ते में नज़र आते हैं तो कभी जींस में। जींस वर्गविहीन होते हैं। इन्हें लड़का-लड़की, पुरुष, स्त्री कोई भी पहन सकता है। इस प्रकार इन वीडियोज़ में सामाजिक व्यवहार के अभीष्ट प्रतिमानों का विरोध भी है और नये प्रतिमानों को स्थापित करने का प्रयास भी। परम्परा भी, समकालीनता भी। विरोध भी और व्यक्तित्व स्वतन्त्रता का भाव भी प्रस्तुत होता है।

21वीं सदी के टेलीविजन ने पारम्परिक कठपुतली कला को भी अपनाया है। एन.डी. टीवी के 'डबल टेक' में जानी-मानी हस्तियों की कठपुतलियों द्वारा, समसामयिक घटनाओं पर, एक टिप्पणी प्रस्तुत की जाती रही है। ठीक उसी तरह जिस प्रकार समाचार-पत्र में एक कार्टून किसी घटना पर समालोचना करता है।

कठपुतली-कला पारम्परिक है किन्तु टेलीविजन ने इसे, अपने तरीके से, इसकी पुनर्रचना की है। वस्तुतः प्रसारण कला का ही पुनरावर्तन हुआ है। अब प्रसारण के दौरान नाटकीय अंश, विज्ञापन, प्रोमो, समाचार-ब्रेक, चैनल-पहचान-लोगो, आदि शामिल होते हैं। ऐसे में, कठपुतली, एनिमेटेड वीडियो, कार्टून आधारित छायाचित्र, स्थल आधारित साक्षात्कार (वाक द टाक) जैसे नये आरूप (फार्मेट) टेलीविजन का हिस्सा हो गये हैं।

(2) नये आरूप (फॉर्मेट)

अंबरतो इको (Umberto Eco) अपने लेख 'ए गाइड टु द निओ–टेलीविजन' में टेलीविजन की स्थिति का उल्लेख करते हुए लिखते हैं कि मीडिया अपनी ही तल्लीनता में खो गया है। आज का टेलीविजन, चैट-शो, पुरस्कार समारोह, प्रख्यात व्यक्तियों के समाचार, टेलीविजन के बारे में टेलीविजन के वृत्तचित्र, प्रश्नोत्तरी प्रतियोगिताएँ जिनमें मशहूर लोग प्रतियोगी बन आते हैं, टीवी-शो जिनमें लोग कार्यक्रम की प्रशंसा अथवा आलोचना करते हैं, विज्ञापन जो पुराने विज्ञापनों की पैरोडी होते हैं, सिटकॉम (स्थिति कामेडियाँ) जो पुरानी क्लासिक कॉमेडियों की शैली का स्मरण कराने का प्रयास करती हैं, जैसे कार्यक्रमों को बनाने में तल्लीन है।[9]

इको कहते हैं कि इस 'निओ-टीवी' की दुनिया में टेलीविजन पर जो कुछ भी दर्शाया जाता है उल्लेखनीय व असाधारण कहकर प्रस्तुत किया जाता है कि पहली बार कैमरे में कैद किया गया है। यदि 'रॉयल्टी' ने किसी सरल साक्षात्कार में अपने मन की बात प्रकट की होती है तो वह बात इतना महत्त्व नहीं रखती जितना कि यह कि उन्हें पहली बार टीवी पर दिखाया जा रहा है। यानी आकर्षित करने की शक्ति 'टेली-चित्र' में रहती है।[10]

टेलीविजन सदा ही नया इतिहास रचता रहा है। सदा ही नया कुछ दिखाने के प्रयास करता रहा है। इसी कारण नये-नये शो पैदा किये जाते हैं। व्यावसायिक टेलीविजन तन्त्र की प्रतिस्पर्धा में हर चैनल कुछ नया कर दिखाना चाहती है। इस प्रयास में 'रियलिटी-शो', 'चैट-शो', 'गेम-शो', तथा 'लाईव-शो' जैसे नये आरूप (रूप) टेलीविजन पर प्रकट होने लगे हैं।

(रियलिटी-शो) : 'अंताक्षरी', 'सारेगामापा', 'इंडियन आइडल' तथा 'फेम गुरुकुल' जैसे कई प्रतिभाखोजी रियलिटी शो आये जिनमें दर्शकों की भी भागीदारी रही है। ये शो लोकप्रिय रहे हैं और इन्होंने साधारण युवा कलाकारों को लोकप्रिय संगीत हस्तियों के रूप में प्रतिष्ठित बनाया है। ऐसी प्रतिस्पर्धाओं में अभिजीत सावंत, देबोजीत, काज़ी, रूपरेखा, अमित साना, विनीत आदि जैसे कलाकार

लोकप्रिय हुए। चैनल वी के प्रथम रियलिटी शो—'वीवा' में प्राची, महुआ, नेहा, सीमा और अनुशिका जैसी गायिकाओं का चयन हुआ था तथा उनका एक गीत 'जागो ज़रा'* कई वर्षों तक धूम मचाता रहा।

जॉन डोवीय अपनी पुस्तक 'फ्रीकशो : फ़र्स्ट पर्सन मीडिया एण्ड फेक्चुअल टेलीविजन' में तर्क प्रस्तुत करते हैं कि टेलीविजन की नयी विधाओं की दृश्यघटना 'फ़र्स्ट पर्सन मीडिया' जैसी है जहाँ व्यक्तिगत विचार, भाव और अनुभव प्राथमिकता प्राप्त करते हैं।[11]

सलमान रुशदी रियलिटी टीवी पर अपने लेख, "रियलिटी टीवी ए डैथ ऑफ टैलेंट एण्ड द डैथ ऑफ मॉर्लटी"[12] में लिखते हैं कि रियलिटी टीवी को नज़रअन्दाज़ नहीं किया जा सकता है, इसकी सफलता नयी सदी की मीडिया-कथा है। क्योंकि रेटिंग्स (टीआरपी) के साथ ही इसमें पैसा भी खूब होता है मगर असल बात तो यह है कि क्या आत्म-मोह का प्रदर्शन होना चाहिए? यदि कम-आकर्षक, आधे-अधूरे व्यक्ति, साधारण जीवन का प्रदर्शन करते रहें तो प्रतिभा की क्या ज़रूरत है।** रुशदी ऐसे शो को ऊबाऊ मानते हैं। वे तर्क देते हैं कि धनी और लोकप्रिय बनना बुरी बात नहीं मगर नैतिकता का स्वर दब जाता है।

ग्रीर (Germaine Greer) रियलिटी शो पर अपने लेख 'वाच विद ब्रॉदर'[14] में मानते हैं कि ऐसे कार्यक्रम 'पॉपुलर कल्चर' का हिस्सा हैं। वे लिखते हैं कि रियलिटी टीवी में दरअसल रियल कुछ नहीं। प्रस्तुतियाँ पूर्वनियोजित होती हैं। हम जो कुछ देखते हैं कैमरे द्वारा दिखाया हुआ देखते हैं, जो सम्पादित होता है। जो इन कार्यक्रमों में भाग लेने के लिए आते हैं वे ऐसे लोग होते हैं जिन्हें अपनी नुमाइश करना अच्छा लगता है।***

---

* 'जागो ज़रा (लेखक : जावेद अख़्तर) कोई यह कह रहा है आज हमसे, ना हार मानना किसी सितम से, हर एक बन्धन आज तोड़ दो तुम, छुड़ा लो अपना हाथ आज ग़म से, जागो ज़रा, जागो ज़रा, सवेरा हो गया (टाइम्स म्यूज़िक द्वारा इसके संगीत कैसेट तथा सीडी 2002 में उपलब्ध कराये गये थे।)

** "Here in short are people becoming famous for doing nothing much at all, but doing it where everyone can see them. The problem with this kind of engineered realism is that, like all fads, it's likely to have a short shelf-life, unless it finds ways of renewing itself. The probability is that our voyeurism will become more demanding. It won't be enough to watch somebody begins catty or weeping...or revealing everything on subsequent talk shows, as if they had anyting left to reveal."[13]

*** "The contestants may say what they please, but someone else will decide who, if anyone, can hear. This dilutes the voyeur's thrill...And since the participants in reality TV have agreed to be watched, they cannot provide the same satisfaction."[15]

डोवी के अनुसार इस प्रकार के भाग लेने वाले व्यक्तियों के व्यक्तिगत अनुभवों का बयान ऐसे कार्यक्रमों को लोकप्रिय बनाता है। दरअसल, उनकी महत्त्वहीनता और भावात्मकता, लोकसेवा कार्यक्रमों के बौद्धिक व आधिकारिक अभिवृत्ति के विरुद्ध, एक प्रतिक्रिया के रूप में ही प्रकट होती है। इसलिए रियलिटी शो में उन साधारण व्यक्तियों को शामिल किया जाता है जो हँसी-मज़ाक और मनोरंजन पसन्द करते हैं। ऐसे कार्यक्रमों को तैयार करने से लागत कम लगती है, विज्ञापन अधिक मिलते हैं और दर्शक भी खूब मिलते हैं।

जब इस प्रकार के शो बनाने वालों के सामने यह बात प्रकट की जाती है कि लाभ कमाने के लिए प्रतियोगियों का शोषणपूर्ण उपयोग होता है तो वे कहते हैं कि टेलीविजन का काम ही होता है लोगों को मनोरंजन प्रदान कराना। संगीतकार/गायक आदेश श्रीवास्तव ने ऐसे म्यूजिकल रियलिटी शो के सिलसिले में दिये एक साक्षात्कार में कहा है कि "इस तरह के शो दिखाने से चैनल को पैसे मिल जाते हैं। टैलेंट हंट के नाम पर वे सिर्फ पैसे कमा रहे हैं।...हमारे जैसे कलाकार आज इस तरह के रियलिटी शो देखकर इसलिए खुश होते हैं कि हमारे ज़माने में यह सब नहीं था। हमारा स्ट्रगल अलग तरह का था। हमें किसी ने मौका नहीं दिया था। यही वजह है कि मैं हर प्रतियोगी को प्रोत्साहित करता हूँ।"[16]

इनकी लोकप्रियता का एक कारण यह भी है कि मोबाइल फोन से एसएमएस द्वारा साधारण दर्शक इसमें भागीदार हो जाते हैं। उनकी भागीदारी के कारण दर्शकों की संख्या में वृद्धि होती है। उनके एसएमएस वोट के आधार पर प्रतियोगी कलाकारों, गायकों आदि को चुना जाता है। आज के रियलिटी शो कार्यक्रमों में दर्शकों की भागीदारी बढ़ गयी है। चैनल-वी का 'सुपर-सिंगर' लोकप्रिय रहा है। किन्तु जब कुछ वर्ष पहले चैनल वी ने पहले खोजी अभियान द्वारा 'वीवा' के गायकों का चयन किया था तब दर्शकों की भागीदारी कम होती थी। वस्तुतः ऐसे कार्यक्रम 'पॉपुलर कल्चर' का हिस्सा हैं और जैसा कि रेमण्ड विलियम्स 'टेलीविजन टेक्नोलॉजी और फार्म' में बताते हैं कि टेलीविजन पुरानी सांस्कृतिक रीतियों का इस्तेमाल करते हुए नये आरूपों का अन्वेषक बनेगा।[17] वैसा इन रियलिटी कार्यक्रमों ने सिद्ध किया है। ऐसे आरूप न रंगमंच पर, न रेडियो पर और न ही सिनेमा में स्थापित हो सके हैं।

'फियर फ़ैक्टर' शो भारतीय टेलीविजन पर भी आ गया है। यह पश्चिम के टेलीविजन नेटवर्क्स पर खूब चला है और इसको यहाँ 'इंडियन फियर फ़ैक्टर' नाम से प्रारम्भ किया गया है। यह रियलिटी शो भी प्रतियोगिता-कार्यक्रम जैसा ही है मगर इसमें भाग लेने वाले व्यक्ति असामान्य करतब करते हुए दिखाये जाते हैं।

रियलिटी शो की प्रस्तुति में न केवल गतिशीलता, प्रतियोगी को दृश्यों में विभन्न कोणों द्वारा अलग परिप्रेक्ष्य में देखने की सुविधा होती है बल्कि अनेक

दर्शकों की भागीदारी के कारण एक निष्क्रिय दर्शक भी सक्रिय हो जाता है। वह भी एसएमएस करता है, फोन करता है या स्वयं को अगले शो में भागीदार बनाने की इच्छा प्रकट करता है।

चैट शो

'जस्टपूजा', 'कॉफी विद करण', 'रॉन्डिवूज विद सिम्मी गरेवाल' आदि कितने ही टाक-शो व चैट-शो, टेलीविजन चैनलों से, हर सप्ताह आ रहे हैं। दर्शक इन्हें देखना पसन्द करते हैं क्योंकि, प्रख्यात व्यक्तियों के जीवन में झाँकना उन्हें अच्छा लगता है। ऐसे शो प्रस्तुत करने वाले एंकर (संचालक) सिम्मी गरेवाल, पूजा बेदी, करण जौहर आदि खुद इतने मशहूर होते हैं कि यदि वे किसी साधारण व्यक्ति को भी शो में लाते हैं तो वह व्यक्ति साधारण से असाधारण हो जाता है। ऐसे टाक-शो में गम्भीर मुद्दों के बजाय सहज बातचीत प्रस्तुत होती है। ऐसे अनौपचारिक कार्यक्रमों में गलतियों को स्वीकारा जाता है। इस प्रकार का व्यवहार, प्रख्यात पुरुष को, लोकप्रियता प्रदान करता है। 'जस्ट पूजा' के एक एपिसोड में जब पूजा अपने ही पिता कबीर बेदी से पुराने दिनों के बारे में पूछती हैं तो कबीर युवाकाल की गलतियाँ स्वीकारते हैं। 'स्टार' पर दर्शाये जाने वाले 'ओप्रा विंफरी शो' में जब कुछ दिनों पहले ऐश्वर्या राय आयीं तो ओप्रा ने साड़ी पहनने का तरीका पूछा। जब ऐश्वर्या स्वयं दर्शकों के बीच साड़ी पहनकर आ गयी तो पूरा स्टूडियो झूम उठा। इसके विपरीत यदि निराद चौधरी से लिया गया साक्षात्कार*, जिसमें साहित्य और दर्शन की चर्चा हुई है, एक टाक-शो के रूप में दिखाया जाये तो जाहिर है इसमें साधारण दर्शक की कोई रुचि नहीं होगी।

चैट-शो में क्या कुछ कहा जा रहा है उसे महत्त्व देने के बजाय प्रख्यात व्यक्ति के प्रस्तुत किये जाने को महत्त्वपूर्ण बनाया जाता है। रेमंड विलियम्स के अनुसार ऐसे शो हल्के होते हैं।** इसके विपरीत गम्भीर चर्चाएँ, किसी बहस द्वारा, एक विचार प्रस्तुत करती हैं।

---

* कार्यक्रम 'इन कनवर्सेशन', में निराद चौधरी का साक्षात्कार राजीव मेहरोत्रा ने लिया था। एक और विशेष-कार्यक्रम में निराद चौधरी के साहित्य और जीवन का परिचय दिया गया था। (प्रस्तुतकर्ता थे पी. के. मट्टू) ये दोनों क्रार्यक्रम दूरदर्शन से प्रसारित हुए थे।

** "There have also been some innovations in styles of discussion, and these should be noted, since they amount, in effect, to new forms. There has been an obvious loosening of manner. At its worst, which is most often noted, this culminates in the talk-show or chat show where it is not what is said but that it is someone saying it which is made important. The contrived conversations to sustain the notions of 'guests' and personalities are among the worst things television ever does, and on this scale this is new."[18]

अमृत्य सेन, 'आरग्यूमेन्टेटिव इंडियन' की प्रस्तावना में लिखते हैं कि बहस व चर्चा सार्वजनिक तर्क के लिए आवश्यक है। सामाजिक न्याय के लिए बोलने का अधिकार अत्यन्त महत्त्वपूर्ण होता है।* ये चर्चाएँ विभिन्न व्यक्तियों व समूहों के दृष्टिकोण को प्रस्तुत करने में महत्त्वपूर्ण रही हैं। 'चर्चा में', 'फेस द नेशन', 'वी द पीपुल'; आदि टेलीविजन कार्यक्रम राजनीतिक, सामाजिक मुद्दों पर एक आम राय बनाने में सहायक रहे हैं। ऐसी चर्चाओं में भाग लेने वाली प्रतिभाओं तथा विशेषज्ञों के विभिन्न दृष्टिकोण सामने आते हैं और एक आम धारणा उभरकर सामने आती है। इनमें जनसाधारण भी शामिल होता है। संचालक, स्टूडियो में उपस्थित जन-प्रतिनिधियों को उनकी राय व्यक्त करने के लिए आमन्त्रित करता है। ऐसी चर्चाओं में खुली बहस होती है। इनमें अधिकारियों, मन्त्रियों आदि की जवाबदेही भी तलब होती है और ऐसे कार्यक्रम विभिन्न चैनलों के 'प्राइम टाइम' प्रसारण का एक प्रमुख हिस्सा होते हैं। ऐसे कुछ कार्यक्रमों में सन्तुलित, न्यायसंगत विचारों के साथ ही कभी-कभी भाग लेने वालों का तीव्र विरोध भी सामने आता है। इस प्रकार ये चर्चाएँ जानकारी व प्रतिक्रियात्मक दृष्टिकोण प्रस्तुत करते हैं। जबकि चैट-शो में ऐसा कुछ नहीं होता। फिर भी चैट-शो एक नवीन प्रकार का टीवी शो है जिसमें प्रख्यात व्यक्तियों का आकर्षक प्रदर्शन होता है।

लाफ्टर-शो

टेलीविजन के हास्य कार्यक्रमों की टीआरपी बढ़ने लगी है। 'द ग्रेट इंडियन लाफ्टर चैलेंज' ने राजू श्रीवास्तव, नवीन प्रभाकर जैसे हास्य अभिनेताओं को स्टार बना दिया है। विज्ञापनों में भी हास्य नज़र आने लगा है। 'पप्पू पास हो गया' में अभिताभ बच्चन तो कोक के विज्ञापन में आमिर जापानी पर्यटक बन हास्यास्पद स्थितियों को प्रस्तुत करते हैं। यहाँ तक कि स्टेट बैंक के प्रोमो में भी चिमनलाल चार्ली के पात्र द्वारा प्रस्तुत किया गया है।

'द ग्रेट इंडियन लाफ्टर चैलेंज' से पहले शेखर सुमन का 'मूवर्स एण्ड शेकर्स' आता था। उसमें शेखर सुमन दूसरों की नकल उतारने की कला द्वारा दर्शकों को हास्य-विभोर करते। हास्य-अभिनेता तथा एकल-कलाकार सदा ही मनोरंजक प्रस्तुतियों का मंचन करते रहे हैं परन्तु उनका दर्शक वर्ग सीमित रहता। जब एकल-अभिनेता, टेलीविजन पर आने लगे तो उन्हें बहुत बड़ा दर्शक-वर्ग मिला। जिसके कारण

* "They are central to the practice of secularism and for even-handed treatment of adherents of different religious faiths (including those who have no religious beliefs). Going beyond these basic structural priorities, the argumentative tradition, if used with deliberation and commitment, can also be extremely important in resisting social inequalities and in removing poverty and deprivation."[19]

इनकी लोकप्रियता बढ़ने लगी। आज टेलीविजन के हास्य-अभिनेता अन्य कलाकारों से ज्यादा लोकप्रिय हैं।

रेडियो पर झलकियाँ व प्रहसन प्रस्तुत होते रहे हैं परन्तु टेलीविजन ने हास्य-नाटक की नयी विद्या सिटकॉम (स्थिति कॉमेडी) को जन्म दिया। हिन्दी में यह 'देख भाई देख' के रूप में लोकप्रिय हुई। अंग्रेजी में 'लूसी', 'फाल्टी टॉवर्स' आदि कई सिटकॉम लोकप्रिय हुए। आज, सिटकॉम की ही शैली में 'ऑफिस-ऑफिस' (सब टीवी) टेलीविजन पर चल रहा है। एकल-अभिनय तथा सिटकॉम, दोनों ही रंगमंच की पारम्परिक नाट्यकला का विस्तार हैं, जिन्हें टेलीविजन ने अपने ढंग से प्रस्तुत करने का एक नया तरीका ईजाद किया। टेलीविजन ने इनमें दृश्यात्मक अतिरंजना का तत्त्व जोड़ दिया। टेलीविजन चीज़ों को नज़दीक से देखता है इसलिए बढ़ा-चढ़ाकर दिखाया हुआ शारीरिक प्रदर्शन बेहतर रूप से नज़र आने लगा। प्रत्येक रंग-कलाकार का अपना एक विशिष्ट ढंग होता है। टेलीविजन ने उनके अन्दाज़ तथा व्यवहार की विचित्रता को नये आरूप (रूप) में प्रस्तुत किया और एकल-अभिनेताओं का प्रदर्शन हँसने-हँसाने की सम्भावनाओं से भर दिया। स्थिति कामेडियों (सिटकॉम) में यथार्थता और मानवीय तत्त्व को 'वेरायटी शो' की विविधता के रूप में अन्तर्विष्ट किया गया। 'वेरायटी शो' के बारे में रेमण्ड विलियम्स कहते हैं* कि सांस्कृतिक वेरायटी जो रंगमंच पर विकसित हुई, टेलीविजन का एक महत्त्वपूर्ण हिस्सा बन गयी। ऐसी स्थिति कॉमेडियों में स्थिति से मज़ाक का जन्म होता है। पात्रों में से परिहास उभरता है (ज़बान सँभाल के)। घटनाक्रम और प्रदर्शन द्वारा विनोदी भाव उत्पन्न होता है। अभिव्यक्ति के इस तरीके में मानवीय और हास्यपूर्ण तत्त्वों द्वारा एक प्रस्तुति प्रदर्शित होती है।

ये प्रस्तुतियाँ 'द ग्रेट, इण्डियान लाफ्टर चेलेंज', 'द ग्रेट इण्डियन कॉमडी शो', तथा 'ऑफिस—ऑफिस' के रूप में एक नये आरुप में दर्शकों को मनोरंजन प्रदान करती रही है। इनमें पारम्परिक एकल हास्य-प्रदर्शन, वेरायटी तथा दर्शकों की भागीदारी होती है जो देखने के स्वभाव को प्रभावित करता है। जब स्टूडियो में बैठा दर्शक ताली बजाता है या हँस देता है तो घर में बैठा दर्शक प्रभावित हो स्वतः ही हँस देता है। 'द ग्रेट इण्डियन लाफ्टर चैलेंज' की दूसरी शृंखला प्रारम्भ हुई किन्तु जिस प्रकार से यह विद्या लोकप्रिय हो रही है उससे निश्चित है कि आने वाले कई वर्षों तक इसकी टीआरपी (टेलीविजन रेटिंग) में बृद्धि होती रहेगी।

---

* "The cultural mix which developed in the variety threatres and then the music-halls is in many ways the precedent for an important part of television...There has been an adaptation of older forms to the altered technology and the altered relations with audiances which television involved. But there are some other cases : for example, the evolution of both the solo turn and the variety sketch into 'Situation Comedy."[20]

गेम शो

बहुत पहले दूरदर्शन से 'प्रश्नोत्तरी' कार्यक्रम आता था। 'प्रश्नोत्तरी' ज्ञान परीक्षण के लिए एक प्रश्न-प्रतियोगिता कार्यक्रम था। उसमें किसी भी विजेता को प्रश्न के सही उत्तर के लिए, इनाम के रूप में बहुत बड़ी धनराशि प्राप्त नहीं होती थी। 'कौन बनेगा करोड़पति' भी मूलतः एक प्रश्न-प्रतियोगिता ही थी, मगर एक मनोरंजक कार्यक्रम के रूप में प्रस्तुत होती रही। इसमें इनाम की राशि अधिक महत्त्वपूर्ण थी। ऐसे कार्यक्रमों में विजयी को देखने की जिज्ञासा (कि कौन जीतेगा) नाटकीय संघर्ष पैदा करती है। दर्शक, पूछे जा रहे प्रश्नों का ज्ञान न होते हुए भी स्वयं ही मूल्यांकन करते हुए संघर्ष की स्थितियों को देखते रहते हैं जब तक कि विजयी घोषित न हो।

ऐसे कार्यक्रम एक छवि प्रस्तुत करते हैं इसलिए प्रख्यात व्यक्तियों को कार्यक्रम में शामिल किया जाता है। कभी संचालक तो कभी प्रतियोगी मशहूर हस्तियाँ होती हैं। 'नच बलिये एक 'गेम-शो' था मगर मशहूर टेलीविजन अभिनेता-अभिनेत्रियों की जोड़ियाँ इसमें शामिल थीं। इसी प्रकार रक्षंदा खान द्वारा संचालित 'गेम-शो' 'जोड़ी कमाल की' में महेश भट्ट और उनकी पत्नी, यशवंत सिन्हा तथा उनकी पत्नी जैसे दम्पति भाग लेने के लिए आमन्त्रित किये गये। क्योंकि इन कार्यक्रमों में प्रख्यात व्यक्तियों को देखना दिलचस्पी के विषय हो जाते हैं तथा ज्ञान अर्जित कराना या करना गौण हो जाता है। नाटकों की ही तरह इनमें भावानात्मक क्षण उभारे जाते हैं और जब प्रतियोगी असफलता की अवस्था में रोने लगता है तो कैमरे उस व्यक्ति पर केन्द्रित हो जाते हैं। तब संचालक–हमें आपसे सहानुभूति है, आपने बहुत अच्छा खेला मगर–जैसे वाक्य बोलकर भावनात्मकता तीव्र करते हैं। ऐसे क्षणों में दर्शक भी संवेदनशील हो जाते हैं। इस प्रकार ये गेम-शो 'क्विज़ कॉन्टेस्ट', 'प्रश्नोत्तरी', 'विज्ञान क्विज' (जिन्हें क्विज़ मास्टर संचालित करते हैं) से भिन्न हो जाते हैं। अपनी टेली-चित्र और मोहक शक्ति के कारण ये टेलीविजन शो अपना एक अलग दर्शक वर्ग तैयार करने में सफल रहे हैं।

टेलीविजन इन नये आरूपों (रूपों) द्वारा प्रबल सांस्कृतिक परम्पराओं के लिए कोई खतरा पैदा किये बग़ैर हल्के-फुल्के मनोरंजक कार्यक्रम निर्मित कर रहा है। इनमें क्लासिक शैलियों की चिरप्रतिष्ठता और गुणों के बजाय समकालीन युग की तस्वीरें प्रस्तुत होती हैं तथा इन निरन्तर व पुनरुत्पादित चित्रों द्वारा, जैसा कि जां बोदगीयार मानते हैं, वास्तविक को जानने की इच्छा प्रबल होती है।

(3) उत्तर-आधुनिक स्वरूप

जां बोदगीयार (Jean Baudrillard), उत्तर-आधुनिक मीडिया परिदृश्य को एक ऐसा संचार तन्त्र मानते हैं जो भाव-स्थितियों के पुनरुत्पादित छद्म रूप को

निरन्तर प्रदर्शित कर रहा है।* 'द इवल डेमन ऑफ इमेजिस' में वे इसे 'टेलीस्केपिंग' कहते हैं। छवि और वास्तविकता एकरूप हो जाते हैं। असली और नकली का अन्तर समाप्त हो जाता है। चित्र के प्रदर्शन में ही सच्चाई नज़र आने लगती है। 'सतहीपन' में ही बड़प्पन लगता है। बोदगीयार समकालीन को अत्याधिक सूचना का युग मानते हैं।** ऐसे युग में हम ऐसी सामाजिक वास्तविकता से सम्पर्क करते हैं जिसकी मीडिया पहले ही परिभाषा दे चुका होता है—मीडिया-चित्रों की अत्याधिक उपस्थिति समकालीन जीवन में बढ़ गयी है। इसलिए, जां बोदगीयार के अनुसार, टेलीविजन उत्तर-आधुनिक संस्कृति के केन्द्र में है और मीडिया आम जीवन के सत्य से अलग एक नयी वास्तविकता पैदा करता है जो वास्तविक लगने लगती है—'हाइपररियल'।

उत्तर-आधुनिकतावाद सम्पूर्ण ज्ञान के सिद्धान्त को अस्वीकार करना है। क्योंकि पुराने अध्ययन पर कभी भी बहस हो सकती है। ज्ञान किसी भी दिशा से, सूचना के किसी भी स्रोत से प्राप्त किया जा सकता है। कुछ समालोचक मानते हैं कि उत्तर-आधुनिकता, आधुनिक और आने वाली आधुनिक-अवस्था के बीच के एक सेतु जैसी है। वर्तमान में यह टेलीचित्रों की निरन्तरता द्वारा टेली-वास्तविकता को प्रमाणित बनाती है। एक छायाचित्र की तरह। रोलां बार्थ (Roland Bearthes) 'कैमरा ल्यूसिडा' में छायाचित्र की प्रामाणिकता के बारे में लिखते हुए बताते हैं कि प्रत्येक छायाचित्र (चित्र में दर्शित) वस्तु, स्थान, व्यक्ति आदि की उपस्थिति का प्रमाण होते हुए एक ऐसी वास्तविकता पैदा करता है जिसे छुआ नहीं जा सकता।***

टेलीविजन, जिस रूप में छवियों की रचना करता है और जिस प्रकार दर्शक उन बिम्बों को ग्रहण करते हैं, वह आधुनिक कला के सिद्धान्तों से भिन्न है। इसलिए टेलीविजन उत्तर-आधुनिक हो जाता है। यह, उत्तर-आधुनिक समाज के

---

* "A situation in which the image is a phantasm of authenticity which always ends up just short of reality"[21]

** "An age where 'real' events are simulated and 'historical' events only happen if they are screened."[22]

*** "Photograph is indifferent to all intermediaries: it does not invent; it is authentication itself. Photography never lies; or rather, it can lie as to the meaning of the thing, being by nature tendentious, never as to its existance...Every Photograph is a certificate of presence. This certificate is the new embarrassment which its invention has introduced into the family of images. The first photographs a man contemplated must have seemed to him to resemble exactly certain paintings; he knew, however, that he was nose-to-nose with a mutant; his consciousness posited the object encountered outside of any analogy, like the ectoplasm of 'what-had-been'; neither image not reality, a new being, really; a reality one can no longer touch."[23]

तकनीकी व आर्थिक विकास में सहयोग देता है। टेलीविजन का यह स्वरूप एक नये भूमण्डलीय संस्कृति के विकास में भी सहायक होता है।

ग्लैन्न वार्ड 'पोस्टमॉडर्नइज़्म' में टेलीविजन को एक उत्तर-आधुनिक कला रूप बताते हुए इसकी रचना, प्रदर्शन और दर्शकों द्वारा ग्रहण करने की विधि जैसे तीन संवर्गों में इसे विभाजित करते हैं। टेलीविजन कार्यक्रम बनाने की प्रक्रिया में चित्रकला की तरह केवल एक रचनाकार नहीं होता। ग्लैन्न के अनुसार कुछ लेखकों, निर्देशकों आदि की अपनी एक शैली हो सकती है परन्तु अन्त में जो कार्यक्रम बनकर तैयार होता है वह एक ऐसी प्रस्तुति होती है जिसे एक व्यक्ति की रचना नहीं कहा जा सकता। इसके प्रसारण की प्रक्रिया में भी कई लोग जुड़े होते हैं। इसलिए टेलीविजन का स्वरूप भिन्न है। एक व्यक्तिगत कलाकृति के बजाय यह कई व्यक्तियों के सहयोग से बनी रचना होती है। इसमें लेखन-कला, नाट्य-कला, अभिनय-कला, वाचन-कला, संगीत-कला, प्रदर्शन-कला आदि का समावेश होता है। गेम शो, लाइव प्रसारण, चर्चा, वृत्तचित्र या अन्य कोई कार्यक्रम हो, कई कलाकार एवं पेशेवर मिलकर इनकी रचना करते हैं। इसलिए यह नहीं कहा जा सकता कि कार्यक्रम केवल एक व्यक्ति की रचना है।*

इसके प्रदर्शन का तरीका भी भिन्न है। चित्रकला और मूर्तिकला को कला वीथिकाओं में प्रदर्शित किया जाता है। इनका प्रदर्शन, सीमित दर्शकों के लिए विशेष दीर्घाओं के विशेष वातावरण में होता है जबकि टेलीविजन का प्रदर्शन न तो विशेष वातावरण में ही और न ही सीमित दर्शकों के लिए होता है। प्रदर्शन के समय बाह्य जगत से दूरी नहीं होती।** कला दीर्घाओं में प्रदर्शित कलाकृतियाँ आमतौर से एक बार प्रदर्शित होती हैं मगर एक ही टीवी कार्यक्रम कई बार प्रसारित हो सकता है। इसे करोड़ों लोग देख सकते हैं और इसकी कई प्रतियाँ डीवीडी, वीसीडी, आदि पर उपलब्ध हो सकती हैं। इंटरनेट, साइबर-स्पेस, सैटलाइट, टेरेसटिअल टेलीविजन आदि कई माध्यमों द्वारा इसे एक साथ देखा जा सकता है। कहीं भी देखा जा सकता है। कलाकृतियों को देखना-दिखना एक नियन्त्रित गतिविधि है जबकि टेलीविजन का प्रदर्शन एक अनियन्त्रित गतिविधि है। इसे

* "The way TV is made does not conform to conventional notions of handicraft, or to the familiar picture of the genius pouring his or her innermost thoughts into his or her own work of art."[24]

** "The way art is generally exhibited (and discussed) promotes the modernist idea that works of art exist in a naturally special realm of experience independent of the rest of life. Works of art are traditionally meant to be experienced at first hand by a specific, restricted audiance in a specially designed high culture environment. TV is by virtue of its style of exhibition, in stark contrast to this."[25]

देखने के लिए दर्शक की सौन्दर्यपरक दृष्टि की आवश्यकता नहीं होती। घर, होटल, रेस्तराँ आदि किसी भी स्थान पर इसे देखा जा सकता है। कला की अनन्तता के बजाय टेलीविजन का स्वरूप क्षणिक होता है।* मगर, बोदगीयार के अनुसार, टीवी की इन छवियों की सम्मोहन शक्ति ने सब कुछ बदलकर रख दिया है।

उत्तर-आधुनिक परिप्रेक्ष्य में दृश्य, जो मौखिक के साथ चलते हैं, अनिश्चित होते हैं। उन दृश्यों में एक अनदेखी वास्तविकता का निर्माण हो रहा होता है। बोदगीयर मानते हैं कि छोटे पर्दे पर ये दृश्य एक ही 'स्पेस' में निरन्तर घूमते रहते हैं और इनमें कोई गहराई या विषय की गम्भीरता नहीं होती।

आधुनिकता का सिद्धान्त पहले से ही यह मानकर चलता है कि अनुकरण और दृश्य-भाषा को निश्चित सीमाओं के अन्दर परखा जा सकता है मगर उत्तर-आधुनिकता न सीमाओं में ही बाँधती है और न ही दृश्यों की वर्णनात्मक व्याख्या ही करती है। यह स्थिति को ज्यों का त्यों रहने देती है।

उत्तर-आधुनिकता, अनुभववाद से उत्पन्न यथार्थ के प्रतिनिधित्व का विरोध करती है। यह दृश्य और यथार्थ की द्वैतता को समाप्त नहीं करती। दोनों अलग-अलग नहीं हो सकते और चित्र खुद में ही एक वास्तविकता बनकर रह जाते हैं। इस प्रकार, दृश्य को सूचना के स्रोत के रूप में इस्तेमाल करने की आधुनिक व्यवस्था का भी विरोध होता है।

दृश्य-भाषा में वास्तविकता की जानकारी को नज़रअन्दाज किया जाता है। संगीत-वीडियो, धारावाहिकों, हॉर्र शो आदि में ऐसे स्थल दिखाये जाते हैं जिनके साथ तादात्म्य स्थापित करना असम्भव हो जाता है। उत्तर-आधुनिक दृश्य विषमांगी होते हैं। आधुनिक में दृश्य का यथार्थ स्पष्ट रूप से नज़र आता है जबकि उत्तर-आधुनिक में कलाकार ऐसे चित्र प्रस्तुत करते हैं जो पहले न कभी देखे न सोचे होते हैं। जैसे—एक वीडियो में रेगिस्तान का रंग भूरे से नीला हो जाता है और थोड़ी देर में रेतीला स्थल पानी में परिवर्तित होता है। तभी एक ओर शॉट (दृश्य) आता है जिसमें लड़की का पूरा शरीर काले कपड़े में लिपटा हुआ नज़र आता है। जब कैमरा ट्रैक करता है तो एक सूखा पेड़ भी नज़र आने लगता है। ऐसे संगीत वीडियो यथार्थ से परे होते हैं। यथार्थ दृश्य में विलीन हो जाता है। अनुकरण नवरचित होता है जिसके मौलिक रूप का कोई अस्तित्व नहीं होता। जब कोई व्यक्ति किसी शहर के बारे में सोचता है तो उस शहर के जाने-पहचाने

* "...on TV, individual programmes and images are not isolated against, or surrounded by, some polite, neutral ground. Instead they seem to fight for attention in a crowded, some would say feverish or superficial, others would say exhiblarating-environment in which representations proliferate and bounce off each other."[26]

भवन, बाज़ार आदि स्मृति-पटल पर उभरने लगते हैं। परन्तु उत्तर-आधुनिक छवियों में अपरिचित स्थल नज़र आते हैं। जिन्हें कभी देखा नहीं, सोचा नहीं। भवनों के भीतर की सजावट भी अतिरंजित होती है। कम्प्यूटर द्वारा निर्मित दृश्यों में भी अपरिचित स्थल और बाह्य-रूप प्रस्तुत होते हैं। ऐसे स्थल अपनी 'वर्चुअल स्पेसिज' के अस्तित्व पर ही आधारित रहते हैं। ये 'वर्चुअल' स्थल किसी वस्तु अथवा स्थान का प्रतिनिधित्व नहीं करते। वे किसी ऐसे स्थल को नहीं दर्शाते जिसका पहले कोई अस्तित्व रहा हो। ऐसी अवस्था में, बोदगीयार के अनुसार, अनुकरण; न कि वास्तविकता, हमारे सामाजिक जीवन को नियन्त्रित करता है।*

फ्रेडरिक जेमसन भी समकालीन सांस्कृतिक प्रस्तुतियों में हल्केपन की बात करते हैं। वे मानते हैं कि आधुनिक कलाओं, फ़िल्म एवं टेलीविजन में पहले से स्थापित रूपरेखाओं और शैलियों के सतही जोड़-मोड़ से नयी प्रस्तुतियाँ तैयार होती हैं। असल रूपों के बेतरतीब नकल रूप सामने आते हैं। भारतीय टेलीविजन पर भी इसको देखा जा सकता है। जैसे—'पिया के नैन सलोने', एक दादरा है। इसको, सोप ऑपेरा के साथ रेस्तराँ के दृश्य में पार्श्व-गीत के रूप में प्रयोग किया गया है। देखा जाये तो दृश्य का परिवेश इस संगीत के साथ ठीक नहीं बैठता परन्तु व्यावसायिक टेलीविजन में ऐसी बातों को नज़रअन्दाज किया जाता है। क्योंकि भीड़ की संस्कृति का उद्देश्य गुणवत्ता के बजाय लाभ के अवसर पैदा करना होता है।

ऐसी अवस्था में प्रमाणित और छद्म एक दूसरे को ढक लेते हैं। वृत्तचित्र, जो तथ्यों पर आधारित होता है, भी वास्तविक के बजाय कैमरा द्वारा रिकॉर्डिड वास्तविकता ही दिखाता है। ये छद्म-रूप वास्तविक के लिए उकसाते हैं। टेलीविजन पर दिखाये जाने वाले कोक के विज्ञापन में इसे पीते हुए अभिनेता (आमिर खान) नज़र आता है। उसके कोक पीने के प्रदर्शन से देखने वाले के मन में भी कोक पीने की इच्छा जागृत होती है। उस समय जो कोक सामने टीवी पर नज़र आता है वह वास्तविक नहीं एक टेलीचित्र (छद्म-रूप) होता है जो वास्तविक कोक के लिए प्रेरित करता है। बोदगीयार कहते हैं कि आज हम ऐसे समाज में रह रहे हैं जहाँ मनोरंजन उद्योग, उपभोक्ता वस्तुएँ, डिजाइनरों द्वारा रचित परिवेश, नये संकेतों का प्रकटीकरण करते हैं। वे यह रेखांकित करते हैं कि वास्तविक को अवास्तविक से अलग करके सिद्ध करना अब असम्भव हो गया है। ऐसे में वास्तविक की लुप्त अवस्था तो क्षतिपूर्ति के लिए नये (माने गये प्रामाणिक) रूपों को अत्याधिक आदर दिया जाता है और छद्म की अवस्था से उभरने के प्रयास में

* "It is now a principle of simulation, and not of reality, that regulates all of social life."[27]

नये समारोह आयोजित किये जाते हैं (लोकप्रिय सास एवार्ड, लोकप्रिय बहू एवार्ड, सिने एवार्ड, टेली एवार्ड आदि) जो वास्तविकता का भरोसा दिलाते हैं। ऐसे समारोहों, नृत्यों, टॉक शोज़, में व्यक्तिगत सार्वजनिक किया जाता है। सच्ची घटनाओं पर आधारित कार्यक्रम किये जाने लगते हैं। इनकी प्रामाणिकता दृश्य-प्रभावों में होती है, प्रस्तुति के तरीके में होती है।

दृश्य प्रभावों का प्रयोग साइंस फिक्शन में भी होता है। इनमें विज्ञान की नयी खोज के बजाय टेक्नोलॉजी का प्रदर्शन होता है। ऐसे कार्यक्रमों में अनोखी मशीनों को स्थापित विश्वास से अलग दिखाया जाता है। प्रदर्शन की इस माया* में मिश्रित भाषा, ग्लैमर, चटकीले रंग, फ्यूजन-संगीत, कम्प्यूटर द्वारा रचित नये दृश्य प्रभाव आदि सभी कुछ देखने को मिलता है। प्रख्यात व्यक्तियों के कार्यक्रमों में उनसे भी अधिक मशहूर व्यक्तियों को शामिल किया जाता है। ऐसे सेट निर्मित होते हैं जो परी कथाओं के स्थल जैसे लगते हैं। जैसे—समुद्रतल पर आयोजित नृत्य समारोह। 'अंडर वाटर डांस'। प्रियदर्शन द्वारा निर्देशित इस नृत्य में शाहिद कपूर और करीना नजर आते हैं। इसी प्रकार बाबा सहगल के नृत्य संगीत में सभी नर्तक 'वर्चुअल' स्थल पर गाते और नृत्य करते हैं। गीत में अंग्रेजी और हिन्दी दोनों भाषाओं का प्रयोग हुआ है।—"It is beautiful world, मिल गया साथी कोई अपना, हो गया सच हर सपना।"

अभिजीत के दृश्य-गीत में भी पारम्परिक गायन (याद पिया की आये) के साथ पॉपगीत (तेरे बिन कैसे रहूँ मैं तुम दूर जा रही हो) रीमिक्स होता है। ऐसे वीडियो-गीतों का कोई क्रम-बद्ध ढाँचा नहीं होता। दृश्यों का सम्पादन भी क्रमबद्ध तरीके से नहीं होता। ऐसी पुनरुत्पादित प्रस्तुतियों में प्रस्तुत व्यक्तियों की पहचान तलाशने के बजाय व्यक्ति को अपरिभाषित परिवेश में प्रस्तुत किया जाता है। सामाजिक गतिविधियाँ जो सुव्यवस्थित अर्थ की ओर संकेत करती हों उन्हें नज़रअन्दाज किया जाता है। ऐसी प्रस्तुतियाँ यथार्थ-प्रदर्शन के बजाय 'हाइपररियलिटी' को पेश करती हैं। ये असंस्कृति लगती हैं मगर लोकप्रिय संस्कृति का हिस्सा होती हैं। मीडिया की यह छवियाँ शक्तिशाली होती हैं। जन के लिए होती हैं। ये छवियाँ विशेष 'ब्रॉण्ड' की ओर प्रेरित करती हैं। उच्च-संस्कृति और निम्न-संस्कृति का अन्तर समाप्त करती हैं। ऐसे में टेलीविजन के चैट शो, गेम शो, वीडियो, डीवीडी, इंटरनेट, रियलिटी शो तथा संचार टेक्नोलॉजी मिलकर एक नया अनुभव कराते हैं। गाथा भी और महागाथा भी दिखाते हैं। आख्यान भी और परा-आख्यान भी सुनाते हैं। अनुकरण भी, नाटकीयता भी और अतिरंजना भी दर्शाते हैं।

* जिस साफ्टवेयर से 'वर्चुअल' स्थलों की रचना होती है उसका नाम भी 'माया' ही है। यह नाम, अमरीका में काम कर रहे, भारतीय साफ्टवेयर इंजीनियर को सूझा था।

ऐसी स्थिति में, जैसा कि बोदगीयार मानते हैं, 'हाइपर रियलिटी', 'साइबर-विस्फोट', तथा बाहरी प्रवृतियों का प्रभाव टेलीविजन का उत्तर-आधुनिक स्वरूप निर्धारित करते हैं और अनुकरणात्मक छद्म अवस्था के साथ सम्बन्धित रहते हैं।

सन्दर्भ

1. मीडिया स्टडीज़ (Media studies; The Essential Resource Philip Rayner, Peter Wall & Stephen Kruger), Routledge London 2004, p. 257
2. न्यू मीडिया, एविरेट तथा कैडवैल, (New Media, Everelt and Caidwell, Routledge, New York, 2003, पृ. 11
3. वही
4. वही, पृ. 15
5. वही, पृ. 16
6. वही, पृ. 16.
7. वही, पृ. 17
8. सत्यजीत रे, एन्ड्रिव रॉबिनसन (Satyajit Ray, Andrew Robinson) रूपा एण्ड को., नई दिल्ली 1997, पृ. 258
9. पोस्टमॉडर्नइज़्म, (Postmodernism, Glenn Ward, Hodder Stoughton Ltd. (TY), London 2004, पृ. 58
10. वही, पृ. 58
11. मीडिया स्टडीज (Media Studies: The Essential Resource Philip Rayner, Peter Wall & Stephen Kruger), Routledge London, 2004, पृ. 126
12. वही, पृ. 127
13. लेख, सलमान रूशदी (Reality TV: 'A Death of Talent and the Death of Morality,' Gurdian, 9 June, 2001. Reproduced in 'Media Studies, The Essential Resource', Philip Rayner, Peter Wale and Stephen Kruger, Routledge, London, 2004, पृ. 128
14. लेख, ग्रीर (Germaine Greer-'Watch with Big Brother', reproduced in Media Studies; The Essential Resource), Roultledge London, 2004, पृ. 130
15. वही, पृ. 130
16. हिन्दुस्तान, नई दिल्ली, 30 अप्रैल, 2006

17. रेमण्ड विलियम्स, टेलीविजन, (Raymond Williams-Television: Technology and Cultural Form, Routledge, London, 2003) पृ. 175

18. वही, पृ. 73

19. अमृत्य सेन, द आरग्यूमेन्टेटिव इंडियन, (The Argumentative Indian, Amartya Sen) पेंग्विन, लंदन, 2005 पृ. XIII

20. रेमण्ड विलियम्स, टेलीविजन (Raymond Williams-Television: Technology and Cultural Form, Routledge, London, 2003) पृ. 61, 62, 63, 64

21. पोस्टमॉडर्नइज़्म (Postmodernism, Glennward, Hodder & Stoughton Ltd. (TY), London, 2004) पृ. 65

22. लेख, (Essay; 'Banalarama, or Can Pop save us all?' by Dick Hebdige Published in New Statement & Society) पृ. 30, 31

23. रोलां बार्थ, कैमरा ल्यूसीडा (Roland Barthes, Camera Lucida, Vintage Classics, UK, 2000) पृ. 87

24. पोस्टमॉडर्नइज़्म (Postmodernism, Glennward, flodder & Stoughton Ltd. (TY), London, 2004) पृ. 54

25. वही

26. वही, पृ. 56

27. वही, पृ. 61

टेलीविजन : नयी सम्भावनाएँ

(1) सूचना, संचार और मनोरंजन

'सूचना-समाज' में नयी तकनीकी तब्दीलियाँ आ रही हैं जो टेलीविजन तन्त्र को प्रभावित कर रही हैं। 'नये मीडिया' ने नयी सम्भावनाओं के साथ पुरानी संचार व्यवस्था, जो नियन्त्रित प्रबन्धन द्वारा एकसमान विचारों और सूचना का प्रसारण, निष्क्रिय जनसमूह के लिए, करता रहा है, को चुनौती दे दी है। अब एक से अनेक तक सूचनाएँ पहुँचाने की व्यवस्था के बजाय सक्रिय संचार व्यवस्था की सम्भावनाएँ बढ़ी हैं। मीडिया विशेषज्ञ, प्रोफेसर डेनिस मैकक्यूवेल मानते हैं कि 'नये मीडिया' की सम्भावनाएँ न केवल व्यक्तिगत विचारों को व्यक्त करने की प्रक्रिया बल्कि 'स्पेस' और 'समय' की सीमाओं को चुनौती देते हुए संचार तथा सूचना के आदान-प्रदान के पुराने नियमों को तोड़ रही है।* नयी संचार व्यवस्था में तकनीकों के मिलान ने उपग्रह प्रसारण के साथ-साथ डीटीएच (DTH) और डिजिटल स्पेस द्वारा नयी सम्भावनाएँ पैदा की हैं। छोटे-छोटे दर्शक समूहों को भी प्राथमिकता मिलने लगी है। बड़े टेलीविजन नेटवर्क अपने देश से बाहर, विश्व के दूसरे देशों में, अपने दर्शक तलाशने लगे हैं। साथ ही टेलीविजन के 'ट्रांसमीडिया' प्रयोग ने नये समाचार वेब प्रारम्भ किये हैं। संचार की इस नयी व्यवस्था में समाचार के साथ-साथ मनोरंजन प्रदान करने वाले कार्यक्रमों का स्वरूप भी बदला है।

समाचार की प्रस्तुति में निष्पक्षता और शिक्षा के प्रचार-प्रसार पर तब बल दिया जाने लगा था जब विश्व के अनेक देशों में (30 के दशक में) प्रसारण निगम स्थापित होने लगे। ये निगम अपने दर्शकों को 'नागरिक' मानते रहे हैं। इसलिए ऐसी व्यवस्था में यह ज़रूरी हो जाता है कि सूचनाएँ ग़रीब, अमीर, शहर, गाँव सब के लिए प्रसारित हों। यानी सभी नागरिकों को सूचना प्राप्त हो। इसके विपरीत मनोरंजन प्रदान करने वाला व्यावसायिक टेलीविजन तन्त्र दर्शकों को 'उपभोक्ता' मानता रहा है। रेमंड विलियम्स ऐसे कार्यक्रम प्रसारण को दो श्रेणियों 'ए' (A) और 'बी' (B) में विभाजित करते हुए बताते हैं कि 'ए' प्रकार के शिक्षाप्रद

* "The possibilities for new media that are now emerging do not only alter the forms of individual expression and representation. They also potentially challange the dominance of existing social contexts and relationships by their capacity to overcome limits of space and time...The old rules governing access to channels of communication are also being broken."[1]

कार्यक्रम न केवल जानकारी की पूर्वधारणा पर आधारित होते हैं बल्कि आम जनता की रुचि का भी ध्यान रखते हैं।* 'बी' प्रकार के मनोरंजक कार्यक्रम कुछ दर्शकों की व्यक्तिगत पसन्द का ख्याल रखते हुए प्रस्तुत होते हैं। विलियम्स रेखांकित करते हैं कि लोक सेवा टेलीविजन में कार्यक्रमों की विविधता की अधिक सम्भावनाएँ होती हैं जबकि पूरी तरह से विज्ञापन आधारित व्यवस्था में ऐसा सम्भव नहीं। परन्तु आजकल समाचार और मनोरंजक कार्यक्रम दोनों ही विज्ञापन आश्रित हो गये हैं। कार्यक्रमों को श्रेणियों में विभाजित करने वाली सीमाएँ टूटने लगी हैं। नागरिक भी 'उपभोक्ता' हो गया है। मनोरंजक-समाचार टेलीविजन के प्रमुख समाचार हो गये हैं। मीरा नायर की फ़िल्म 'द नेमसेक' सिनेमाघरों में प्रदर्शित किये जाने से पहले टेलीविजन के बुलेटिनों का प्रमुख समाचार बनकर, फ़िल्म के अंशों के साथ, प्रस्तुत होती रही। रिलीज़ होने से कुछ ही दिन पहले 'कॉफी विद करण' में निर्देशक मीरा नायर और अभिनेत्री तब्बू के साथ चर्चा प्रसारित हुई। इसी प्रकार दीपा मेहता की 'वाटर' के ऑस्कर नामांकन के दौरान, उससे पहले, तथा उसके बाद लगातार दो सप्ताह तक इसको प्रमुख-समाचार के तौर पर बुलेटिनों में दिखाया जाता रहा और साथ ही एनडीटीवी के 'वाक द टॉक' में दीपा मेहता के साथ चर्चा प्रसारित हुई। फ़िल्म 'निःशब्द' के सिनेमाघरों में प्रदर्शन से पहले सीएनएनआईबीएन ने एक बड़ा 'लाइव शो' आयोजित किया जिसमें सागरिका घोष ने न सिर्फ स्टूडियो में उपस्थित अमिताभ बच्चन से बल्कि फ़िल्म के निर्देशक राम गोपाल वर्मा से फ़िल्म के बारे में प्रश्न पूछे। फ़िल्म के दृश्य दिखाये गये और स्टूडियो में उपस्थित सहभागियों से प्रतिक्रियाएँ पूछी गयीं। अतः मनोरंजन, समाचार का और समाचार, मनोरंजन का हिस्सा होकर प्रस्तुत हुए।

'नये मीडिया' ने नये 'साइबर स्पेस' का विकास किया, जहाँ सूचना और समाचार निरन्तर उपलब्ध हो रहे हैं। साइबर विशेषज्ञों का मानना है कि ऐसी 'स्पेस' सामाजिक और राजनीतिक बन्धनों से मुक्त है।[3] साथ ही 'नये मीडिया' ने व्यक्तियों और छोटे समुदायों को अपने विचारों के प्रसार के लिए वेबसाइट बनाने को स्वतन्त्र बना दिया है। ऐसी वेबसाइट पर वे फ़िल्म, डीवीडी, सूचनाएँ आदि, केवल अपने समुदाय तक या अपने विचारों से सहमत व्यक्तियों तक, प्रसारित कर सकते हैं। व्यक्तिगत–वेब पर सूचनाओं का प्रसार लिखित रूप में भी सम्भव

---

* "What can be discerned, indeed, is not only a general distinction between 'cultural' and Commercial' programes-of the kind roughly indicated by type A and type B programming-but also an equally significant cultural set in each type of programming. Thus type A is based not only assumptions about education and the learning process but also on characteristic definitions of public and general interest...In type B there are evident assumptions of entertainment and distraction..."[2]

है। ऐसा पुराने मीडिया पर नामुमकिन है।* नये मीडिया ने 'नागरिक/उपभोक्ता' को स्वयं वेब-पृष्ठों की रचना के सक्षम बनाया और स्वयं ही वह सूचना का आदान-प्रदान करने लगा। वह, वेब-पृष्ठों पर लिखी सूचनाओं, वीडियो, तथा लिखित आलेख का क्रम बदल सकता है। वीडियो को पॉज कर सकता है। रिवाइन्ड और फॉर्वर्ड कर सकता है। इस प्रकार वेब पर वितरित सभी पृष्ठ, चित्र, फ़िल्में, वीडियो आदि यूज़र (उसे इस्तेमाल करने वाले व्यक्ति) द्वारा सम्पादित भी हो सकते हैं। ऐसी 'कनवर्जन्स' में चलती तस्वीरें, ध्वनि तथा लिखित टेक्स्ट डिजिटल कोड में परिवर्तित होकर वितरित होते हैं। टेलीविजन-नेटवर्क इसी डिजिटल प्रणाली का उपयोग कर 'ऑन लाइन समाचार', 'ऑन लाइन शिक्षा' तथा 'ऑन लाइन सूचनाएँ' उपलब्ध करा रहे हैं। इस प्रकार 'डाटा कास्टिंग', 'वीडियो टेक्स्ट' तथा 'आडियो टेक्स्ट' नये प्रसारण तन्त्र का रूप निर्धारित कर नयी वेब-भाषा की सम्भावनाएँ बढ़ा रहे हैं। संचार तकनीक की इन तब्दीलियों ने वेब-रेडियो, केबल, फाइबर आप्टिक्स तथा सैटलाइट के माध्यम से व्यक्ति को अन्तर्राष्ट्रीय विचार-विमर्श की प्रक्रिया में हिस्सेदार बनाया है। कार्यक्रमों की प्रस्तुति का तरीका बदल गया है तथा संचार की नयी संरचना पुराने के साथ एकीकृत होकर नये आकार में सामने आने लगी है।

सूचना और समाचारों की वस्तुनिष्ठता हेतु, विश्व भर में, अब अधिक से अधिक लोग वेबसाइटों का प्रयोग करने लगे हैं। 'हाल ही में इंग्लैण्ड में खेल खबरों के उपभोक्ताओं के एक सर्वेक्षण में पता चला कि खबरों के लिए वे खेल संगठनों की आधिकारिक वेबसाइट पर जाते हैं क्योंकि वे दूसरे चैनलों व अखबारों के मुकाबले ज्यादा तथ्यपरक और कम मसालेदार होते हैं।'[5] समाचारों के स्रोत बदल रहे हैं साथ ही समाचारों को प्राप्त करने के उपकरण परिवर्तित हो रहे हैं। समाचारों की प्रस्तुति का स्वरूप भी बदल रहा है। ऑन लाइन समाचारों में एक आलेख अनेक टेक्स्ट व दृश्यों में बाँट दिया जाता है, जिसके फलस्वरूप एक ही समाचार-स्टोरी पर कई दृष्टिकोण प्रस्तुत होते हैं। इस प्रकार के फॉर्मेट ने टेलीविजन पर प्रस्तुत होने वाले समाचारों का रूप-आकार भी बदला है। एक ही समाचार पर कई संवाददाताओं व विशेषज्ञों की प्रतिक्रियाएँ व दृष्टिकोण प्रस्तुत होते हैं। साथ ही एक समाचार रिपोर्ट में कई दस्तावेज़, मानचित्र, ग्रैफ़िक, आर्काइव-चित्र आदि

* "We consume film and television and radio broadcasts, all of which are product that the entertainment industry prepares for us and over which we have only the most indirect forms of control, through audiance ratings, for example. These products are perceptual experiences: film and television make very sparing use of textual representation, and radio of course can make none."[4]

शामिल किये जाते हैं (तालिका)। कभी-कभी पुराने ऐतिहासिक-आलेख भी आर्काइव-ध्वनि के साथ प्रस्तुत होने लगते हैं। किसी वृत्तचित्र की भाँति। इस प्रकार समाचार और सूचना की भिन्नता समाप्त होने लगती है। दोनों में अन्तर कर पाना कठिन हो जाता है।*

'इंडियन रियलटीज इन बिट्स एण्ड पीसेस' में शामलाल लिखते हैं, कि "खबर लोगों की दिलचस्पी के हिसाब से होनी चाहिए, भाषा चटखारेदार, विचार संक्षिप्त और सरल होने चाहिए ताकि पाठक या दर्शक का मन न उचटे। और अखबार या कार्यक्रम की पैकेजिंग में एक अन्दाज होना चाहिए।"[7]

21वीं सदी का टेलीविजन एक परिवर्तनकारी शक्ति के रूप में उभर रहा है। दर्शक के पास रिमोर्ट के साथ-साथ एसएमएस की ताक़त भी है। हाल के दिनों में जस्सिका लाल तथा प्रियदर्शनी मट्टू मामलों में एसएमएस के प्रभाव ने न सिर्फ सरकार, पुलिस और प्रशासन बल्कि पूरे देश के सामने आम जनता का रोष प्रकट करने में विशेष भूमिका निभाई। एसएमएस की ताक़त का अन्दाज ब्रॉडकास्टिंग विशेषज्ञों को हो गया है। वे अब ऐसी तकनीक विकसित कर रहे हैं जिसमें दर्शक एसएमएस द्वारा किसी भी मनोरंजक नाटक की कहानी अपने हिसाब से बदल सकेंगे। यह 'शेपशिफ्टर टेलीविजन' होगा। ब्रिटेन के प्रसारणकर्त्ता व 'फ्यूचर कंटेंट ग्रुप', टीवी और इंटरनेट को ध्यान में रखकर, इस नयी तकनीक की सम्भावनाओं पर काम कर रहे हैं।[8]

भविष्य में टेलीविजन, इंटरनेट प्रोटोकाल से चलेगा। ऐसा विशेषज्ञों का मानना है। विलियम रेंडॉल्फ का मानना है कि केबल उद्योग को खतरा है और पारम्परिक टेलीविजन (एनलॉग आदि) तकनीकी विकास की दौड़ में पीछे रह जायेंगे।[9] सूचना आधारित इंटरनेट पर 'हाईस्पीड' सम्पर्क द्वारा हज़ारों टीवी कार्यक्रम उपलब्ध हो सकेंगे। दर्शक उन कार्यक्रमों को अपनी सुविधा अनुसार देख सकेंगे। सैटलाइट की तरह ही इंटरनेट, टीवी कार्यक्रमों के वितरण का माध्यम होगा। डिज़्नी-एबीसी नेटवर्क ने 'डेस्परेट हाऊसवाइव्ज़' तथा 'लॉस्ट' जैसे लोकप्रिय धारावाहिक वेब पर बिना शुल्क के दिखाने का फैसला किया है।[10] भविष्य में मनोरंजक कार्यक्रम 'वाई फाई' के माध्यम से उपलब्ध होने की सम्भावनाएँ नज़र आ रही हैं। 'वाई फाई' Wi Fi (वायरलेस फिडेलटी), यानी लोकल एरिया नेटवर्क से बिना तार जोड़े, तथा ब्राडबेन्ड द्वारा टीवी तरंगों को एमपीईजी-4 (MPEG-4)

* "The award-winning CNN.com report on the conflict in Colombia presents a collection of objects, including interactive maps, official and unofficial documents, statistics, articles from correspondents, expert's analyses, and links to off-site sources, as well as interaction with and among readers. Other news organizations are developing similar web-based special reports, unavailable in print."[6]

डिजिटल में बदलने के लिए उपकरण बनाये जा रहे हैं, जो टीवी कार्यक्रमों को पीसी (PC) पर दिखायेंगे।

पहली इंटरनेट टीवी सेवा एबीसी ABC (अमेरिकन ब्रॉडकास्टिंग कॉर्पोरेशन) द्वारा 1994 में प्रारम्भ हुई थी। 17.10.2006 तक भारत, चीन, जापान, आदि देशों में भी यह सेवाएँ शुरू हो गयीं। सामान्य टीवी पर देखे जाने वाले ये कार्यक्रम 'लाइव', 'वीडियो ऑन डिमांड' के रूप में पीसी (PC) पर भी देखे जा सकते हैं। इस प्रकार इंटरनेट-टेलीविजन कई प्रकार से उपलब्ध हो सकेगा—'आईपीटीवी' 'IPTV' (Internet Protocol Television)', 'वीलॉग' Vlog (Video web logging) तथा 'वॉडकास्ट' (Vedio on demand)

टेक्नोलॉजी के क्षेत्र में प्रगति से संचार के नये साधन विकसित होते रहे हैं तथा नयी विधियों की सम्भावनाएँ पैदा होती रही हैं। बर्टाल्ट ब्रेष्ट, रेडियो संचार पर अपने मशहूर लेख 'द रेडियो ऐज़ ऐन ऐपरेट्स ऑफ कम्यूनिकेशन' (The Radio as an apparatus of communication) में लिखते हैं कि जब रेडियो एक नये माध्यम के रूप में आया तो यह रंगमंच, ऑपेरा, कॉनसर्ट आदि का स्थानापन्न करने लगा मगर यह एकतरफा था। रेडियो तभी एक अच्छा तन्त्र हो सकता है जब इसकी वितरण प्रणाली दोतरफा संचार का रूप ले सके।* डिजिटल-संचार, वीडियो ऑन डिमांड तथा दर्शकों की एसएमएस अनुक्रिया ने ऐसा सम्भव कर दिखाया है और सूचना व मनोरंजन के क्षेत्र में कई सम्भावनाएँ नज़र आने लगी हैं। कार्यक्रमों को प्रभावपूर्ण ढंग से प्रस्तुत करने के तरीके को, मीडिया विशेषज्ञ एंडर्स एफ. (ओसलो विश्वविद्यालय), एक 'इक्वेशन' द्वारा पेश करते हैं[12]—

विषय + वांछित प्रभाव + दर्शक का सामाजिक परिवेश + टेक्नोलॉजी + परम्पराएँ तथा रिवाज = प्रभावपूर्ण अभिव्यक्ति

भारत में नयी तकनीक तथा बहुचैनल व्यवस्था ने टेलीविजन के नये युग का सूत्रपात किया है। दर्शक के टेलीविजन देखने का अनुभव बदल गया है। अब वह लोकेशन पर बनाये नये कार्यक्रम को देखना ज्यादा पसन्द करता है। यह बदलाव 'सी हॉक्स' (डीडी-2) जैसे कार्यक्रमों के प्रसारण के समय से ही देखा जाने लगा था जिसमें धारावाहिक का पूरा एपिसोड समुद्र पर फ़िल्माया गया था। इसी प्रकार मॉरीशस के स्थल (हूबहू), सिंगापुर के स्थल (जस्सी जैसा कोई नहीं) तथा न्यूयार्क जैसे लोकेशन बाद के सीरियलों में देखे जाने लगे। मनोरंजक कार्यक्रमों के

---

* "It is purely an apparatus for distribution, for mere sharing out. So here is a positive suggestion: change this apparatus over from distribution to communication. The radio would be the finest possible communication apparatus in public life, a vast network of pipes. That is to say, it would be if it knew how to receive as well as to transmit, how to let the listner speak as well as hear, how to bring him in relationship instead of isolating him.[11]

साथ-साथ समाचार चैनलों के शो भी लोकेशन-आधारित होने लगे। जैसे एनडीटीवी का शो हैबिटैट सेंटर के अहाते में रिकॉर्ड हुआ। सीएनएन-आईबीएन का शो पुराने किले से प्रसारित हुआ। नयी 'विजुअल प्रेजेंटेशन' के साथ ही एचडीटीवी HDTV की तथा 'वाइड स्क्रीन' अनुपात में बनाये जाने वाले कार्यक्रमों व विज्ञापनों की सम्भावनाएँ नज़र आने लगी हैं। भारतीय टेलीविजन को विज्ञापनों की आय से लगातार लाभ हो रहा है। 'ज़ेनथि ओपटिमीडिया' (Zenith Optimedia) जो विश्व भर के विज्ञापनों पर नज़र रखती है, मानती है कि आने वाले वर्षों में भी भारतीय टेलीविजन पर विज्ञापनों द्वारा आय बढ़ती रहेगी, जो 21 प्रतिशत प्रतिवर्ष की दर से बढ़ी है।[13] दरअसल, नयी तकनीक ने प्रसारणकर्त्ता, विज्ञापनदाता तथा दर्शक के बीच एक ऐसी स्थिति पैदा की है कि कार्यक्रमों के ढाँचे में बदलाव लाज़मी हो गया है। दर्शक जिन प्रारूपों को बरसों पहले देखते थे वे अब बेमतलब से हो गये हैं। यही कारण है कि जो चैनल अपने कार्यक्रमों में बदलाव लाने में विफल रहे हैं वे दर्शक जुटाने में भी असफल रहे हैं। मगर जो नयी तकनीक और नयी व्यवस्था को समझते हैं वे, नयी सम्भावनाओं के मद्देनज़र, नये प्रारूप रचने लगे हैं। प्रीतीश नंदी, यश चोपड़ा और सुभाष घई जैसे निर्माता-निर्देशक टेलीविजन की तरफ लौटने लगे हैं। दूरदर्शन भी नये दर्शकों से जुड़ने के लिए मोबाइल फोन पर समाचार व कार्यक्रम प्रसारित करने की योजना पर काम कर रहा है और इसके लिए विशेष मोबाइल सेट भी बाज़ार में आ गया है।[14] भारतीय अन्तरिक्ष अनुसन्धान संगठन (इसरो) कैयू बैण्ड ट्रांसपांडर्स को अधिक शक्तिशाली बनाने, अन्तरिक्ष में मौजूद एंटिना का आकार बढ़ाने तथा बैंडविडथ को सघन बनाने की दिशा में काम कर रहा है। इस योजना के फलस्वरूप, भारतीय दर्शक, भविष्य में चलते वाहनों व सुदूर प्रदेशों में टीवी सिग्नल बड़ी आसानी से प्राप्त कर सकेंगे।[15]

भविष्य में टेक्नोलॉजी, दर्शकों की पसन्द तथा वितरण प्रणाली ही कार्यक्रमों का 'फार्मेट' तय करेंगे और इनफोटेनमेंट (सूचना और मनोरंजन) के नये प्रारूप सामने आते रहेंगे। रेमंड विलियम्स ने लिखा है कि टेलीविजन की टेक्नोलॉजी का आविष्कार किसी खास इस्तेमाल के लिए नहीं हुआ था मगर रूपरेखा बनती रही और कार्यक्रम प्रस्तुत होते रहे। पुराने रूप नयी टेक्नोलॉजी में रूपान्तरित होते रहे।* नयी सम्भावनाएँ सदा बनी रहेंगी किन्तु यह निश्चित है कि आने वाले वर्षों में संचार व्यवस्था का आधार डिजिटल, वायरलेस तथा इंटरनेट होगा।

---

* "There is a complicated interaction between the technology of television and the received forms of other kinds of cultural and social activity. Many people have said that television is essentially a combination and development of earlier forms...Yet it is clearly not only a question of combination and development. The adaptation of received forms to the new technology has led in a number of cases to significant changes."[16]

तालिका
टेलीविजन समाचारों का 'इनपुट'
प्रसारण तिथि 9-4-2007

दूरदर्शन	सीएनएन—आइबीएन
प्रसारण समयः 20:00 से 20:30 • सन्देश (सर्वशिक्षा अभियान) • मॉनताजः अंग्रेजी समाचार (द न्यूज) • एंकर (एक) तथा मुख्य समाचारों के वीडियो • एयर इंडिया के दो विमानों की आपात् लैंडिंग —खराब विमानों के वीडियो तथा वाइस ओवर फोनो इन्टरव्यूः पीआरओ एयर इंडिया (पीआरओ की आवाज के साथ हवाई अड्डे का चित्र) • उत्तर प्रदेश चुनाव (भाजपा सीडी पर चुनाव आयोग का फैसला टला) वक्तव्य—कपिल सिब्बल (कांग्रेस) वक्तव्य—वीपी सिंह (जन मोर्चा) वक्तव्य—सतीश कुमार (बसपा) • राहुल गांधी की रैली —रोड शो का वीडियो —राहुल गांधी का सम्बोधन —रोड शो के अन्य दृश्य • बसपा नेता मायावती के सम्बोधन के अंश • असम में प्रधानमन्त्री द्वारा गैस क्रेकर परियोजना का शिलान्यास —उद्घाटन समारोह का वीडियो —प्रधानमन्त्री के सम्बोधन के अंश • विदेशी मन्त्री प्रणव मुखर्जी की हालत स्थिर	प्रसारण समयः 21:00 से 22:00 • मॉनताज (न्यूज एट नाइन) • एंकर (दो) तथा मुख्य समाचारों के वीडियो • एयर इंडिया विमानों की आपात् लैंडिंग वीडियो—(खराब जहाज़ों के शॉट व कुछ पुराने विमानों के वीडियो तथा वाइस ओवर) वक्तव्य—प्रवक्ता (अरुण अरोरा) वक्तव्य—प्रवक्ता (मौसमी) संवाददाता का बयान यात्री का वक्तव्य (आपात् लैंडिंग वाले विमान से) —यात्री का वक्तव्य (आपात् लैंडिंग वाले विमान से...) —रिपोर्टर का बयान —यात्री का वक्तव्य —यात्री का वक्तव्य —यात्री का वक्तव्य —स्टूडियो के एंकर इन्दिरा गाँधी हवाई अड्डे पर उपस्थित संवाददाता से लाईव बातचीत करते हैं। (स्क्रीन पर दोनों के दृश्य एकसाथ 'स्प्लिट-स्क्रीन' के माध्यम से दिखाया जाता है। • मुम्बई में बिजली सप्लाई की परेशानी वक्तव्य—प्रोफेसर पुष्कर वक्तव्य—मुलन्द के एक दुकानदार का वक्तव्य—एच गुप्ता

(एंकर द्वारा पढ़ा गया समाचार, कोई वीडियो नहीं)

- अरुणाचल प्रदेश के नये मुख्यमन्त्री दोरजी
  —समारोह का वीडियो तथा वाइस ओवर
- क्रिकेट—बीसीसीआई की मीटिंग
- अन्त में मुख्य समाचार
- लोक सेवा सन्देश (सर्वशिक्षा अभियान)
- सन्देश (राष्ट्रीय दवाई निर्धारण)
- सन्देश (ग्रामीण स्वास्थ्य योजना)
- मॉनताज (समाचार)
- दो विमानों की आपात् लैंडिंग
- भाजपा की सीडी—चुनाव आयोग का फैसला टला
  —वीडियो तथा वाइस ओवर

  —स्क्रीन पर लिखित टेक्स्ट (बिजली की कमी क्यों?)
  —स्टूडियो के एंकर मुम्बई संवाददाता रोहित चंदावरकर से लाइव बातचीत करते हैं।
- उत्तर प्रदेश चुनाव (भाजपा की सीडी)
  वक्तव्य—एल.के. आडवाणी
  वक्तव्य—कपिल सिब्बल
  —संवाददाता पल्लवी घोष का विश्लेषण
- ब्रेक/विज्ञापन
- पंजाब के पूर्व मुख्यमन्त्री अमरिंदर सिंह पर भ्रष्टाचार का आरोप
  वक्तव्य—प्रकाश सिंह बादल
  —संवाददाता मीतू जैन का विश्लेषण
- विज्ञापन
- कुछ अन्य समाचार एक नजर में (क्विक न्यूज़) केवल वीडियो तथा वाइस ओवर के माध्यम से
  —जम्मू-कश्मीर में सेना की मौजूदगी में कमी
  —सुधीर महतो को धमकी
  —एसईजेड क्षेत्र में आग
  —बगदाद में अमेरिकी फौज के नियन्त्रण के चार साल पूरे
- विज्ञापन
- वायुसेना के पायलटों को एयर एंडिया के विमान चलाने की अनुमति

—एयर चीफ मार्शल फाली होमी का वक्तव्य

- बगदाद में अमेरिकी फौज के नियन्त्रण के चार साल
  —पुराने आर्काइव दृश्यों के साथ वीडियो तथा वाइस ओवर
- विज्ञापन
- तीन करोड़ रुपये की बेंटले कार
  —कार की विशेषताओं पर रिपोर्ट (रिपोर्टर की आवाज तथा वीडियो)
  —क्षेत्रीय निदेशक का वक्तव्य
- खेल समाचार
  —वर्ल्ड कप समाचार (क्रिकेट का वीडियो तथा वाइस ओवर)
  —बीसीसीआई की बैठक (बीसीसीआई के सचिव निरंजन का वक्तव्य)
  —संवाददाता दिग्विजय सिंह देव का विश्लेषण
- विज्ञापन
- यूपी चुनाव के लोकप्रिय हाजी
  —वीडियो तथा वाइस ओवर
  —हाजी का वक्तव्य
- विज्ञापन
- हैदराबाद में एक कुत्ते का कहर (वीडियो तथा वाइस ओवर)
- विज्ञापन
- दिल्ली में नयी ट्रैफिक व्यवस्था
  वक्तव्य—ट्रैफिक कमिश्नर (पुलिस)
- विज्ञापन
- बाबा रामदेव (स्कूली बच्चों को योग सिखाते हुए
  वक्तव्य—बाबा रामदेव

वक्तव्य—स्कूली बच्चा
वक्तव्य—छात्र

- संवाददाता श्रिया डोंडियाल का विश्लेषण
- इमेज ऑफ द डे (आपात् लैंडिंग वाले विमानों के वीडियो)
- विज्ञापन
- मनोरंजक समाचार (ई-9) एंकर उर्वशी यादव का इंटरो
  —ब्रिटिश अभिनेत्री लिज़ हर्ले की अरुण नायर के साथ शादी का विवाद (शादी की तस्वीरें उपलब्ध कराने के लिए हैलो पत्रिका ने 20 लाख पाउंड दिये)
  —शादी के चित्र/पत्रिकाओं के चित्र
  —जोधपुर का वीडियो
  —स्क्रीन पर लिखित-टेक्स्ट
  —संवाददाता की रिपोर्ट
- विज्ञापन
- फेमिना मिस-इंडिया-वर्ल्ड
  —रिपोर्टर मिस इंडिया से बात करते हुए
  —समारोह से सौन्दर्य प्रतियोगिता के वीडियो में मिस इंडिया—अर्थ, मिस इण्डिया वर्ल्ड तथा मिस इंडिया-यूनिवर्स
- नया पॉप वीडियो
- मौसम पर नज़र
- विज्ञापन
- इन न्यूज (मुख्य समाचार)
- कार्यक्रम प्रोमो
- विज्ञापन

—अगला कार्यक्रम—

(2) कला, चिन्तन और औद्योगीकरण

शास्त्रीय संगीत, शास्त्रीय नृत्य, पारम्परिक गायन, गम्भीर थियेटर प्रस्तुतियों तथा चित्रकला में आम टेलीविजन दर्शक रुचि नहीं लेता। क्योंकि ये उसको बहलाते नहीं। अंबरतो इको अपने लेख 'कल्चर एज़ शो बिज़नेस (Culture as show business) में लिखते हैं कि इस प्रकार की प्रस्तुतियाँ आम लोगों को उबाऊ लगती हैं।* शामलाल 'बदलते मीडिया का स्वरूप' में लिखते हैं–'यह महज़ संयाग नहीं है कि आज देश के किसी भी खबरिया चैनल के पास शास्त्रीय संगीत पर कोई कार्यक्रम नहीं;[19] क्योंकि करोड़ों दर्शकों तक पहुँचने के लिए टेलीविजन चैनल टीआरपी की जंग में उलझे रहते हैं। शास्त्रीय नृत्य अथवा शास्त्रीय संगीत का कार्यक्रम क्या टीआरपी बना सकता है? चित्रकार रज़ा, 'इटैलियन विजन' या 'नेशनल गैलरी ऑफ मॉडर्न आर्ट' पर बनाये गये कार्यक्रम कुछ गिने-चुने लोगों ने ही देखे। ये दूरदर्शन ने बनाये थे। दूरदर्शन, संगीत और नृत्य का अखिल भारतीय कार्यक्रम भी प्रस्तुत करता है। लेकिन वह केवल कुछ चुनिन्दा दर्शकों के लिए ही होता है। इसलिए प्राइम-टाइम के बाद देर रात में प्रसारित होता है। एक अनुष्ठान की तरह। इसमें सभागार में बैठे दर्शकों के सामूहिक अनुभव का अभाव होता है। इसके विपरीत उपस्थित दर्शकों के सामने प्रस्तुत लोकप्रिय नृत्य कार्यक्रमों में दर्शक भी मंच पर आकर सम्भाव्य नर्तकों के साथ नाचने लगते हैं। ऐसे मनोरंजक कार्यक्रमों में नृत्य करती हुई प्रसिद्ध स्टार जोड़ियाँ, गृहिणियाँ, युवा तथा बच्चे भाग लेते हैं। ये कार्यक्रम आम लोगों द्वारा देखे जाते हैं जो टेलीविजन के नियमित दर्शक होते हैं। आयु, लिंग तथा पीढ़ियों की सीमाओं को पार करते हुए ये पारिवारिक मनोरंजन प्रदान करते हैं। क्योंकि इनमें गतिमय कैमरा, भड़कीला प्रकाश और तीव्रता की भावना प्रबल होती है। यह 'पेस' दर्शकों को बाँधे रखता है। इसके बरअक्स शास्त्रीय नृत्य के कार्यक्रम में कैमरा स्थायी रहता है और रचना को समग्र स्थायी 'लॉग शॉट' में दिखाता है तथा नृत्यकार की भावाभिव्यक्ति के समय 'निकट शॉट' व 'कट' की प्रक्रिया से मुखाभिनय दर्शाता है।

जॉन फिस्ट टेलीविजन पर दर्शाये जाने वाले लोकप्रिय नृत्य कार्यक्रमों को खेल के समान मानते हैं। जिसमें दर्शक प्रतिनिधित्वता के माध्यम से भाग लेता है

---

* "Show business is amusement, fairtly culpable , whereas a lecture a Beethovan Symphony, a philsophical discussion are boring experences and therefore serious. Another characteristic of the 'serious' cultural event is that the audiance must not participate. It sits and listens, or watches; in this sense a spectacle (or what was once a spectacle in the 'bad' sense) can become 'serious' when the public takes no active part but simply attends passively."[18]

और निष्पक्ष होकर प्रस्तुति का मूल्यांकन करता है।* ऐसे कार्यक्रमों में वास्तविकता और कल्पना के बीच एक विरोध की स्थिति पैदा की जाती है मगर दर्शक को वास्तविक जगत की ओर बराबर संकेत भी दिया जाता है। ऐसे नृत्य आधारित कार्यक्रम लोग आसानी से समझ जाते हैं जबकि शास्त्रीय नृत्यों को समझने के लिए उनके पास हस्त मुद्राओं (पताका, त्रिपताका), चक्र (कथक), नज़र अन्दाज़ (कथक), आदि का ज्ञान होना आवश्यक है। ऐसे नृत्य, दर्शकों की समसामयिकता से भी मेल नहीं खाते। इसलिए ऐसे नृत्य, प्रसारण माध्यमों से ज्यादा मंच पर प्रदर्शित होने के लिए ही ठीक रहते हैं।** चैनलों पर लोकप्रिय नृत्यों की सम्भावनाएँ बढ़ीं तो 'टैलेन्ट हंट' जैसे कार्यक्रमों में आम लोग नृत्य करते नज़र आने लगे। उन्हीं में से लोकप्रिय कलाकार चुनकर आ जाते हैं और प्रसिद्धि के शिखर को छू जाते हैं।

'नये मीडिया' ने इलेक्ट्रॉनिक माध्यम से चित्रकला को प्रस्तुत करने की प्रक्रिया को प्रभावित किया है। जैसा कि वाल्टर बेंजामिन ने अपने लेख 'द वर्क ऑफ आर्ट इन द ऐज ऑफ मैकेनिकल रीप्रोडक्शन' (The work of Art in the age of Mechanical Reproduction) में लिखा है कि एक कलाकृति हमेशा ही पुनरुत्पादित होती रही है।*** वैसा ही हो रहा है किन्तु डिजिटल मीडिया ने इस प्रक्रिया की सम्भावनाएँ और अधिक बढ़ा दी हैं। टेलीविजन पर आमतौर से, कला-विवेचना या कलाकारों की कृतियों पर कार्यक्रम नहीं होते हैं, मगर यदि कलाकृति या कलाकार किसी विवाद में आ जाये तो चैनल उन समाचारों को दिखाने से चूकते नहीं। कृति या उसके गुणों पर बात करने के बजाय विवादित मुद्दे द्वारा सनसनी फैला दी जाती है। एम. एफ. हुसैन हो अंजली इला मैनन हो या अन्य कोई कलाकार ही क्यों न हो मकसद विवादास्पद 'स्टोरी' को नाटकीय अन्दाज में प्रस्तुत करना होता है। लेकिन, इस सबके बावजूद, डिजिटल मीडिया ने कला को नये नेटवर्क्स पर प्रदर्शित किया है। वेबसाइट डिज़ाइनर, कलाकृतियों को उन दर्शकों तक भेज रहे हैं जो दीर्घाओं में नहीं जा पाते हैं। ऐसे दर्शक, चित्रकार के साथ नेट के माध्यम से बात करते हैं।**** आने वाले दिनों में

---

* "In both sport and dance the relationship of performer to spectator is blurred; sometimes the spectator participates in the ritual by proxy, sometimes she is asked to sit back and evaluate objectively.[20]

** "The elaborated codes of Indian hand-dance, or of classicla ballet, require an audiance experienced in decoding them, a subculture of taste defined by its decoding ability, that will be more homogeneous and specific than the typically reached by a broadcast medium."[21]

*** "In principle a work of art has always been reproduceable. Man-made artifacts could always be limited by man. Replicas were made by pupils in practice of their craft, by masters for diffusing their works and, finally, by third parties in the pursuit of gain. Mechanical reproduction of work of art, however, represents something new"[22]

**** "The art of digital will not just be producing aesthetic objects...These objects will, objectify interaction."[23]

विचारों के आदान-प्रदान की सम्भावनाएँ और बढ़ेंगी। स्टाइन ग्रोगार्द (Stain Grogaard) इस स्थिति को 'पोस्ट मीडियम कंडीशन' (Post-Medium condition) कहते हैं।[24] इस तबदीली ने पुराने के पुनर्निर्माण की भी सम्भावनाएँ बढ़ा दी हैं। न केवल पुरानी कलाकृतियों का पुनर्निमाण हुआ है बल्कि वेबकारों, डिज़ाइनरों व कलाकारों को नयी रचना के लिए प्रेरणा मिली है। वर्चुअल दृश्यों, चैनल प्रोमो आदि में इस का प्रमाण मिलने लगा है। डिजिटल मीडिया नये रूप में प्रस्तुत होने लगा है।*

दर्शक, टेलीविजन को मुख्यतः मनोरंजन का ही साधन मानता रहा है और सूचनाओं को बिना विलम्ब प्राप्त करना चाहता है। किन्तु सामयिक विषयों पर प्रसारित चर्चाओं का भी स्वागत हुआ है। ऐसी प्रस्तुतियों में चिन्तकों और विख्यात व्यक्तियों ने आधुनिक चिन्तन धारा को प्रतिबिम्बित किया है। हालाँकि विचारों की गहराई को व्यावसायिक टेलीविजन चैनल अधिक महत्व नहीं देते मगर लोकसेवा प्रसारण द्वारा दर्शन, साहित्य, भाषा, विज्ञान आदि विभिन्न विषयों पर कार्यक्रम प्रस्तुत हुए हैं। रेमंड सनूडी (Raymond Snoddy) मानते हैं कि एक उच्च नैतिक मूल्यों वाली राष्ट्रीय चर्चा लोकसेवा प्रसारण ही प्रस्तुत कर सकता है।**

औद्योगीकरण और बाज़ार की शक्तियों के बीच भी यह संस्थापन प्रजातन्त्रीय प्रक्रिया में महत्त्वपूर्ण भमिका निभाता है, बशर्ते इसे समस्यामूलक कार्यक्रम प्रस्तुत करने की छूट हो। भूमण्डलीकरण के युग में स्थानीयता का महत्त्व कम नहीं हुआ है इसलिए भी लोकसेवा प्रसारण की ज़रूरत बढ़ गयी है। रेमंड लिखते हैं कि जब भविष्य में हमारे पास मल्टि-चैनल डिजिटल उपकरण होंगे तब भी विविधता और उच्च स्तर की निश्चितता के लिए लोकसेवा प्रसारण की ज़रूरत रहेगी।*** लोकसेवा प्रसारण (बीबीसी) की इन सम्भावनाओं की ओर संकेत करते हुए वे यह भी मानते हैं कि अन्तर्राष्ट्रीय चैनलों का प्रभाव बढ़ेगा मगर साथ ही लोग स्थानीय

---

* "Digital media, which have yet to become an art form, have turned everthing in art around. The pull is felt everywhere, and for this expanding ontology no substitution seems radical enough. This concerns not only practice but the object form...The state of the arts sweeps the floor of art. In line with the 1960's dematecialization of the art object, todays web design amplifies the aesthetics of earlier conceptual art."[25]

** "There is as yet no substitute for public serivce broadcasting, when properly done, in providing a civilized national discourse, in a tone of voice that respects shared expectations and culture, and retains a core role in the democratic process, above all by having the freedom to produce 'Problematic programmes"[26]

*** "When we all have mutli-channel digital divices, I believe there will still be a need for public service broadcasting to ensure diversity and quality."[27]

चैनल और भाषा के प्रति निष्ठावान रहेंगे।[28] इसकी पुष्टि जीएसएम GSM (Global System of Mobile Communication) सेवा से होती है। इसके भाषाई वेबसाइट तीव्र गति से बढ़ने लगे हैं। अन्तर्राष्ट्रीय टेलीविजन समारोह में जेम्स मुर्डोक ने अपने भाषण में स्पष्ट किया कि विश्वमीडिया चार प्रबल-समूहों की ओर बढ़ रहा है—अंग्रेजी, स्पेन व चीन की भाषाएँ तथा हिन्दी। भविष्य में यही चार भाषाएँ मीडिया को नियन्त्रित करेंगी।*

भाषा चैनलों की संख्या में तेज़ी से बढ़ोत्तरी ने टेलीविजन को एक बड़े उद्योग में परिवर्तित किया है। इस समय खेल चैनल, हिस्ट्री, डिस्कवरी, मनोरंजन तथा अन्य क्षेत्रीय भाषा नेटवर्क विभिन्न विधाओं में कार्यक्रम प्रसारित कर रहे हैं। ये कार्यक्रम, प्रसारण प्रक्रिया की सूक्ष्म नीति, टेलीविजन उद्योग, इसके साथ जुड़े सृजनात्मक कार्यकर्त्ताओं तथा नेटवर्क प्रबन्धकों की सोची-समझी योजनाओं के तहत, निर्धारित दर्शक-समूहों के लिए बनते हैं। इनके वितरण में 'टेरिस्टिअल' सैटलाइट तथा केबल, मिलकर एक महत्त्वपूर्ण भूमिका निभा रहे हैं। इस उद्योग ने जहाँ लोकप्रिय संस्कृति के प्रसार की सम्भावनाएँ बढ़ाई हैं वहीं बहुत बड़े व्यवसाय के लिए अवसर पैदा किये हैं। इसकी अर्थव्यवस्था विज्ञापनों पर निर्भर है। औद्योगीकरण ने ब्रॉडकास्टिंग मीडिया (जो करदाता के धन से अपनी सेवायें उपलब्ध करता है) के सामने भी चुनौतियाँ खड़ी कर दी हैं। दूरदर्शन ने 80 के दशक में, 'सोप-ऑपेरा' विधा को स्थापित किया। परन्तु जब विज्ञापनों की आय से चलने वाले प्रायोजित-धारावाहिक प्रारम्भ हुए तो निर्माण कम्पनियों (सिनेविस्टा, बालाजी, यूटीवी, निबंस आदि) पर कार्यक्रमों की आपूर्ति के लिए निर्भर होना पड़ा। अब ये निर्माण केन्द्र बड़ी कम्पनियाँ बनी हैं और कुछ अपने चैनल भी चला रहे हैं। इनमें शेयरधारकों का पैसा लगा रहता है। इसलिए प्रतिस्पर्धा बढ़ी है। यदि कम्पनी मुनाफे में रहेगी तो शेयरधारकों को भी मुनाफा मिलता रहेगा। सभी चैनल नयी-नयी योजनाएँ बना रहे हैं ताकि विज्ञापनों द्वारा आय बढ़ती रहे। यही कारण है कि टेलीविजन पर 'इन प्रोग्राम'—विज्ञापन (In-programme commerical) की शुरुआत हुई है। ये धारावाहिकों और समाचारों में दिखने लगे हैं। अब समाचार-रिपोर्टर पीटीसी (Piece to camera) के साथ इस अन्दाज में खड़े रहते हैं कि 'इन प्रोग्राम' विज्ञापन का प्रतीक चिह्न प्रमुखता से, दिखाई देता रहा है। धारावाहिकों में भी किसी होटल का दृश्य दिखाते समय, होटल का नाम, स्थान आदि सुस्पष्ट तरीके से दिखाये जाते हैं। समाचार, ध्यान आकर्षित करने वाली सनसनीखेज़ खबरों की तरह पेश होने लगे हैं। यह विज्ञापन और रेटिंग-पत्रकारिता का ही दबाव है कि मनोरंजन और मनोरंजन से जुड़ी खबरों को प्राथमिकता मिलने लगी

* "The four languages have emerged as the leading forces in the world for the foreseable future. If you are competing in the global media business these forces are irrestible and one ignores them at great peril."[29]

है। विश्वकप के लाइव-प्रसारण के लिए दूरदर्शन तथा अन्य खेल-चैनलों के बीच लम्बा संघर्ष चला। क्योंकि क्रिकेट प्रसारण के दौरान विज्ञापनों से सर्वाधिक आय होने की सम्भावना रहती है।

टेलीविजन उद्योग से जुड़े चैनल कुछ नया प्रस्तुत करते हुए, नेटवर्किंग प्रक्रिया में, दर्शकों के साथ जुड़ने की कोशिश में हैं। इसलिए अपनी वेबसाइटों पर ऑनलाइन वार्तालाप द्वारा अपने कार्यक्रमों में, दर्शकों की राय के अनुसार, तबदीली लाने के लिए तैयार रहते हैं। इससे यह स्पष्ट होता है कि आने वाले दिनों में टेलीविजन उद्योग तथा इसका व्यापार नयी विधाओं की सफलता पर ही निर्भर होगा। अतः भविष्य में आकर्षक मार्केटिंग के बावजूद सफल टेलीविजन विधाओं का पुनर्निर्माण एवं संयोजन होता रहेगा।

(3) नये बिम्ब, नयी धारणा

टेलीविजन छवियों का प्रवाह है। संचार की पुरानी प्रणाली में घटनाओं को प्रस्तुत करने का अलग तरीका था परन्तु टेलीविजन ने दृश्यों की क्रमबद्धता को प्राथमिकता प्रदान की रेमंड विलियम्स ने इसे 'सीक्वन्स' अथवा कई क्रमबद्ध घटनाओं की प्रस्तुति माना।* टेलीविजन ने दृश्यों को फ़िल्म के गतिविज्ञान के बावजूद एक निश्चित स्थान के बजाय घरों में दिखाया। नाटक आदि कार्यक्रम, जो निरन्तर छवियों के रूप में प्रस्तुत होते, अंशों में देखे जाने लगे। बिम्बों का यह 'प्रवाह' दर्शक में एक अलग प्रकार का अनुभव पैदा करने लगा। विलियम्स, मयामी में, टेलीविजन पर दर्शाई गयी फ़िल्म को विज्ञापनों की 'ब्रेक' तथा अन्य फिल्मों के लघु-अंशों के साथ देखने के अनुभव को 'बिम्बों और भावनाओं का एक बेतरतीब प्रवाह' कहते हैं।** ये छवियाँ क्रमबद्ध घटनाओं का हिस्सा होने के बावजूद तथा

---

* "The difference in broadcasting is not only that these events, or events resembling them, are available inside the home, by the operation of a switch. It is that the real programme that is offered is a sequence or set of alternative sequences of these and other similar events. which are then available in a single dimension and in a single operation"[30]

** "One night in Miami, still dazed from a week on an Atlantic liner, I began watching a film and at first had some difficulty in adjusting to much greater frequency of commercial 'breaks'. Yet this was minor problem compared to what eventually happened. Two other films, which were due to be shown on the same channel on other nights, began to be inserted as trailors...I can still not be sure what I took from the whole flow. I belive I registered some incidents as happening in the wrong film, and some characters in the commercials as involved in the film episodes, in what came to seem-for all the occasional bizarre disparities-a single irresponsible flow of images and feelings."[31]

एक ही विषय के अन्तर्गत होते हुए भी ऊपरी तौर से असम्बद्ध दिखती हैं। इस वैषम्य में, तात्कालिकता इन छवियों में एक संयोजन पैदा करती है तथा विशिष्ट संस्कृति की तस्वीर पेश करती हैं।

निक ब्राऊनी (Nick Browne) ने, 1984 में, 'सुपरटेक्स्ट'[32] की धारणा का प्रतिपादन किया। विलियम्स जहाँ, 'प्रोमो', विज्ञापन आदि को छवियों के प्रवाह का हिस्सा मानते हैं वहीं ब्राऊनी इस संयोजन में दोपहर, प्राइम टाइम तथा देर रात के कार्यक्रमों की दृश्य संरचना भी जोड़ते हैं। हॉरेस निवकॉम्ब (Horace Newcomb) टेलीविजन पर प्रस्तुत होने वाले दृश्यों व बिम्बों को 'विवंग स्ट्रिप' (Viwewing strip) कहते हैं।[33] किन्तु आज के डिजिटल युग में केबल, रिमोर्ट, बहुचैनल प्रसारण, वीडियो ऑन डिमांड तथा इंटरनेट-टीवी ने बिम्बों के प्रवाह को आंशिक बना दिया है। ऐसी स्थिति में नेटवर्कों के क्रमबद्ध प्रसारण प्रभावित हुए हैं। एक नयी कार्यक्रम योजना 'हैमकिंग' (Hammocking) प्रारम्भ हुई ताकि, बँटे हुए दर्शकों में, नये कार्यक्रम की प्रस्तुति दो अत्यन्त लोकप्रिय कार्यक्रमों के बीच हो सके। 'हैमकिंग' को भारत की लगभग सभी चैनलों ने अपनाया। इसके बावजूद कार्यक्रमों तथा दृश्यों का प्रवाह दर्शकों की पसन्द-नापसन्द पर निर्भर होने लगा है। इसलिए न केवल भारत बल्कि पूरे विश्व में कार्यक्रम प्रस्तुति की योजनाओं में बदलाव देखा जाने लगा है।* बँटे हुए दर्शकों तक अपनी पहुँच बनाये रखने के लिए सभी चैनल 'ब्रैन्डिंग' को महत्त्व देने लगे हैं। चैनल की 'ब्रैन्डिंग' के अनुरूप ही परिचयात्मक बिम्बों का प्रवाह बना रहता है। 'डिस्कवरी' पर समुद्र, जंगल, पक्षियों के दृश्य दिखाई देते हैं तो 'स्टार' आदि चैनलों पर भाव-प्रबल नाटकीय दृश्यों की प्रस्तुतियाँ होती हैं। ऐसी दृश्य योजना में नये के साथ पुराने का भी सामीप्य होने लगा है। पुरानी फ़िल्में, धारावाहिक, फ़िल्मी गीत आदि एक सामाजिक व व्यक्तिगत सन्दर्भानुकूल दृष्टिकोण प्रदान कर रहे हैं। इस कारण कार्यक्रमों के पुनर्निर्माण की सम्भावनाएँ बढ़ी हैं। धारावाहिक 'कर्मचन्द' फिर से बनकर प्रस्तुत हो रहा है। अमिताभ बच्चन, देवानन्द तथा राजकपूर की पुरानी फ़िल्में फिर से दिखाई जाने लगी हैं। पुराने फ़िल्मी गीत रीमिक्स होकर नये वीडियो के रूप में, म्यूज़िक चैनलों पर, दिखाये जाते हैं। ऐसे कार्यक्रम आर्काइव सामग्री, नाटक, वृत्तचित्र आदि के संयोजन से नये आकार में प्रसारित होते हैं। बूट पालिश के विज्ञापन के लिए चैपलिन की छवियों का इस्तेमाल होता है। अपने कार्यक्रमों के प्रचार के लिए, टेलीविजन चैनल, पुराने पात्रों (पारो और देवदास) को समकालीन स्थिति में प्रस्तुत करते हुए पुराने के सन्दर्भ से नया अनुभव कराते हैं। इस पुनर्निर्माण में जो छवियाँ बनती हैं वे समकालीन टेलीविज़न के बिम्बों का प्रवाह निश्चित करती हैं।

---

* **"Programming strategies have shifted from notions of network programme 'flows' to tactics of audiance user flows'"[34]**

जॉन फिस्क (John Fiske) लिखते हैं कि समकालीन टेलीविजन धुँधलके से बाहर आ गया है।[35] दरअसल, डिजिटल वितरण प्रणाली ने संस्कृतियों के बीच तादात्म्य स्थापित करना प्रारम्भ किया है। टेलीविजन, मनोरंजन के साथ-साथ ऐसे मुद्दों पर भी बहस करने लगा है जिनसे लगभग सभी का सरोकार है। ऐसा विभिन्न दृष्टिकोणों तथा विचारों के सम्प्रेषण से सम्भव हो पाया है। वाद-विवाद और चर्चाओं को, मनोरंजक तरीके से, प्रस्तुत करने के ऐसे प्रसारण को टैबलॉइड टेलीविजन (Tabloid Television) भी कहा गया है किन्तु ऐसी सामाजिक/राजनीतिक चर्चाएँ लोकप्रिय धारणा प्रकट करती हैं। इनमें लोकमत द्वारा दर्शक को बार-बार यह याद दिलाया जाता है कि सब कुछ अभी उसके सामने हो रहा है। ऐसे 'ओपीनियन पोल' द्वारा निर्मित दृश्य प्रामाणिक लगते हैं। इन बिम्बों में मिथ्या विश्वास होते हुए भी सामाजिक यथार्थ की ओर संकेत होता है।

फ्रेंकफर्ट स्कूल ने इस प्रक्रिया में आलोचनात्मक जानकारी के नष्ट होने का खतरा ज़ाहिर किया था।[36] परन्तु विभिन्न चैनलों के अनवरत प्रसारण के बावजूद दर्शक अब विशिष्ट कार्यक्रमों की ओर आकर्षित होने लगे हैं। अतः विशेष कार्यक्रम संयोजन और 'ब्रैन्डिंग ने नयी विधाओं की सम्भावनाएँ बढ़ा दी हैं। इसलिए बिम्बों और ध्वनियों का निरन्तर 'प्रवाह' दर्शकों के लिए व्यक्तिगत प्रवाह निर्मित करता रहता है।* यानी टेलीविजन के पर्दे पर प्रस्तुत होने वाली गत्यात्मक टेक्स्ट, दर्शकों द्वारा, विभिन्न विधाओं के अन्तर्गत पढ़ी जाती है।

टेलीविजन की प्रसारण व्यवस्था को जब दोतरफा संचार ने चुनौती दी तो नयी विधाओं के ढाँचे गढ़े जाने लगे। अन्तर्राष्ट्रीय सिंडिकेटेड के कार्यक्रमों का भारतीयकरण हो गया। गेम शो 'हू वान्ट्स टूबी मिल्येनअर' (Who wants to be millionaire) का हिन्दी टेली-संस्करण 'कौन बनेगा करोड़पति' निर्मित होकर प्रसारित होने लगा। इस कार्यक्रम की दृश्य-योजना, प्रकाश, तथा एंकर की प्रस्तुति पुराने कार्यक्रमों से बिल्कुल भिन्न थी। 'केबीसी' आसान प्रश्नों का एक मनोरंजक गेम शो था। जिसमें दर्शकों की भागीदारी के साथ ही फोनो–प्रश्न, एसएमएस तथा इंटरनेट के माध्यम से दर्शक और प्रसारणकर्त्ता का पारस्परिक सम्बन्ध-सुदृढ़ करने का प्रयास किया गया। पूर्ण मनोरंजक व प्रायोजित कार्यक्रमों ने, सामाजिक चेतना जागृत कराने वाले कार्यक्रमों को जब चुनौती दी तो एक नया दौर (90 के दशक में) शुरू हुआ। मेट्रो चैनल पर केवल मनोरंजक कार्यक्रम दिखाये गये। अन्य चैनलों ने युवा दर्शक वर्ग के लिए 'चित्रहार' के बजाय 'मसाला मिक्स'[38] जैसे कार्यक्रम शुरू किये जिनमें लुभावने वीजे, फ़िल्मों के अंश तालबद्ध दृश्यों के साथ प्रस्तुत हुए। नये प्रसारण-तन्त्र ने इस धारणा का भी खण्डन किया कि व्यावसायिक

* "Flow may survive as a name for the endless stream of sounds and images...from which each of us can compose our individual sub-flows"[37]

टेलीविजन का प्रयोग केवल मनोरंजन प्रदान कराने के लिए ही किया जा सकता है। नये प्रारूपों में साधारण लोगों की पीड़ा और वेदना को दर्शाया जाने लगा। बुरे व्यवहार, दर्द, बीमारी और विपत्ति की कहानियाँ पीड़ित लोगों ने स्वयं टेलीविजन पर सुनाई। इसे 'टेलीविजन ऑफ सफरिंग' (Television of suffering) कहा गया।[39] ऐसे व्यक्तियों पर आधारित वृत्तचित्रात्मक कार्यक्रमों का स्वागत हुआ तथा आम लोगों की समस्याएँ प्रशासन व सरकार तक लाने में ये कार्यक्रम सफल रहे हैं। एनडीटीवी, समाचारों के अन्तर्गत, इस प्रकार के विशेष फीचर दिखाता रहा है। दूरदर्शन पर इस प्रकार के कुछ वृत्तचित्र पब्लिक सर्विस ब्रॉडकास्टिंग ट्रस्ट (पीएसबीटी) के माध्यम से दर्शाये गये हैं। अतः चैनलों की प्रतिस्पर्धा के बावजूद टेलीविजन–वृत्तचित्र की सम्भावनाएँ नज़र आने लगी हैं।

सिंडिकेटिड कार्यक्रमों के खतरों के बावजूद नयी तकनीक ने स्थानीय कार्यक्रमों की सम्भावनाएँ 'नैरोकास्टिंग' द्वारा बढ़ा दीं। विशेषज्ञों ने कई अन्तर्राष्ट्रीय योजनाओं के विफल होने का कारण सांस्कृतिक संवेदनशीलता तथा स्थानीय मूल्यों की उपेक्षा बताया है।[40] यह बात समझते ही कई 'ग्लोबल' चैनलों ने अपनी नीति में बदलाव लाकर विकेन्द्रीकरण की शुरुआत कर दी। विश्व-संचार और भूमण्डलीकरण के सन्दर्भ में मार्कोस (Marcos) को उद्धृत करते हुए अरमांड लिखते हैं कि आर्थिक बन्धनों के होते हुए भी विश्व टुकड़ों में बँट गया है।[41] ऐसे विश्व में, बँटे हुए दर्शक, टेलीविजन रेटिंग में सर्वोपरि रहने वाले भावुकतापूर्ण नाटकीय कार्यक्रमों के सूत्र में बँधते हैं। अन्तर्राष्ट्रीय चैनलों के सोप क्षेत्रीय व स्थानीय सोप ऑपेरा को प्रेरित करते हैं। सभी धारावाहिक एक जैसे लगने लगते हैं। अतः टेलीविजन एक लोकप्रिय कला के रूप में सर्वमान्य हो जाता है।

'टीवी : द मोस्ट पॉपुलर आर्ट' (TV : The most popular Art) में हॉरेस निवकॉम्ब लिखते हैं कि नाटक (सोप) घटना के परिणाम की ओर पहले से संकेत करते हैं। श्रेष्ठ कला में भी पूर्वलक्षणा होती है। इसलिए ऐसे कार्यक्रम हमें विचारों, संकल्पना और नाटकीयता समस्याओं के माध्यम से अच्छे मानवीय सम्बन्धों की प्रेरणा देते हैं।[42]

टेलीविजन ने प्रबल विचारधाराओं के बजाय नयी विधाओं को जन्म दिया है जिनकी रचना नये अर्थों का सम्प्रेषण करती है। ऐसे ही सम्प्रेषित भावों द्वारा लोकप्रिय संस्कृति के कार्यक्रम (सिटकॉम, सोप, नाट्य श्रृंखलाएँ) तथा अन्य प्रारूप प्रस्तुत होते रहे हैं। 'सिटकॉम' सर्वाधिक लोकप्रिय होते हुए भी सामाजिक विडम्बनाओं को प्रस्तुत करने में सफल रहे हैं। 'देख भाई देख', 'जबान सम्भाल के', 'यह जो है जिन्दगी', आदि हिन्दी सिटकॉम' 'कल्चरल इंडस्ट्री' द्वारा निर्मित ऐसी कृतियाँ हैं जो रचनात्मक व तकनीकी कोशल तथा औद्योगिक व प्रसारण संस्थाओं के परस्पर सम्बन्धों पर निर्भर हैं। इनके लगातार निर्माण और निर्माण की सम्भावनाओं ने यह

सिद्ध कर दिया है कि भविष्य में गेम शो, क्विज़, सिटकॉम, सोप ऑपेरा, टेलीफ़िल्में, बच्चों के कार्यक्रम, खेल कार्यक्रम, समाचार शो, नये प्रारूपों में प्रस्तुत होते रहेंगे तथा ऐसे कार्यक्रमों का उत्कर्ष टीवी-लेखक नहीं बल्कि दर्शक तय करेंगे। हॉरेस निवकॉम्ब अपने लेख में लिखते हैं कि टेलीविजन देखना एक 'सांस्कृतिक प्रथा'[43] है। अतः टेलीविजन, लोकप्रिय संस्कृति के रूप में दर्शकों के विश्वास व्यवहार और मनोभावों को प्रभावित करता रहेगा तथा नयी टेक्नोलॉजी के साथ-साथ दर्शकों की पसन्द-नापसन्द इसके भविष्य का रूप-आकार निर्धारित करेगी।

सन्दर्भ

1. Denis McQuail, 'New Horizons for communications Theory' in (A companion to Media Studies edited by Angharad N. Valdivia) Blackwell Publishing, USA, 2003, p. 44
2. Raymond Williams, 'Television Technology and Cultural Form', Routledge, London, 1975 (Reprint 2003), p. 85-86
3. Jay David Bolter, 'Theory and Practice in New Media Studies', in (Digital Media Revisited edited by Gunnar Liestlol, Andrew Morrison & Terje Rasmussen) Massachusetls Institute of Technology Press, Cambridge, 2003, p. 23
4. *Ibid.,* p. 27
5. मन्निका चोपड़ा, 'क्रिकेट ही खा गया प्राइम टाइम को', हिन्दुस्तान, अप्रैल 8, 2007 पृ. 8
6. Diana M. Lewis, 'Online News a new genre?' in (New Media language edited by Jean Aitchison and Diana M. Lewis) Routledge, London, 2003, p. 98
7. शामलाल, 'इंडियन रियलटीज़ इन बिट्स एंड पीसेस' से अनूदित लेख (बदलते मीडिया का स्वरूप), 26-2-2007
8. लंदन से प्राप्त समाचार हिन्दुस्तान में प्रकाशित, 10-1-2007
9. John Markoff, (TV in future: Click online), New York Times reproduced in Asian age-8-1-2006
10. Reuters News report from New York/Atlanta published in Times of India on 12-4-2006
11. Bertolt Brecht, 'The Radio as an apparatus of Communication' in (New Media' edited by Anna Everett and John T. Caldwell) Routledge, London, 2003, p. 29

12. Anders Fagerjord, Rhetrorical convergence in (Digital Media Revisited edited by Gunnar Liestol, Andrew Morrison & Terje Rasmuseen) Massachusett Institute of Technology Press, Cambridge, 2003, p. 315
13. Vikas Bajaj, Focus, A write up by arrangement with The New York Times, published in Asian Age-18-2-2007
14. सीएनएन-आईबीएन समाचार (सेल गुरु) 2130 पर, 8-4-2004
15. समाचार-रिपोर्ट, हिन्दुस्तान, 9-1-2006
16. Raymond Williams, 'Television Technology and Cultureal form' Routledge, London 1975 (Reprint 2003), p. 39
17. दूरदर्शन तथा सीएनएन-आईबीएन समाचार 8:00 बजे, 8:15 बजे तथा 9 बजे, 9-4-2007
18. Umberto Eco. Essay: 'Culture as shown business' in (Travels in Hyper Reality), Picador, 1987, p. 152
19. शामलाल (लेख : बदलते मीडिया का स्वरूप): 'इंडियन रियलटीज़ इन बिट्स एंड पीसेस' में संकलित-लेख हिन्दुस्तान में प्रकाशित, 26-2-2007
20. John Fiske and John Hartley, 'Reading Television', Routledge, London, 2003, p. 102
21. *Ibid.*, p. 109
22. Walter Benjamin, Essay: 'The work of Art in the Age of Mechanical Reproduction' in (ILLUMINATIONS) Fontana/ Collins, 1982, p. 220
23. Stian Grogaard, Essay: 'Low tech-High concept-Digital Media, Art, and the state of the Arts' in (Digital Media Revisited edited by Gunnar Liestol, Andrew Morrison and Terje Rasmusen) Massachustts Institute of Technology Press, Cambridge, 2003, p. 275
24. *Ibid.*, p. 276
25. *Ibid.*, p. 285
26. Raymond Snolddy, Essay: 'Modern Media Myths', in (New Media Language edited by Jean Aitchison and Diana M. Lewis) Routledge, London, 2003, p. 23
27. *Ibid.*, p. 26
28. *Ibid.*, p. 25

29. James Murdoch, Speaking at the 2000 International Television Festival (Edinburgh), quoted by Raymond Snoddy in 'Modern Media Myths'
30. Raymond Williams-'Television Technology and Cultural form', Routledge, London, 1975 (Reprint-2003), p. 87
31. *Ibid.,* p. 92
32. JOHN T. CHLDWELL, Essay: "Second Shift Media Aesthetics" in 'New Media' Routledge, London, 2003, p. 133
33. GARY R. EDGERTON and BRIAN G. ROSE, (Introduction) 'Thinking outside the Box, The university press of Kentucky, USA, 2005, p. 5
34. JOHN. T. CALDWELL, "Second Shift Media Aesthetics" in 'New Media', Routledge, London, 2003, p. 136
35. John Fiske and John Hartley, 'Reading Television', Routledge, London (Second Edition), 2003, p. 159
36. Jostein Gripsrud, Essay: 'Television, Broadcasting, Flow: Key Metaphors in, TV Theory', in (The Television Studies Book', Editors-Christine Geraghty & David Lusted) Arnold, London, 1998, p. 29
37. *Ibid.,* p. 31
38. Shanti Kumar, Essay: 'Innovation, Iimitation, and Hybridity' in (Thinking Outside the Box) The university Press of Kentucky, USA, 2005, p. 323
39. Tim O'Sullivan, Essay: 'Nostalgia, Revelation and Intimacy' in (The Television Studies Book', Editors-Christine Geraghty and David Lusted) Arnold, London, 1998, p. 206
40. Armand Mattlelart, Essay: 'Real Politik and Utopias of Universal Bonds' in ('A companion to Media studies, Editor-Angharad N. Valdivia), Blackwell, UK, 2003, p. 552
41. *Ibid.,* p. 557
42. Horace Newcomb. Essay: 'Reflections on TV: The most popular Art' in ('Thinking outside the Box') The university press of Kentucky, USA, 2005, p. 22
43. *Ibid.,* p. 35

उपसंहार

सन् 1882 में फ्रांसीसी चित्रकार रॉबिदा ने ऐसे कई चित्र बनाये जिनमें चलती-फिरती तस्वीरों को, लोगों की बैठक में, प्रसारित होते दिखाया गया था। यह एक कल्पना थी। कुछ ही वर्षों में कल्पना, वास्तविकता में बदल गयी और सच में ही संचार का एक नया माध्यम, 'टेलीविजन', 1936 में चित्रों का प्रसारण करने लगा। यह एक शक्तिशाली माध्यम के रूप में उभरकर सामने आया। जिस प्रकार गुटिनबर्ग के प्रिंटिंग-प्रेस के आविष्कार ने मौखिक-संस्कृति को साक्षर-संस्कृति में बदल दिया उसी प्रकार टेलीविजन ने नये सांस्कृतिक वातावरण का निर्माण किया। इस नये माध्यम ने अपने लोकतान्त्रिक स्वभाव के कारण अवांगार्द, उच्च भ्रू तथा लो ब्राउ के अन्तर को समाप्त किया। फ्रांसीसी आलोचक रोलां बार्थ ने सामाजिक रीतियों और सांस्कृतिक वातावरण में व्यवहार को 'कम्यूनिकेटिव' कहा, और माना कि इस प्रकार के संचार का तरीका एक 'सिस्टम' की तरह होता है जो उप-संस्कृतियों का प्रतिनिधित्व करता है।

थियोडॉर एडोर्नो और मेक्स हॉर्खीमर ने मासमीडिया को 'सांस्कृतिक उद्योग' बताया। ऐसी 'कल्चरल इंडस्ट्री' जहाँ अनुकरण ही असल हो जाता है। 'फ्रैंकफर्ट स्कूल' के इन सैद्धान्तिकों ने माना कि सांस्कृतिक अस्तित्व वाली वस्तुएँ व्यापार की वस्तुएँ बन गयी हैं और संस्कृति एक इंडस्ट्री में परिवर्तित हुई है। रेमण्ड विलियम्स के अनुसार यह पूँजीवादी 'यान्त्रिक पुनरुत्पादन' था। परन्तु पुनरुत्पादित रूप किसी विशेष स्थान तक सीमित न रहकर लोकप्रिय मीडिया के रूप में सबके सामने आ गया। इस प्रकार आधुनिक समाज, नयी संचार प्रक्रिया में आसानी से उपलब्ध तथ्यों और विचारों पर भरोसा करने लगा।

आज, भारत की आधी आबादी टेलीविजन देखती है। इसके महत्त्व को पहचानते हुए देश की प्रथम पंचवर्षीय योजना के दस्तावेज़ में ही, विकास में इसकी भूमिका को परिभाषित किया गया था। भारतीय टेलीविजन की एक बड़ी उपलब्धि कृषि तथा साइंस कार्यक्रमों का प्रसारण रही है। अपनी मोहकता के

बावजूद यह एक निर्धारित स्वरूप के अन्तर्गत नये तथ्य, नयी जानकारी और दुनिया को नये नज़रिए से देखने की दृष्टि उत्पन्न करता है। मीडिया तथा इसकी टेक्नोलॉजी ने हमारे देखने, समझने के ढंग और अनुभव-आधारित ज्ञान को प्रभावित किया है। इसने नये दृश्य-श्रव्य तकनीक में लिखित साहित्य को प्रसारित साहित्य में बदलकर विजुअलाइज़ेशन द्वारा प्रस्तुत किया। कथाएँ 'स्पोकन एक्शन' द्वारा प्रस्तुत हुईं। ऐसी टेली-कहानियों में नयी संवादात्मक स्थितियों की रचना हुई जो कौतूहल उभारते हुए दृश्य की 'ट्रांजिशन' द्वारा कथाएँ प्रस्तुत करने लगीं (परिशिष्ट-क)। इस प्रकार कहानियाँ नये रूप में द्वि-आयामी 'स्पेस' पर प्रस्तुत हुईं।

धारावाहिक एक लोकप्रिय विधा के रूप में स्थापित हुआ तथा ऐसे नाट्य आधारित कार्यक्रम मनोरंजन के साथ-साथ अपने युग की व्याख्या करने लगे। ऐसे धारावाहिकों के दृश्यों में अभिनेता-अभिनेत्री की भाव प्रस्तुति तथा कार्यव्यापार घटना के भीतर छिपी घटना दर्शाने लगे (परिशिष्ट-ख)। उपन्यासों पर आधारित धारावाहिकों के प्रसारण ने साहित्य को लोकप्रिय बनाया। 'तमस', 'गोदान', 'राग दरबारी', 'प्रथम प्रतिश्रुति' आदि कई उपन्यास दोबारा प्रकाशित होकर बिकने लगे। चिरप्रतिष्ठित साहित्य, दर्शकों तक पहुँचाने के उद्देश्य से 'कथा सरिता' जैसी शृंखलाएँ बनने लगीं (परिशिष्ट-ग)। नये मौलिक टीवी नाटकों के लेखन को प्रोत्साहन मिला। ये पश्चिम में विकसित प्रारम्भिक टेलीनाटकों (परिशिष्ट-घ) की संरचना के अनुरूप गढ़े जाने लगे। जिनमें प्रसंग, दृश्य-कल्पना, पात्र, संवाद तथा यथार्थ प्रस्तुति द्वारा नया 'स्पेकटक्ल' रचा गया।

हिन्दी, विश्व की तीसरे नम्बर की भाषा है और टेलीविजन हिन्दी को एक राष्ट्रीय भाषा बना रहा है। सभी चैनल इसी भाषा में दर्शकों को आकर्षित करते हैं। आज, अखबारों में छपे समाचार टीवी के 'साउंड बाइट' जैसे लगते हैं। टेलीविजन पत्रकारिता में इस्तेमाल हिन्दी भाषा, नये संयोजन नयी वाक्य रचना और नये मुहावरे के साथ प्रस्तुत हो रही है। टेलीविजन ने भाव की तीव्रता उत्पन्न करने के लिए अपनी भाषा में 'इंटेन्सिफाइर्स' का प्रयोग करना आरम्भ किया है। 'डिजिटेक्सचुलिटी' द्वारा न केवल कार्यक्रमों को पहले से बेहतर बनाया जाने लगा बल्कि सन्देश भेजने की व्यवस्था को तात्कालिकता प्रदान हुई। नये मीडिया ने टेक्नो-संस्कृति को जन्म दिया। इसने आन्द्रेबाजों के 'टोटल सिनेमा' की सम्भावनाएँ पैदा की। यह 'स्पेस' और समय की सीमाओं को चुनौती देते हुए संचार और सूचना के आदान-प्रदान के पुराने नियम तोड़ने लगा। साथ ही परम्परा और लोकप्रिय संस्कृति का संयोजन नयी टेलीविजन छवियों में देखने को मिला।

कठपुतली, एनिमेटिड वीडियो, कार्टून चित्र, स्थल आधारित साक्षात्कार नये प्रारूप का हिस्सा हो गये। रियलिटी शो, चैट शो, लाफ्टर शो, गेम शो, लोकप्रिय होने लगे। टेलीविजन उत्तर-आधुनिक संस्कृति के केन्द्र में आकर कला और मशीन के समन्वय से नयी वास्तविकता पैदा करने लगा—'हाइपररियल'।

टेलीविजन का स्वरूप, कला की अनन्तता के बजाय क्षणिक होता है मगर टीवी की इन छवियों में सम्मोहन की शक्ति होती है। टेलीविजन के छद्म-रूप वास्तविक के लिए प्रेरित करते हैं। व्यक्तिगत सार्वजनिक हो जाता है। ऐसा असंस्कृत लगता है मगर लोकप्रिय संस्कृति का हिस्सा हो जाता है। टेलीविजन गाथा, महागाथा, आख्यान, परा-आख्यान, अनुकरण, नाटकीयता और अतिरंजना दर्शाता है। ऐसे में कार्यक्रमों की पैकेजिंग में नया अन्दाज नज़र आने लगा है तथा समाचार और सूचना की भिन्नता समाप्त होने लगी है।

21वीं सदी का टेलीविजन एक परिवर्तनकारी शक्ति के रूप में उभर रहा है। दर्शक, संचार की प्रक्रिया में भागीदार होकर सरकार, पुलिस, प्रशासन और देश के सामने अपना रोष व प्रतिक्रिया प्रकट करने में सफल हो गया है। नयी तकनीक और बहुचैनल व्यवस्था ने नये युग का सूत्रपात किया है। प्रसारणकर्त्ता, दर्शक और विज्ञापनदाता के बीच एक ऐसी त्रयी पैदा हो गयी है जो बरसों पुराने प्रारूपों को बेमतलब बना रही है।

विभिन्न भाषाओं के चैनलों की संख्या में तेजी से बढ़ोत्तरी ने टेलीविजन को एक बहुत बड़े उद्योग में परिवर्तित किया है। इस उद्योग ने जहाँ लोकप्रिय संस्कृति के प्रसार की सम्भावनाएँ बढ़ाईं वहीं बहुत बड़े व्यवसाय के लिए अवसर पैदा किये हैं। भविष्य में टेलीविजन उद्योग तथा इसका व्यापार नयी विधाओं की सफलता पर ही निर्भर होगा। अतः आकर्षित मार्केटिंग के बावजूद सफल टेलीविजन विधाओं का पुनर्निर्माण एवं संयोजन होता रहेगा। सिंडिकेटिड कार्यक्रमों के खतरों के बावजूद नयी तकनीक ने स्थानीय कार्यक्रमों की सम्भावनाएँ बढ़ा दी हैं। ऐसे में 'कल्चरल इंडस्ट्री' द्वारा निर्मित कृतियाँ, रचनात्मक व तकनीकी कोशल तथा औद्योगिक व प्रसारण संस्थाओं के परस्पर सम्बन्धों पर निर्भर रहेंगी। अतः टेलीविजन लोकप्रिय संस्कृति के रूप में भविष्य के कार्यक्रमों का प्रारूप निर्धारित करता रहेगा। दर्शकों की भागीदारी बढ़ती रहेगी। दृश्य-श्रव्य माध्यम की सम्मोहकता बरकरार रहेगी। नये प्रारूपों की सम्भावनाएँ सदा ही नज़र आती रहेंगी। नयी तकनीकी तबदीलियाँ, 'सूचना-समाज' को भविष्य में भी प्रभावित करती रहेंगी और लोकप्रिय संस्कृति के रूप में टेलीविजन, इंटरनेट प्रोटोकाल, सैटलाइट, पारम्परिक ब्रॉडकास्ट माध्यम तथा पीसी द्वारा 'इनफोटेनमेंट' का साधन बना रहेगा।

परिशिष्ट

TEXT (मूल पाठ)
(क)
मूल पाठांश तथा रूपान्तरित आलेख (पटकथा)
(1) भाभी* (संस्मरण)

महादेवी वर्मा

इतने वर्ष जाने पर भी मेरी स्मृति, अतीत के दिन-प्रतिदिन गाढ़े होनेवाले धुँधलेपन में एक-एक रेखा खींचकर उस करुण, कोमल मुख को मेरे सामने अंकित ही नहीं सजीव भी कर देती है।

छोटे गोल मुख की तुलना में कुछ अधिक चौड़ा लगनेवाला, पर दो काली रूखी लटों से सीमित ललाट, बचपन और प्रौढ़ता को एक साथ अपने भीतर बन्द कर लेने का प्रयास-सा करती हुई, लम्बी बरौनियोंवाली भारी पलकें और उनकी छाया में डबडबाती हुई-सी आँखें, उस छोटे मुख के लिए भी कुछ सीधी-सी नाक और मानो अपने ऊपर छपी हुई हँसी से विस्मित होकर कुछ खुले रहनेवाले ओठ समय के प्रवाह से फीके भर हो सके हैं, धुल नहीं सके।

घर के सब उजले-मैले, सहज-कठिन कामों के कारण, मलिन रेखा-जाल से गुँथी और अपनी शेष लाली को कहीं छिपा रखने का प्रयत्न-सा करती हुई कहीं कोमल, कहीं कठोर हथेलियाँ, काली रेखाओं में जड़े कान्तिहीन नखों से कुछ भारी जान पड़ने वाली पतली उँगलियाँ, हाथों का बोझ सँभालने में भी असमर्थ-सी दुर्बल, रूखी पर गौर बाँहें और मारवाड़ी लहँगे के भारी घेर से थकित-से, एक सहज-सुकुमारता का आभास देते हुए, कुछ लम्बी उँगलियों वाले दो छोटे-छोटे पैर, जिनकी एड़ियों में आँगन की मिट्टी की रेखा मटमैले महावर-सी लगती थी, भुलाए भी कैसे जा सकते हैं। उन हाथों ने बचपन में न जाने कितनी बार मेरे उलझे बाल सुलझाकर बड़ी कोमलता से बाँध दिये थे। वे पैर न जाने कितनी बार, अपनी सीखी हुई

* 'भाभी' का प्रसारण, 1999 में, 'यादें' के अंतर्गत दूरदर्शन से हुआ था।

गम्भीरता भूलकर मेरे लिए द्वार खोलने, आँगन में एक ओर से दूसरी ओर दौड़े थे। किस तरह मेरी अबोध अष्टवर्षीय बुद्धि ने उससे भाभी का सम्बन्ध जोड़ लिया था, यह अब बताना कठिन है। मेरी अनेक सहपाठिनियों के बहुत अच्छी भाभियाँ थीं; कदाचित् उन्हीं की चर्चा सुन-सुनकर मेरे मन ने, जिसने अपनी तो क्या दूर के सम्बन्ध की भी कोई भाभी न देखी थी, एक ऐसे अभाव की सृष्टि कर ली, जिसको वह मारवाड़ी विधवा वधू दूर कर सकी।

भाभी

पटकथा एवं संवाद–मन्नू भण्डारी

(दृश्य में महादेवी जी के घर का बरामदा और छोटा-सा बग़ीचा दिखाई देता है। महादेवी जी बरामदे में बैठी किसी पत्रिका के पन्ने पलट रही हैं। बाहर का दरवाज़ा खड़कता है तो मुड़कर देखती हैं–एक परिचित मित्र। स्वागत के लिए उठते हुए) महादेवी जीः आइए, आइए। कहाँ लगाए इतने दिन? लगता है काफ़ी घूम-घाम कर लौटे हैं।

मित्र : (भीतर आकर) लेकिन आपका काम नहीं भूला। ठीक शादी वाले दिन आपकी छात्रा के पास आपकी पुस्तक और आपके आशीर्वचन पहुँचा दिये।...आपका तो बड़ा यशोगान हो रहा था उस घर में, उसी के चलते मेरी भी बहुत खातिर हुई। (महादेवी जी हँसती हैं, मित्र हाथ का पैकेटे मेज़ पर रखते हुए) खाली मुँहज़बानी तारीफ नहीं थी...उपहार भी भेजा है आपके लिए।

महादेवी जी : लड़की की शादी में तो यह सब नहीं भेजा जाता।

मित्र : अरे खोलकर तो देखिए...आप कहें तो मैं खोलूँ? (महादेवी जी की स्वीकृति पर खोलते हैं। एक रंगीन साड़ी निकलती है, बिना उसको हाथ में लिये हुए आश्चर्य से महादेवी जी)

महादेवी जी : रंगीन साड़ी और मेरे लिये?...(साड़ी को पास खींचकर देखती हैं) खादी तो जरूर है लेकिन रंग।...लगता है सुलभा ने मेरा आधा परिचय ही दिया है घर वालों को। (साड़ी फिर सरका देती हैं)

मित्र : अच्छा दिदिया, बात चली है तो एक प्रश्न मैं भी पूछ ही लूँ। आपका खादी पहनना तो समझ में आता है...लेकिन रंग से इस परहेज़ का कारण? भूले से भी आपको कभी रंगीन कपड़ों में नहीं देखा।

(महादेवी जी चुप हो जाती हैं। चेहरे पर फैला प्रसन्नता का भाव धीरे-धीरे गम्भीर उदासी में बदल जाता है। लगता है जैसे वे कहीं बहुत गहरे डूब गयी हैं।)

महादेवी जी : (बहुत धीमे-धीमे) नहीं जानती...पर जब भी रंग की बात सोचती हूँ, एक बहुत ही करुण चेहरा आँखों के आगे उभर आता है। (कुछ देर की चुप्पी...मित्र के चेहरे पर जिज्ञासा पुत जाती है) मन जब गीली मिट्टी जैसा हो, उस बचपन में घटी घटनाएँ केवल प्रभाव ही नहीं छोड़तीं...खुद जाती हैं मन पर।...उनसे मुक्त हुआ जा सकता है भला कभी (धीरे से नकारात्मक सिर हिलाती हैं, कुछ रुककर) उम्र ही क्या थी उस समय...(जैसे याद करते हुए) मुश्किल से आठ साल। नटखट, खिलंदड़ मनमौजी स्वभाव...

फ्लैश बैक

नया दृश्य

(सड़क पर आठ साल की एक लड़की उछलती-कूदती जा रही है। कुत्ते को देखकर भौं-भौं करती है...कभी एक टाँग से उछलने लगती है। साथ आयी नौकरानी कल्लू की माँ किसी के साथ बातें करने खड़ी हो जाती है। लड़की दौड़कर एक गली में मुड़ती है। मोड़ पर ही एक घर का दरवाज़ा है, जिस पर मोटे टाट का पर्दा पड़ा है। मुन्नी को देखकर परदे का एक कोना ज़रा-सा उठता है और निमन्त्रण देती-सी दो आँखें झाँकती हैं। तभी कल्लू की माँ झपटकर बच्ची को खींच लेती है।)

कल्लू की माँ : अरे काहे तुम रोज़-रोज़ इहाँ ठाढ़ी हो जात हो?

मुन्नी : वो मुझको बुलाती हैं। (मचलती है)

कल्लू की माँ : अरे कउन वा?

मुन्नी : वो आँखें मुझे बुलाती हैं।

(कल्लू की माँ हाथ पकड़कर उसे आगे घसीट ले जाती है।)

दृश्य समाप्त

(ख)

धारावाहिक : हमलोग*

मनोहर श्याम जोशी

सीन-1-दिन/अन्दर

(मुख्य परिवार के घर की बैठक में सुबह-सुबह लल्लू इण्टरव्यू की तैयारी कर रहा है। लल्लू, डंड पेल रहा है और छुटकी जनरल नॉलेज की किताब में से उसे पढ़कर सुना रही है। लल्लू सुनकर दोहरा रहा है।)

छुटकी : फ्लोरंस नाइटिंगेल—नर्सिंग।
बैडन पावेल—स्काउटिंग

---

* 'हमलोग' की प्रस्तुति दूरदर्शन पर 15 जुलाई, 1984 से शुरू हुई थी।

सुमित्रानन्दन पन्त—हिन्दी पोयट्री
ल कार्बूज़िए—टाउन प्लानिंग।
पैले—फुटबाल
लल्लू मुँह के बल गिर पड़ता है।

लल्लू : पैले फुटबाल। क्या अंट-शंट पढ़ रही है। डंड पेले जाये हैं, फुटबाल थोड़ी पेली जाये।

छुटकी : पैले फुटबाल का खिलाड़ी है।
लल्लू पलटकर पीठ के बल हो जाता है और टाँगें उठाने-गिराने की कसरत करता है।

लल्लू : इंगलिस में बता, पैले फुटबाल प्लेयर। वहाँ कभी हिन्दी बोल गया तो अगले गेट-आउट कह देंगे फट दनी। सात सौ—तेरह सौ अफसरी कभी हिन्दी में चल सके है। अफसरी है, अफसरी, कोई फिल्म नहीं जो हिन्दी में चल जाये। अब पढ़ती क्यों नहीं!

छुटकी : फर्स्ट कास्मोनाट—यूरी गागरिन।
फर्स्ट इंडियन कास्मोनाट—राकेश शर्मा।
फर्स्ट मैन टू स्टेप आन मून—नील आर्मस्ट्रांग।

लल्लू : छुटकी, जरा नापियो, कुछ फरक आया अपनी पर्सनल्टी में? छुटकी फीता उठाकर बाइसैप नापती है।

छुटकी : चार दिन में कहाँ से फर्क आ जायेगा। और इसका पर्सनेलिटी से क्या लेना-देना है?
अब लल्लू कमर के बल धड़ को घुमाने की कसरत करता है।

लल्लू : आल राउंड डेवलपमेंट देखा जाये है जी पर्सनाल्टी का। घुमा-घुमाकर देखते हैं जी, और घुमा-घुमाकर ही पूछते हैं।

छुटकी : चक्कर में डालने का चक्कर चलाते हैं इण्टरव्यू लेने वाले, है ना लल्लू—आई एम सॉरी—भाई साहब।

लल्लू : मैंने सबसे सुबह उठतेई कह दी थी कि आज मुझसे कोई लल्लू न कहे। लल्लू-लल्लू सुनकर कांफिडेंस मारा जाता है जी अपने में। लल्लू बनकर मैं पहुँचा इण्टरव्यू में तो अगले फौरन कहेंगे गेट आउट, मिस्टर एल. प्रसाद बनकर पहुँचा तो अगले घर जमाई बनाकर रख लेंगे।

छुटकी : आगे बट मिस्टर एल. प्रसाद भाई साहब?

लल्लू : तू कंटीन्यूअसली में रह सिस्टर।
लल्लू रस्सी कूदना शुरू करता है और रस्सी से कई चीजें गिराता है और उसमें खुद गिरता है।

छुटकी : वुदरिंग हाइट्स-एमिली ब्रोन्ते।
द सोशल कांट्रेक्ट-रूसो।
दास कैपिटल–कार्ल मार्क्स।
हर्षचरित–बाणभट्ट।

गिरते हुए लल्लू कहता है।

लल्लू : हिन्दी में मति पढ़े, इंगलिस में बोल।

छुटकी : संस्कृत की किताब है, उसका नाम इंगलिश में कैसे होगा।

लल्लू : जब कहना चाहिए था ब्रेकिट में कि संस्कृत बुक।

छुटकी : ठीक है। गोदान–हिन्दी, नॉवेल–प्रेमचन्द।

लल्लू अब बैठक करता है।

लल्लू : हाँ अब हुआ आल राइट।

छुटकी : और क्या पढ़ूँ?

लल्लू : वो पढ़ ए थिंग ऑफ ब्यूटी।

छुटकी पन्ने पलटकर पढ़ती है।

छुटकी : अच्छा वो।
ए थिंग ऑफ ब्यूटी इज़ जाय फार एवर–कीट्स। इंग्लैंड एक्सपैक्ट्स एवरी वन टू डू हिज ड्यूटी–एडमिरल नेलसन।
गवर्नमेंट ऑफ द पीपुल बाई द पीपुल, फार द पीपुल–अब्राहम लिंकन।
कर्मण्येवाधिकारस्ते मा...

लल्लू दोहराता है। हाँफता रुक जाता है।

लल्लू : नो हिन्दी प्लीज वी आऽर सेवन हंड्रेड डैश थर्टीन हंड्रेड।

छुटकी : यह गीता में है, श्रीकृष्ण भगवान इंगलिश नहीं बोलते थे।

लल्लू : वह थे भगवान समझी, चला ले गये विदाउट इंगलिस, मगर बिचारा हिन्दुस्तानी ऑफीसर अंग्रेज की चलायी अफसरी अंग्रेजी बिगैर चला सके भला? इसे फिर पुट-अप कर इंगलिस ट्रांसलेशन में।

लल्लू वेट लिफ्टिंग शुरू करता है।

छुटकी : योर राइट इज टू वर्क ओनली, नेवर टु द फ्रूट दियर ऑफ-लाइन फ्राम गीता। ए हिन्दू रैलिजस टेक्स्ट एंबोडिइंग कर्मयोगा द फिलासफी ऑफ एक्शन।

वजन उठाते हाथ काँप रहे हैं लल्लू के। लल्लू वेट्स रख देता है। मांसपेशी फुलाता है।

लल्लू : देख अब मुझे फर्क पड़ा हो।

छुटकी नापती है।

छुटकी : जरा भी नहीं।

लल्लू वजन बढ़ाकर उठाने की तैयारी करता है।

लल्लू : तू तो कर्म किये जा लल्लू फल जाये चूल्हे भाड़ में।

छुटकी : लल्लू मत कहिए अपने को इससे आत्मविश्वास खत्म होता है। और, नो हिन्दी, प्लीज, वी आर सेवन हंड्रेड डैश थर्टीन हंड्रेड।

लल्लू : यू वर्क मिस्टर एल प्रसाद डैम केयर फ्रूट। नाट केयरिंग सर। वाट केयरिंग सर। लल्लू भारी वजन को उठाते हुए वजनों समेत गिर जाता है। कराहते हुए उठाता है। नन्हे हँसते हुए आता है।

नन्हे : कहिए सींकिया पहलवान जी!

लल्लू : दाँत मत दिखा, मक्खी लात मार जायेगी। तू ही ऐसा गामा है तो उठाकर दिखा।

नन्हे : इसे उठाना है ना, इसे, इस बार को?

लल्लू : और नहीं तो मुझे?

नन्हे बार के दोनों ओर से वजन निकालकर उसे आसानी से उठा देता है।

नन्हे : बच्चा लोग ताली बजाओ। जिसे लल्लूजी नहीं उठा सके, नन्हे जी ने ऐसे उठा दिया, जैसे भगवान श्रीकृष्ण ने गोवर्धन पर्वत।

लल्लू नन्हे को दबोचता है।

नन्हे : भाई साहब अपना गेम क्रिकेट है, कुश्ती नहीं।

लल्लू नन्हे को मारने के चक्कर में है। नन्हे बच रहा है।

लल्लू : सवेरे ही बता दी थी कि आज कोई लल्लू न कहे।

नन्हे : अहिंसा इज परमो धर्मा मिस्टर प्रसादा।

अब लल्लू नन्हे को पकड़ लेता है।

लल्लू : वाट अहिंसा, आई विल सी यू।

नन्हे : आफ्टर बैटिल ऑफ कलिंगा एम्परर अशोका...।

लल्लू उसे छोड़ देता है।

लल्लू : छुटकी, यह अशोका वाला भी इम्पोटेंट था। वाट हैपन आफ्टर कलिंगा टू अशोका?

नन्हे : ही छोडो युद्धा इन टोटला एंड खौलौड मेनी होटला।

लल्लू : देख आज अपना सेवन हंड्रेड डैश थर्टीन हंड्रेड वाला चक्कर है, बड़ी मुश्किल से मिली है काल, तू मसखरी में मेरा टाइम खोटी तो करे मत।

नन्हे सहसा सचमुच गम्भीर हो जाता है।

नन्हे : ओ. के. मैं छुटकी के साथ आपको इंटरव्यू की तैयारी करा दूँगा और बाद में आपकी टाई भी बाँध दूँगा।

लल्लू : फर्स्ट क्लास बाँधियों नॉट। पहले जरा सीना चौड़ा करने वाला आला पकड़ा।

नन्हे चेस्ट एक्सपैंडर देता है। लल्लू उसे एक बार सामने की ओर खींचता और फिर पीठ के पीछे खींचता है।

नन्हे : थोड़ा और थोड़ा और, फिर चले जाओ वापस।

लल्लू इतना खींच देता है कि फिर उसे वापस नहीं लाया जाता।

लल्लू : (भयभीत स्वर में) नन्हे, यह तो अटक गया दीखे। मैं मारा गया यार।

नन्हे : लीव इट टू नन्हे।

नन्हे चैस्ट एक्सपैंडर को धीरे-धीरे सिकोड़ देता है।

लल्लू : छुटकी, नापियो जरा, कुछ चौड़ा हुआ सीना अपना।

नन्हे : आपका तो नहीं हुआ मगर आपकी तैयारियाँ देखकर इंटरव्यू लेने वालों का गर्व से सीना चौड़ा हो जाएगा। अब बहुत हो गयी कसरत, लाइए वो कोचिंग क्लास वालों ने आपको जो इंटरव्यू बना के दिया था। देखें आप कितने तैयार हैं।

लल्लू एक टाइप किया हुआ इंटरव्यू देता है। नन्हे और छुटकी मेज और दो मोढ़े लगाकर बैठ जाते हैं और तीसरा मोढ़ा लल्लू के लिए छोड़ते हैं। नन्हे एक काल्पनिक घंटी बजाता है और कहता है–

नन्हे : नेक्स्ट।

लल्लू भीतर आता है और दरवाजे पर ठिठककर कहता है–

लल्लू : मे आई कम इन सर।

नन्हे : कम इन प्लीज।

लल्लू : मे आई टेक सीट?

नन्हे : टेक ए सीट कहना होता है। प्लीज बी सीटेड।

लल्लू : आई एम सीटेड। थैंक यू।

छुटकी : आई एम सीटेड नहीं कहना होता है।

नन्हे कागज देखने का अभिनय करता है।

नन्हे : यू आर मिस्टर ललित प्रसाद फ्राम डेलही।

लल्लू : यश सर!

छुटकी : व्हाई डिड यू गो टू मेरठ यूनिवर्सिटी फार योर बी.ए.?

लल्लू : आई डिड नाट गेट च्वाइस सब्जेक्ट्स इन डेलही।

नन्हे : सब्जेक्ट्स ऑफ माई च्वाइस कहिए भाई साहब।

छुटकी : द सब्जेक्ट्स ऑफ योर चौइस बीइंग सोशोलजी, पालिटिकल सांइस, फिलासकी।

लल्लू : यस सर।

छुटकी : मैडम कहिए।

लल्लू : तू मैडम है। वहाँ तो सर ही बैठा होगा।

नन्हे : यूवर ए स्टूडेंट ऑफ फिलासफी मिस्टर प्रसादा, हाउ वुड यू गिव ए जिस्ट ऑफ हिन्दुइज्म टू ए फारिनर।

लल्लू : अकाडिंग हिन्दुइज्म।

नन्हे : अकाडिंग टू...।

लल्लू : अकाडिंग टू हिन्दुइज्म रैलिजन इज ए मैटर ऑफ एक्सपीरियंस एंड रियलाइजेशन एंड नाट मियर एक्सेप्टेंस ऑफ ए सर्टेन डागमा आर ब्रीड। टू नो गाड इज टू बिकम वन विद गाड।

लल्लू याद करते-करते अटक जाता है। नन्हे घड़ी देखता है।

नन्हे : अब देर हो रही है आप रास्ते में इस पूरे का एक और घोटा लगा लेना ताकि धड़ल्ले से बोल सकें। अगर सवाल ठीक ऐसे ही न हो तो जवाब में भी तब्दीली करना और एंट्री जरा ठीक से लेना, ऐसे। हर जुमले के आगे नहीं तो पीछे, सर। चरचर कर देना। जाइए नहा आइए फिर आपको रेडी फार टेक कर दें।

नहाए-धोए लल्लू की शर्ट नन्हे पतलून में ठीक से खोंसता है। टाई बाँधता है। नन्हे पीछे हटकर देखता है।

नन्हे : माँ ने कहा है दही-बताशा खा़ लो।

लल्लू : बजरंगबली, कर भली।

नन्हे : (गाकर) बजरंगबली, इसकी नाव चली।

छुटकी भी हाथ जोड़ती है। लल्लू हाथ जोड़े-जोड़े जाता है।

लल्लू : (गाकर) सोर्स वह तगड़ा भिड़ा देना, प्रभु टिप्पस मेरी लगा देना। (छुटकी और नन्हे भी उसके पीछे-पीछे चल रहे हैं।)

नन्हे-छुटकी : टिप्पस इसकी लगा देना क्लास वन ग्रेड दिला देना। (लल्लू पलटता है, असीस देता है।)

लल्लू : तुम्हारे मुँह में घी-शक्कर।

छुटकी और नन्हे मुँह खोलते हैं।

लल्लू : अब नहीं, इंटरव्यू से लौटकर।

कट

(ग)

चीफ़ की दावत* : टेलीफ़िल्म

कथा : भीष्म साहनी

पटकथा तथा संवाद–एच. के. भारती

समय : प्रातःकाल

स्थान : शामनाथ का घर (माँ की कोठरी)

दृश्य : सुबह-सवेरे के धुँधलके में घर के लम्बे-चौड़े बरामदे से जुड़ी माँ की कोठरी का दायाँ-बायाँ लम्बे छज्जे के कारण बिल्कुल अँधेरे में डूबा-सा लगता है–अन्दर कोठरी में शामनाथ की माँ अपने 'भगवानजी' को चौकी पर बिठा, सजा के, पूजा की तैयारी में है।–दृश्य खुलने के समय कैमरा धीरे-धीरे बरामदे के एक ओर से ट्रक करके कोठरी के खुले द्वार पर आकर रुकता है–पीले प्रकाश में बरामदे का वह भाग कुछ ज़्यादा ही काला लगता है जो कोठरी के द्वार से जुड़ा हुआ है–माँ की पीठ Camera की ओर है–मटमैली ओढ़नी में माँ बस छाया भर लगती है।–माँ 'अपने भगवानजी' के सामने सीस झुकाकर छोटी-सी पीतल की घंटी उठाकर ऐसा बजाने लगती है जैसे हाथों में रेशे के कारण घंटी खुद ही तेज़-तेज़ बज रही हो! दृश्य क्षणभर रहने के बाद–

Scene shifts

दृश्य खुलते समय शामनाथ तथा उनकी पत्नी गहरी नींद सोये हैं, साथ ही पृष्ठभूमि से माँ की 'भगवान जी' को जगाने वाली (तेज़ तेज़ बजती) घंटी भी सुनाई देती है–आवाज़ से पहले पत्नी की नींद में खलल पड़ जाता है तथा वह कड़वाहट से बड़बड़ाती हुई करवट बदलती है।

पत्नी : (नींद में करवट बदलती हुई बड़बड़ाती है) ओफ़्–ओ...(आँखें खोले बिना ही एक तकिया अपने कानों के ऊपर रखती है) (–घंटी की आवाज़ बराबर आती रहती है–)

पत्नी : (गुस्से में)...आप अपनी माँ को समझाते क्यों नहीं?

Scene shifts

---

* 'कथा सरिता' के अन्तर्गत चीफ़ की दावत का पहला प्रसारण दूरदर्शन के राष्ट्रीय नेटवर्क पर 24/02/2005 को रात 9.00 बजे हुआ था।

समय : प्रातः

स्थान : माँ की कोठरी

दृश्य : माँ अब भी उसी तरह चौकी पर बिठाये 'अपने भगवानजी' के सामने पूजा कर रही,—अब भी उसकी पीठ Camera की ओर है—दृश्य खुलते समय वह दायें ओर मुड़कर लाल कपड़े में लिपटी गीताजी के ऊपर रखी जाप करने की अपनी तुलसी की माला उठाकर, मनके फिरने लगती है तथा बायें हाथ से घंटी बजाने का क्रम जारी रखने का प्रयास भी करती है—कभी वह मनकों को फिरने के क्रम में घंटी ठीक से बजा नहीं पाती तथा कभी घंटी क्रम से बजाती है पर मनके फिरना भूल जाती है। और कभी-कभी दोनों ही ऐसे रुकते हैं कि लगता है, माँ को झपकी आ गयी है...इस बीच Camera माँ की यह मुद्रायें register करता हुआ उसके चेहरे पर आ जाता है।

xxx

समय : दिन

स्थान : बरामदा

दृश्य : बरामदे को दुल्हन की तरह सजाया गया है। बरामदे के बीचोंबीच एक लम्बा डाइनिंग टेबल (Dining-table) रखा गया है, जिस पर सफेद चादर बिछाई गयी है। मेज़ पर बीच में गुलदान सजाये गये हैं। नैपकिन स्टैण्ड, नैपकिनों से सजे हैं। कुर्सियाँ मेज़ से कुछ पीछे रखी गयी हैं। इस सबसे हटकर एक तरफ एक छोटा मेज़ है जो ट्राली-सी लगता है, इस पर खाने के समय काम आने वाली क्रॉकरी (Crockery) रखी हुई है।...दृश्य खुलते समय शामनाथ (जिसने अब नया Dress पहना है) खड़े-खड़े गंगू को हिदायतें दे रहा है :

शामनाथ : (गंगू को—जो सीढ़ियों के पास ही सहन में खड़ा है—आदेश देते हुए) अरे तुम्हें वहाँ खड़ा रहने के लिए आवाज़ नहीं दी थी मैंने...वह बड़े दो गुलदान हैं न वहाँ (सहन के एक ओर दिखाकर)—उठा लाओ इनमें से एक

(गंगू जाकर गुलदान उठा लाता है)

शामनाथ : (सिगरेट का कश खेंचकर)...अब इसे वहाँ रखो सीढ़ी की ओर (गंगू गमले को आदेश अनुसार रख देता है)—हँ शाबाश! अब ऐसे ही दूसरा बायें ओर रख ले।

(गंगू आदेश का पालन करता है)

पत्नी : (आती हुई) सुनिये–आप वहाँ खड़े हैं?

शामनाथ : हाँ–क्यों मुझे कहीं और खड़ा होना चाहिए था?

पत्नी : कैसी बात करते हैं, लगता है आप को फिर किसी बात का टेंशन है।

शामनाथ : ठीक समझा है (क्षण भर उसकी ओर देखकर) What about mother? उसका क्या करेंगे–

(समस्या सुनकर थोड़ी देर के लिए पत्नी पत्थरा-सी जाती है–फिर)

पत्नी : (कुछ सोचने के बाद) उसे पिछवाड़े उसकी सहेली के घर भेज दो। रात-भर बेशक वहीं रहे। कल लायेंगे वापस घर!

शामनाथ : (सिगरेट का कश लेकर सोचते हुए) नहीं–मैं नहीं चाहता कि उस बुढ़िया का आना-जाना फिर से शुरू हो। पहले ही बड़ी मुश्किल से बन्द करवाया था।

पत्नी : तो फिर...?

शामनाथ : माँ से कहेंगे कि जल्दी ही खाना खाके शाम को ही अपनी कोठरी में चली जाये।

पत्नी : (सोचती हुई) हंम म...यह ठीक रहेगा...पर...(बात अधूरी छोड़ती है)

शामनाथ : (कुछ खीजकर)...अब क्या हुआ।

पत्नी : न...नहीं हुआ तो कुछ नहीं–पर जो वह सो गयी और नींद में खर्राटे लेने लगी तो? साथ ही तो बरामदा है जहाँ गेस्टों को खाना खाना है!

शामनाथ : माँ से कह देंगे कि अन्दर से दरवाज़ा बन्द कर ले। बाहर से मैं ताला लगा दूँगा।–या फिर मैं ही माँ से कह दूँगा कि अन्दर सोये नहीं–बैठी रहे।

पत्नी : और जो वह सो गयी तो? डिनर का तो कुछ ठीक नहीं–कब तक चले–रात के ग्यारह बजे तक तो तुम ड्रिंक ही लेते हो।

शामनाथ : (कुछ खीजकर) सब तुम्हारा किया धरा है, अच्छी-भली यह भाई के पास जा रही थी, तुम ही ने खुद अच्छा बनने के चाव में बीच में टाँग अड़ा दी।

पत्नी : अरे वाह! माँ बेटे के बीच मैं क्यों बुरी बनूँ–तुम जानो और वह जाने।

शामनाथ : ठीक है ठीक है मैं ही कुछ सोचता हूँ।

पत्नी : मेहमानों के आने से पहले ही सोच लेना...(कहने के साथ चली जाती।)

Dissolve to same location-(Time lapse)

(घ)

टेलीविजन नाटक : 'बड़े दिन का गान'*

लेखक : पैडी चेयेव्स्की

दृश्य-I

मॉनताज : न्यूयार्क का एक उपनगर। खामोश, कम रोशनी वाले मार्ग।

डिज़ॉल्व (Dissolve) : सिनगॉग

डिज़ॉल्व (Dissolve) : सूचना पट। सुन्दर सफेद अक्षरों में लिखा है :–
पवित्र अनुष्ठान
बुद्धवार, बृहस्पतिवार, सितम्बर 9 और 10। सर्विस के संचालक : कैनटा लियॉन स्टर्नबर्ग। कैमरा इस नाम (कैन्टा लियॉन स्टर्नबर्ग) पर आकर रुकता है।

डिज़ॉल्व (Dissolve) : कैन्टा लियॉन स्टर्नबर्ग का फोटो। वह सिनगॉग सर्विस की पारम्परिक पोशाक (रोब) में है। कैमरा पीछे चलता है। हम लियॉन की बैठक देखते हैं। कैमरा धीरे-धीरे कम रोशनी वाले कमरे की सभी चीज़ें दिखाता है। एक कुर्सी पर लियॉन का काला हैट, हैट-ब्रश और श्वेत वस्त्र (रोब) मेज़ पर दिखाई देते हैं। एक तीस वर्षीय महिला श्वेत रोब पर इस्त्री कर रही है। यह नयोमी है, लियॉन स्टर्नबर्ग की बतीजी। हम उसे, कुछ क्षणों के लिए, निकट-शॉट में देखते हैं। दरवाज़े की घण्टी बजती है। नयोमी इस्त्री को ध्यान से एक तरफ रखते हुए दरवाज़े की तरफ जाती है। चिन्ताकुल मुद्रा में एक 60 वर्षीय व्यक्ति दरवाज़े पर प्रकट होता है। यह जूकर है।

जूकर : कहो क्या बात है?

नयोमी : आइये...
(दरवाज़ा बन्द करती है)।

जूकर : बताओ क्या हुआ है? क्या वह बीमार है?...क्या बात है?

नयोमी : दो दिनों से बिस्तर में लेटे हैं। बस, छत को निहारते

* 'बड़े दिन का गान' उन प्रारम्भिक टेलीविजन नाटकों में से है जिन्होंने इस विधा को स्थापित किया। यह 1954 में लिखा गया था तथा उसी वर्ष इसका 'लाइव' प्रसारण हुआ था।

रहते हैं। मैं खाना लेकर जाती हूँ मगर उसे छूते भी नहीं हैं। जब पूछा–'क्या उपवास रखा है' तो बुत की तरह देखने लगे। कुछ देर देखा और उसके बाद वापिस छत को निहारने लगे।

जूकर : डॉक्टर को फोन किया?

नयोमी : मैंने पूछा था–'डॉक्टर को बुलाऊँ', मगर उन्होंने कोई जवाब नहीं दिया। समझ नहीं आता कि क्या करूँ।

जूकर : कोई बात नहीं...। एक मिनट बैठते हैं, तुम मुझे सारी बात समझाओ...

(मेज़ की दोनों तरफ बैठते हैं)

नयोमी : जैसा मैंने फोन पर बताया...

जूकर : हाँ, लेकिन हुआ क्या? वह सिनगॉग से सीधे घर ही तो आया था?

नयोमी : हाँ सिनगॉग से घर आये थे।

जूकर : रविवार का दिन था?

नयोमी : हाँ रविवार था।

जूकर : मगर हुआ क्या?

नयोमी : मैं रसोईघर में थी। मेरा ध्यान चिकन को भूनने में लगा था। रविवार था। उस दिन हम यही बनाते हैं। मैंने दरवाज़ा खुलने और बन्द होने की आवाज़ सुनी। देखा तो लियॉन-चाचा ही थे उनका चेहरा सफेद था। सफेद चादर जैसा। मैं घबराई। मैंने पूछा क्या बात है? वे मेरी तरफ देखने लगे और कहा, 'प्रभु ही जानता है कि क्या हुआ है।' फिर वे अपने कमरे में गये और दरवाज़ा बन्द किया। तब से बाहर ही नहीं आये हैं।

जूकर : उस दिन किसी ने सिनगॉग की खिड़की तोड़ दी थी।

नयोमी : कब?

जूकर : तब, जब हम सिनगॉग के भीतर खड़े थे। हम दोनों रैबाई (धर्म गुरु) से बात कर रहे थे। तभी किसी ने खिड़की पर एक बड़ा-सा पत्थर दे मारा। शीशा चूर-चूर होकर हमारे पैरों के पास गिरा। एक डरावना अनुभव था वह। तुम्हारे चाचा, जो कुछ ज्यादा ही संवेदनशील हैं, तभी से परेशान हैं। धर्मगुरु ने जब इनके चेहरे पर चिन्ता के भाव पढ़े तो कहा–'जाइये, घर जाकर आराम कीजिए'...

नयोमी : और जैसे ही यहाँ आये तो लेट गये। तब से लेट ही रहे हैं। दो दिन से बाहर नहीं आये हैं। कल बड़े दिन का त्योहार है...

जूकर : मालूम है।

नयोमी : आज भी कहा मैंने–'चाचा जी उठिये। कल शाम आपको सिनगॉग जाना है, वहाँ पवित्र गान का संचालन करना है'। लेकिन वे बिना कुछ कहे मेरी तरफ देखते रहे,...

जूकर : घबराओ नहीं, मैं उससे बात करूँगा।

नयोमी : मैं समझ नहीं पायी कि क्या करूँ इसीलिए आपको फोन किया।

जूकर : मैं बात करूँगा...
(कुछ सोचने लगता है और फिर एकदम से उठ खड़ा होता है)
क्या करूँ? दरवाज़ा खड़खड़ाऊँ या भीतर चला जाऊँ?

नयोमी : (नयोमी भी उठ खड़ी होती है। लियॉन के दरवाज़े तक जाती है।)
ठहरिये मैं देखती हूँ। शायद सो रहे हों।
चाचा...चाचा जी...मिस्टर जूकर आये हैं...वे आपसे बात करना चाहते हैं...(उत्तर की प्रतीक्षा करती है। कोई उत्तर नहीं मिलता। धीरे से वापस निकलती है)

जूकर : मैं भीतर जाकर बात करूँगा।
(दरवाज़े की तरफ जाता है। दरवाज़ा खोलकर भीतर झाँकता है)
लियॉन?...लियॉन? मैं हूँ जूकर...
(जूकर, अँधेरे खाली कमरे को देखता है। कैमरा उसका POV दिखाता है। एक बुत जैसा इंसान कुर्सी पर बैठा है। यह सिनगॉग का प्रधान गायक कैनटा लियॉन स्टर्नबर्ग है। विद्वान, शान्त, 50 के आसपास। उसके संवेदनशील चेहरे पर अन्दर का दर्द झलकता है। गहरी आँखें, जूकर की ओर मुड़ जाती हैं। सिर भी मुड़ जाता है और फिर वापिस पूर्व स्थिति में स्थिर हो जाता है। जूकर दरवाज़े से एक बार बैठक की ओर देखता है। POV नयोमी इस्त्री करने में, फिर से, व्यस्त हो गयी है। जूकर धीरे से दरवाज़ा बन्द करता है और लियॉन के कमरे में उसके समीप आ जाता है।

जूकर : (स्नेहपूर्वक) हेलो, लियॉन। कैसे हो मेरे मित्र? तुम परेशान क्यों हो? देखो, तुम्हारी भतीजी घबराई हुई है। उसने मुझे फोन किया। कह रही थी तुम कुछ खाते नहीं। क्या सिनगॉग की खिड़की के टूटने ने इतना परेशान किया है?
(लियॉन की कोई प्रतिक्रिया नहीं)
चिन्ता मत करो। कल शाम के धार्मिक अनुष्ठान से पहले खिड़की का शीशा बदल दिया जायेगा।
(लियॉन का सिर जूकर की ओर मुड़ जाता है। आँखों में आँसू आने लगते हैं। अपने मित्र की तरफ टिकटिकी बाँधे देखने लगता है। बिना कुछ कहे।)
लाइट ऑन करूँ?...अँधेरे में बैठना भी क्या अच्छा...लगता है तुम्हें मेरा आना अच्छा नहीं लगा...क्या मैं जाऊँ?...शायद तुम अकेले बैठना चाहते हो...(कोई उत्तर नहीं। जूकर दरवाज़े की ओर जाने लगता है। दरवाज़े का हत्था पकड़ने को है कि आवाज़ आती है)

लियॉन : जूकर...जूकर...। मेरे दोस्त रुक जाओ।
(जूकर दरवाज़े से वापिस मुड़ता है)

लियॉन : मैं कष्ट में हूँ जूकर।

जूकर : देख रहा हूँ, तुम्हारे चेहरे पर चिन्ता की रेखायें उभर आयी हैं। तुम उदास लगते हो।

लियॉन : मैंने दो दिन से कुछ खाया नहीं है।

जूकर : तुम तो सदा खुश रहने वाले व्यक्ति हो! हर कोई तुम्हारी मिसाल देता है कि 'वह देखो लियॉन आये हैं, अब हँसायेंगे...चुटकुला सुनायेंगे'.. .लेकिन आज तुम्हारे ही चेहरे से हँसी गायब है।

लियॉन : किस बात पर खुश हो जाऊँ।
(कुर्सी से उठ खड़े होकर पलंग की ओर जाता है।
साथ में लगी मेज़ से अखबार उठाता है)
जूकर पढ़ो! कोई भी पन्ना उठाकर पढ़ो! क्या दुनिया में आज कोई ऐसी घटना घटी है जिस पर खुश हुआ जाये। हत्या! आरोप! कहत! लड़ाई! तुम मुझे इस अखबार के किसी भी पन्ने से एक ऐसा शब्द ढूँढ़ के दिखा दो जिस पर मैं प्रसन्न हो सकूँ।

जूकर : हाँ, बहुत बुरा समय आ गया है।

लियॉन : रेडियो सुनो तो वहाँ भी यही सब।

जूकर : मेरे दोस्त, प्रभु की इच्छा के सामने हम कर भी क्या सकते हैं।

लियॉन : प्रभु की इच्छा! (उत्तेजित होकर) क्या प्रभु मृत्युप्रिय हो गया है। ये त्रासदियाँ?

जूकर : प्रभु ने शायद यही चाहा है।

लियॉन : कैसा प्रभु है जो इतने दुख चाहता है?
(जूकर परेशान-सा इधर-उधर देखने लगता है। लियॉन अपने मित्र की ओर आता है। लियॉन की आँखों में जैसे कोई भय समाया है)

जूकर : मेरे दोस्त! मैं कोई विद्वान नहीं लेकिन क्या हमने पवित्र पुस्तक में नहीं पढ़ा है कि अच्छाई के साथ-साथ बुराई भी होती है। उसे स्वीकारना पड़ता है।

लियॉन : जूकर,...मुझे...मुझे लगता है कि मेरा प्रभु पर से विश्वास उठ गया है।

जूकर : तुम कहना क्या चाहते हो?

लियॉन : यही कि मेरा प्रभु पर से विश्वास उठ गया है।

जूकर : हाँ मगर...इससे क्या मतलब लगाया जा सकता है...

लियॉन : मैं यह कहना चाहता हूँ कि मैं यहाँ बैठा-बैठा प्रभु के अस्तित्व पर शक करने लगा हूँ।
(दोनों, जड़वत एक दूसरे को देखते रहते हैं)

दृश्य समाप्त

ग्रन्थ-सूची

Select Bibliography

1. **RAYMOND WILLIAMS**
   - (a) Communications,
     Penguin, London, 1968
   - (b) TELEVISION; Technology and Cultural Form; Routledge, London, (Reprint 2003)
   - (c) Drama from Ibsen to Brecht, Penguin Books, England (Reprint, 1983)
2. ROLAND BARTHES
   - (a) A Roland Barthes Reader
     Vintage Classics, London (2000)
     (Edited by Susan Sontag)
   - (b) Camera Lucida
     Vintage Classics, UK, 2000
3. **UMBERTO ECO**
   'Travels in Hyper reality'
   Picador, London, 1986
4. **WALTER BENJAMIN**
   ILLUMINATIONS
   Fontana, Great Britain, 1982
5. **JOHN FISKE**
   Introduction to communication Studies; Routledge, London (2nd Edition), 2001
6. **JOHN FISKE AND JOHN HARTLEY**
   Reading Television; Routledge, London (2nd Edition) 2003
7. **MARSHAL Mc LUHAN**
   Understanding Media; Routledge, London, 2001

8. **NOAM CHOMSKY AND EDWARDS S. HERMAN**
'Manufacturing Consent—The Political Economy of The Mass Media' Vintage, Great Britain, 1994

9. **HORACE NEWCOMB**
Encyclopedia of Television (Vol.-II)
Fitzory Dearborn Publishers, London, 1997

10. **E.M. FORSTER**
Aspects of the Novel; Penguin, London, 1985

11. **SERGEI ISENSTEIN**
Notes of a Film Director; Mezhdunarodnaya, Moscow, (Repring, Sindu Publications, Bombay), 1970

12. **FRED INGLIS**
'Media Theory, An Introduction; Basil Blackwell, Oxford, 1990.

13. **SATYAJIT RAY**
Our films—Their Films
Orient Longman, New Delhi, 1976

14. **CHRISTIAN METZ**
Film Language—A semiotics of the Cinema; Oxford University Press, New York, 1974

15. **ANDRE BAZIN**
'What is Cinema'; University of California Press, London.

16. **G.S. BHARGAVA**
The Press in India—An overview; National Book Trust, New Delhi, 2005

17. **ANDREW ROBINSON**
Satyajit Ray—The Inner Eye; Rupa & Co, New Delhi, 1997

18. **DAVID PAGE AND WILLIAM CRAWLEY**
'Satellites over South Asia', Sage Pulications, London/New Delhi, 2001

19. **JEAN—LUC GODARD**
'CINEMA' Berg-Oxford, New York, 2005

20. **G.T. DESHPANDE**
Abhinav Gupta,
Sahitya Akademi, New Delhi, 1992

21. **PADDY CHAYEFSKY**

Television Plays

Simon and Schuster, USA, (Sixth Edition)

22. **JOHN GIELGUD**

An Actor and His Time; Pan Books, London, 1996

23. **JAMES L-SMITH**

Melodrama

Methun & Co. Ltd., London, 1973

24. **P.C. CHATTERJI**

Broadcasting in India

Sage Publications, London/New Delhi, 1991

25. **J.V. VILANILAM**

Growth & Development of Mass Communication in India, National Book Trust, New Delhi, 2003

26. **KEVAL J. KUMAR**

Mass Communication in Indian, Jaico Publishing House, Bombay, 1981

27. **AMARTYA SEN**

The Argumentative Indian, Penguin, London, 2005

28. **JAMES SHANHAN and MICHAEL MORGAN**

Television and its Viewers, Cambridge University Press, UK, 1999

29. **DAVID BERRY**

Ethics & Media Culture, Focal Press, London, 2000

30. **EVA SALOMON**

Guidelines for Broadcast Regulation, UNESCO & Commonwealth Broadcasting Association, London, 2005

31. **GLENN WARD**

Postmodernism, Hodder & Stoughton, Great Britaria, 2004

32. **सुधीश पचौरी**

(क) 'दूरदर्शन दशा और दिशा' प्रकाशन विभाग, 1994

(ख) 'जनसंचार माध्यम-भाषा और साहित्य' श्री नटराज प्रकाशन, दिल्ली-2002

33. **असगर वजाहत-प्रभात रंजन**

टेलीविजन लेखन, राधाकृष्ण प्रकाशन, दिल्ली-2003

34. **डॉ. वेदप्रताप वैदिक**
हिन्दी पत्रकारिता विविध आयाम (भाग-1)
हिन्दी बुक सेन्टर, नई दिल्ली-1997

35. **गंगाधर शुक्ल**
'वक्त गुजरता है–आकाशवाणी और दूरदर्शन के साठ साल' सारांश प्रकाशन, दिल्ली-2005

36. **मन्नू भण्डारी**
कथा-पटकथा, वाणी प्रकाशन, नई दिल्ली-2004

37. **डॉ. लक्ष्मीनारायण भारद्वाज**
'नाटक परम्परा-परिवेश', के. एल. पचौरी प्रकाशन, दिल्ली-1998

38. **डॉ. ब्रजवल्लभ मिश्र**
'रस-भाव दर्शन'
क्लेरिय बुक्स–हिन्द पॉकेट बुक्स, दिल्ली-1997

39. **जगदीश्वर चतुर्वेदी**
'हिन्दी पत्रकारिता के इतिहास की भूमिका' अनामिका पब्लिशर्स एंड डिस्ट्रीब्यूटर्स, दिल्ली-1997

EDITED BOOKS

40. **Leo Braudy & Marshal Cohen**
Film Theory & Criticism Oxford, New York, 2004

41. **रमेश नारायण त्रिपाठी (सम्पादक)**
रेडियो नाटक संग्रह (भाग-2) प्रकाशन विभाग, नई दिल्ली।

42. **Philip Rayner, Peter Wall and Stephen Kruger** (Editors) Media Studies : The Essential Resource, Routledge, London, 2004

43. **डॉ. रणवीर रांग्रा**
भारतीय साहित्यिकारों के साक्षात्कार, भारतीय ज्ञानपीठ, 1988

44. **Bernet, Berman & Burto (Editors)**
An introduction to Literature, Little Brown & Company, Canada, 1981

45. **डॉ. विश्वनाथ प्रसाद तिवारी (सम्पादक)**
बीसवीं सदी का हिन्दी साहित्य, भारतीय ज्ञानपीठ-2005

46. **Everett and Caidwell**
New Media
Routledge, New York, 2003

47. **Gary R. Edgerton & Brian G. Rose**
Thinking outside the Box
The University Press of Kentucky, USA, 2005

Essays/लेख

48. **Theodore W. Adorno**
'Culture Industry Reconsidered', Blackwell, UK, 2000
49. **Salman Rushdie**
'Reality TV; A Death of talent and the death of Morality'
(Meida Studies, the Essential Resource), Routledge, London, 2004
50. **Hans Magnus Enzensberger**
Constituents of a Theory of the media
51. **Ezra Pound**
'An Immorality' (An Introduction to Literature) Little Brown & Co; 1981
52. **T.S. Eliot**
Essay on hamlet
(First Published in 1919
53. **Christian Metz**
'Film Language' (Film Theory & Criticism) Oxford, NY., 2004
54. **Tom Bottomore (Ed.)**
'A dictionary of Marxis Thought' Blackwell, 1983
55. **रवि सुन्दरम**
'पायरेट शहर और नवभूमण्डलीकरण : नेटवर्कों की जुगलबन्दी' मीडिया नगर, वाणी प्रकाशन, नई दिल्ली, 2005
56. **Gopal Saxena**
'Growth of Television in India' Film & TV Institute of India, 1978
57. **Brain HENDERSON**
'Towards a non-Bourgeois Camera Style' (Film Theory & Criticism Oxford, NY, 2004
58. **Arthur Asa Berger**
'Semiotics and TV' Understanding Television.
59. **गिरीश रस्तोगी**
'बीसवीं सदी का हिन्दी नाटक और रंगमंच' (बीसवीं सदी का हिन्दी साहित्य), भारतीय ज्ञानपीठ, 2005

60. **Somdatta Mandal**
'From the Verbal to visual' Film & Fiction, Rawat Publication, 2005

61. **Priya Pathiyam**
'Why men watch News & woman soaps' Times of India, 15.10.2006

62. **Horace Newcomb**
'Reflections on TV; The Most Popular Art' (Thinking outside Box) The University of Kentucky, USA, 2005

63. **Douglas Gomary**
'The Movie made for Television' (Television the critical view) Oxford, 1987

64. **Andre Bazin**
'What is Cinema' (Film Theory & Criticism) Oxford, NY, 2004

65. **Germaine Greer**
'Watch with Big Brother' (Media Studies, the Essential Resource) Routledge, London, 2004

66. **Jay David Bolter**
Theory & Practice in New Media Studies (Digital Media Revisited Cambridge, 2003

67. **Umberto ECO**
Culture as Show Business (Travels in Hyper Reality) Picador, 1987

68. **Vikas Bajaj**
'Focus' New York Times/Asian Age, 18/2/2007

69. **Anders Fagerjord**
'Rhetrorical Convergence' (Digital Media Revisited) Camberidge, 2003

70. **Bertolt Brecht**
'The Radio as an apparatus of Communication' (New Media) Routledge, London, 2003

71. **John Markoff**
TV in Future
New York Times/Asian Age, 8/1/2006

72. **शामलाल**
'बदलते मीडिया का स्वरूप', हिन्दुस्तान, 26.02.2007

73. **Diana M. Lewis**
'Online News a new Genre' (New Media Language) Routledge, London, 2003
74. **मन्निका चोपड़ा**
'क्रिकेट ही खा गया प्राइम टाइम को' हिन्दुस्तान, 8.4.2007
75. **Sitam Grogaard**
'Lowtech-High concept, Digital Media, Art and the state of Arts' (Digital media Revisited) Cambridge, 2003
76. **Raymond Snoddy**
'Modern Media Myths' (New Media Language), Routledge, London, 2003
77. **John T. Caldwell**
'Second Shift Media Aesthetics' (New Media) Routledge, London, 2003
78. **Jostein Gripsrud**
'Television Broadcasting, Flow : Key Metaphors in TV Theory' (The Television Studies Book), Arnold, London, 1998
79. **Shanti Kumar**
'Innovation, Imitation & Hybridity' (Thinking Outside the Box) USA, 2005
80. **Tim O'Sullivan**
'Nostalgia, Revelation & Intimacy' (The Television Studies Book) Arnold, London, 1998
81. **Armand Mattelait**
'Realpolitik and Utopias of Universal Bonds' (A companion to Media Studies) Blackwell, UK. 2003

TEXTS

82. 'हमलोग', (टीवी धारावाहिक) मनोहर श्याम जोशी
83. 'चीफ की दावत' (टेलीफिल्म) भीष्म साहनी, पटकथा एवं संवाद–एच., के. भारती।
84. 'बड़े दिन का गान' (टेलीविजन नाटक) पैडी चेयव्स्की।
85. 'भाभी', संस्मरण, महादेवी वर्मा, पटकथा एवं संवाद मन्नू भण्डारी।

Journals/Manuals/Reports

1. Linguistics & Language Behaviour Abstracts (Ed. Lyhette Hunter) Vol. 40, April, 2006, Cambridge Scientific Abstract.
2. UNESCO Report
   Growth of Television in India
   FTII-1978
3. Abdul Waheed Khan,
   Assistant Director General (UNESCO), Keynote Address, Common Wealth Broadcasting Association, 26th General Assembly, 15.2.2006
4. आई.आर.एस. सर्वेक्षण रिपोर्ट (राउंड-1)
   हिन्दुस्तान, 20 मई, 2006
5. Delhi Doordarshan Facts & Figures-1998
   Prasar Bharti, 1998
6. The Economic Times Survey, 2003
7. दूरदर्शन इंडिया
   प्रसार भारती, नई दिल्ली, 2003
8. दूरदर्शन मैनुअल खण्ड-1, (खण्ड-I और II)
   दूरदर्शन महानिदेशालय/प्रकाशन विभाग-1987
9. Dick Hebdige
   'Banlarama or Can Pop Save us all?
   New Statement & Society

Newspapers

— Reuters News Report from New York/Atlanta, Published in The Times of India, 12.4.2006
— समाचार रिपोर्ट, दैनिक हिन्दुस्तान, 9.1.2006
— हिन्दुस्तान 30.4.2006
— दैनिक हिन्दुस्तान 20.9.2006
— नवभारत टाइम्स 16.5.1999
— हिन्दुस्तान 1.7.1936
— हिन्दुस्तान 30.6.2006
— The times of India. 11.03.2006
— दैनिक हिन्दुस्तान 13.3.2006

— दैनिक हिन्दुस्तान 15.12.2005

— The Asian Age 26.03.2006

— दैनिक हिन्दुस्तान 14.01, 27.01 तथा 06.04.2006

Television Programmes

1. News	CNN-IBN	9.4.2007
2. Samachar and The News	Doordarshan	9.4.2007
3. Cell Guru	CNN-IBN	9.4.2007
4. News	NDTV 24 × 7	15.6.2006 to 17.12.2006
5. Laugher Challange	STAR TV	
6. Boogy woogy	SONY TV	
7. Indian Idol	SONY TV	
8. TV Serials	Star/SONY	
9. TV Serials	Doordarshan	